Einwilligung und Richtervorbehalt

Frankfurter kriminalwissenschaftliche Studien

Bd./Vol. 95

PETER LANG
Frankfurt am Main · Berlin · Bern · Bruxelles · New York · Oxford · Wien

Alexander Kolz

Einwilligung und Richtervorbehalt

PETER LANG
Europäischer Verlag der Wissenschaften

Bibliografische Information Der Deutschen Bibliothek
Die Deutsche Bibliothek verzeichnet diese Publikation in der Deutschen Nationalbibliografie; detaillierte bibliografische Daten sind im Internet über <http://dnb.ddb.de> abrufbar.

Zugl.: Frankfurt (Main), Univ., Diss., 2006

D 30
ISSN 0170-6918
ISBN 3-631-55271-8

Gliederung

Literaturverzeichnis

Achterberg, Norbert — Der Begriff „Rechtsprechung im materiellen Sinne", in: Festschrift für Christian Friedrich Menger zum 70.Geburtstag, Köln / Berlin / Bonn / München, 1985, S. 125 - 141

Achterberg, Norbert (Hrsg.) — Rechtsprechungslehre, Köln, 1986; zitiert als: „Achterberg-X, Rechtsprechungslehre S."

Albrecht, Hans-Jörg / Dorsch, Claudia / Krüpe, Christiane — Rechtswirklichkeit und Effizienz der Überwachung der Telekommunikation nach den §§ 100a, 100b StPO und anderer verdeckter Ermittlungsmaßnahmen, Freiburg, 2003; zitiert als: „Albrecht/Dorsch/Krüpe, Rechtswirklichkeit, S."

Alexy, Robert — Theorie der Grundrechte, Baden-Baden, 1985; zitiert als: „Alexy, Theorie, S."

Amelung, Knut — Zur Frage der Vereinbarkeit vollstreckungsrechtlicher Durchsuchungen mit dem Richtervorbehalt des Art. 13 Abs. 2 GG, ZZP, Band 88 (1975), 74 - 96

Amelung, Knut — Rechtsschutz gegen strafprozessuale Grundrechtseingriffe, Berlin, 1976; zitiert als: „Amelung, Rechtsschutz, S."

Amelung, Knut — Strafrechtswissenschaft und Strafgesetzgebung, ZStW 92 (1980), 19 -72

Amelung, Knut — Die Einwilligung in die Beeinträchtigung eines Grundrechtsgutes, Berlin, 1981; zitiert als: „Amelung, Einwilligung, S."

Amelung, Knut — Die Zulässigkeit der Einwilligung bei den Amtsdelikten, in: Festschrift für Hanns Dünnebier zum 75. Geburtstag, Berlin, 1982, S. 487 - 518

Amelung, Knut — Probleme der Einwilligung in strafprozessuale Grundrechtsbeeinträchtigungen, StV 1985, 257 - 263

Amelung, Knut — Über die Einwilligungsfähigkeit (Teil I), ZStW 104 (1992), 525 - 558

Amelung, Knut — Über die Einwilligungsfähigkeit (Teil II), ZStW 104 (1992), 821 - 833

Amelung, Knut	Die Entscheidung des BVerfG zur „Gefahr im Verzug“ i.S. des Art. 13 II GG, NStZ 2001, 337 – 343
Amelung, Knut	Der strafprozessuale Eingriff in ein Grundrechtsgut als Staatsakt, in: Festschrift für Peter Badura zum siebzigsten Geburtstag, Tübingen, 2004, S. 1 – 23
Antonow, Katrin	DNA-Analysedateien für Strafverfolgungszwecke in England und Deutschland, JR 2005, 99 – 102
Apel, Michaela / Eisenhardt, Urte	Erkennungsdienstliche Behandlung von Kindern – Gefahrenabwehr oder Strafverfolgung?, StV 2005, erscheint demnächst (zitiert mit den Seitenangaben des Umdrucks)
Appel, Ivo	Verfassung und Strafe: zu den verfassungsrechtlichen Grenzen staatlichen Strafens, Berlin, 1998; zitiert als: „Appel, Verfassung, S.“
Arndt, Adolf	Strafgewalt der Finanzämter?, NJW 1959, 605 – 608
Arndt, Adolf	Rechtsprechende Gewalt und Strafkompetenz, in: Festgabe für Carlo Schmid, Tübingen, 1962, S. 5 – 32
Arzt, Gunther	Willensmängel bei der Einwilligung, Frankfurt/Main, 1970; zitiert als: „Arzt, Willensmängel, S.“
Asbrock, Bernd	„Zum Mythos des Richtervorbehalts“ als wirksames Kontrollinstrument im Zusammenhang mit besonderen polizeilichen Eingriffsbefugnissen, KritV 80 (1997), 255 – 262
Asbrock, Bernd	Der Richtervorbehalt – prozedurale Grundrechtssicherung oder rechtsstaatliches Trostpflaster?, ZRP 1998, 17 – 19
Aschmann, Tjark Erich	Der Richtervorbehalt im deutschen Polizeirecht, Würzburg, 1999; zitiert als: „Aschmann, Richtervorbehalt, S.“
Bachmann, Gregor	Probleme des Rechtsschutzes gegen Grundrechtseingriffe im strafrechtlichen Ermittlungsverfahren, Berlin, 1994; zitiert als: „Bachmann, Rechtsschutz, S.“
Bachof, Otto	Zitiert aus einer Aussprache über Verwaltung und Verwaltungsrechtsprechung, im Wortlaut wiedergegeben in: VVDStRL 14 (1956), 174 – 181

Backes, Otto / Gusy, Christoph	Wer kontrolliert die Telefonüberwachung?, Frankfurt/Main, 2003; zitiert als: „Backes/Gusy, Telefonüberwachung, S.“
Baldus, Manfred	Der Verzicht auf den akademischen Grad, Jura 1988, 573 – 577
Baur, Fritz	Der Anspruch auf rechtliches Gehör, AcP 153 (1954), 393 – 412
Baur, Fritz	Der Begriff der Rechtsprechung und die freiwillige Gerichtsbarkeit, DNotZ 1955, 507 – 521
Benda, Ernst	Bemerkungen zur richterlichen Unabhängigkeit, DRiZ 1975, 166 – 171
Benfer, Jost	Die molekulargenetische Untersuchung (§§ 81e, 81g StPO), StV 1999, 402 – 404
Bergmann, Matthias	Fünf Jahre DNA-IFG und DNA-Datenbank, Kriminalistik 2003, 222 – 223
Berlit, Uwe	Richtervorbehalte: Gerichtliche Verwaltungstätigkeit oder Rechtsprechung?, NdsVBl 1995, 197 – 203
Bernhard, Ralf	Rechtspfleger, Richter- und Rechtsprechungsbegriff, DRiZ 1981, 361 – 369
Bethge, Herbert	Die verfassungsrechtliche Problematik der Grundpflichten, JA 1985, 249 – 259
Bettermann, Karl August	Verwaltungsakt und Richterspruch, in: Gedächtnisschrift für Walter Jellinek, München, 1955, S. 361 – 389
Bettermann, Karl August	Die freiwillige Gerichtsbarkeit im Spannungsfeld zwischen Verwaltung und Rechtsprechung, in: Festschrift für Friedrich Lent, München / Berlin, 1957, S. 17 – 42
Bettermann, Karl August / Nipperdey, Hans Carl / Scheuner, Ulrich	Die Grundrechte, Berlin, 1959; zitiert als: „Bettermann/Nipperdey/Scheuner-Bettermann, Grundrechte III/2, S.“
Bettermann, Karl August	Das Gerichtsverfassungsrecht in der Rechtsprechung des Bundesverfassungsgerichts, AöR 92 (1967), 496 – 541

Blankenagel, Alexander	Gentechnologie und Menschenwürde, KJ 20 (1987), 379 – 393
Bleckmann, Albert	Subordinationsrechtlicher Verwaltungsvertrag und Gesetzmäßigkeit der Verwaltung, VerwArch 63 (1972), 404 – 440
Bleckmann, Albert	Probleme des Grundrechtsverzichts, JZ 1988, 57 – 62
Böckenförde, Ernst-Wolfgang	Grundrechtstheorie und Grundrechtsinterpretation, NJW 1974, 1529 – 1538
Braczyk, Boris Alexander	Rechtsgrund und Grundrecht, Berlin, 1996; zitiert: Braczyk, Rechtsgrund, S.“
Braum, Stefan	Sanfte Kontrolle?, KritV 86 (2003), 134 – 141
Brieskorn, Norbert	Verzicht und Unverzichtbarkeit im Recht, Würzburg, 1985; zitiert als: „Brieskorn, Verzicht, S.“
Brodersen, Kilian / Anslinger, Katja / Rolf, Burkhard	DNA-Analyse und Strafverfahren, München, 2003; zitiert als: „Brodersen/Anslinger/Rolf, DNA-Analyse, Rn“
Brüggemann, Thomas	Der Verzicht von Zivilpersonen im Verwaltungsrecht, Münster, 1966; zitiert als: „Brüggemann, Verzicht, S.“
Brugger, Winfried	Elemente verfassungsliberaler Grundrechtstheorie, JZ 1987, 633 – 640
Busch, Ralf	Urteilsanmerkung, StV 2000, 661 – 662
Busch, Ralf	Einwilligung in die DNA-Analyse als Ersatz einer richterlichen Anordnung?, StraFo 2002, 46 – 50
Busch, Ralf	Die Speicherung von DNA-Identifizierungsmustern in der DNA-Analyse-Datei, NJW 2002, 1754 – 1758
Bussfeld, Klaus	Zum Verzicht im öffentlichen Recht am Beispiel des Verzichts auf eine Fahrerlaubnis, DÖV 1976, 765 – 771
Cordier, Franz	Inhalt und Tragweite des Begriffs „rechtsprechende Gewalt“, NJW 1967, 2141 – 2145

Dallmeyer, Jens	Beweisführung im Strengbeweisverfahren, Frankfurt/Main, 2002; zitiert als: „Dallmeyer, Beweisführung, S.“
Denninger, Erhard	Das Recht auf informationelle Selbstbestimmung und Innere Sicherheit, KJ 18 (1985), 215 – 244
Denninger, Erhard und Andere (Hrsg.)	Kommentar zum Grundgesetz für die Bundesrepublik Deutschland, Reihe Alternativkommentare, 3. Auflage, Neuwied / Kriftel, 2001 (2. Aktualisierungslieferung, August 2002); zitiert als: „AK-GG-X, Art.“
Discher, Thomas	Die Peep-Show-Urteile des BVerwG – BVerwGE 64, 274, und BVerwG, NVwZ 1990, 668, in: JuS 1991, 642 – 649
Döhring, Karl	Der Verzicht im öffentlichen Recht, Greifswald, 1916; zitiert als: „Döhring, Verzicht, S.“
Doehring, Karl	Das Staatsrecht der Bundesrepublik Deutschland, Frankfurt/Main, 1976; zitiert als: „Doehring, Staatsrecht, S.“
Dörr, Dieter	„Big Brother“ und die Menschenwürde, Frankfurt/Main, 2000; zitiert als: „Dörr, „Big Brother“, S.“
Dörr, Dieter	Freiheit der Medien und Schutz der Menschenwürde am Beispiel von „Big Brother“, in: Festschrift für Günter Herrmann zum 70. Geburtstag, Baden-Baden, 2002, S. 21 - 33
Dörr, Dieter / Mark D. Cole	„Big Brother“ – oder: Menschenwürde als Grenze der Programmfreiheit, K & R (Kommunikation und Recht) 2000, 369 – 378
Dolzer, Rudolf und Andere (Hrsg.)	Bonner Kommentar zum Grundgesetz, 115. Lieferung, Heidelberg, Dezember 2004; zitiert als: „BK-X, Art.“
Donner, Hartwig / Simon, Jürgen	Genomanalyse und Verfassung, DÖV 1990, 907 – 918
Dreier, Horst (Hrsg.)	Grundgesetz, Kommentar, Band 1, 2. Auflage, Tübingen, 2004; zitiert als: „Dreier-X, Art.“
Dreier, Horst (Hrsg.)	Grundgesetz, Kommentar, Band 2, Tübingen, 1998; zitiert als: „Dreier-X, Art.“

Dreier, Horst (Hrsg.)	Grundgesetz, Kommentar, Band 3, Tübingen, 2000; zitiert als: „Dreier-X, Art."
Dürig, Günter	Der Grundrechtssatz von der Menschenwürde, AöR 81 (1956), 117 – 157
Eberbach, Wolfram H. / Schuler, Heinz	Zur Aufklärungspflicht bei psychologischen Experimenten, JZ 1982, 356 – 363
Eberle, Carl-Eugen	Zum Verwertungsverbot für rechtswidrig erlangte Informationen im Verwaltungsverfahren, in: Gedächtnisschrift für Wolfgang Martens, Berlin, 1987, S. 351 – 367
Einmahl, Matthias	Gefahr im Verzug und Erreichbarkeit des Ermittlungsrichters bei Durchsuchungen und Beschlagnahmen, NJW 2001, 1393 – 1396
Einstein, Albert	Mein Weltbild; zitiert wird die von Carl Seelig herausgegebene Ausgabe des Ullstein-Verlags, Frankfurt/Main, Berlin, 1991
Ellermann, Rolf / Opolka, Uwe (Hrsg.)	Genomanalyse: ihre biochemischen, medizinischen, juristischen und politischen Aspekte, Frankfurt/Main, 1991; zitiert als: „Ellermann/Opolka-X, Genomanalyse, S."
Endriß, Rainer / Kinzig, Jörg	Betäubungsmittel und DNA-Analyse, NStZ 2001, 299 – 301
Enzian, Rudolf	Das richterliche und das staatsanwaltliche Vorführungsrecht, JR 1975, 277 – 281
Eppelt, Martina Dorothee	Grundrechtsverzicht und Humangenetik, Magdeburg/Passau, 1998; zitiert als: „Eppelt, Grundrechtsverzicht, S."
Ernst, Werner	Der Verzicht auf subjektiv-öffentliche Rechte, Lippstadt, 1933; zitiert als: „Ernst, Verzicht, S."
Di Fabio, Udo	Der Schutz der Menschenwürde durch Allgemeine Programmgrundsätze, München, 2000; zitiert als: „Di Fabio, Menschenwürde, S."
Faust, Fritz	Der Verzicht auf subjektiv-öffentliche Rechte, RiA 1973, 106 – 112

Fezer, Gerhard	Strafprozessrecht, München, 1995; zitiert als: „Fezer, Strafprozessrecht, Fall“
Fezer, Gerhard	Grundfragen der Beweisverwertungsverbote, Heidelberg, 1995; zitiert als: „Fezer, Beweisverwertungsverbote, S.“
Fink, Udo	Programmfreiheit und Menschenwürde, AfP (Archiv für Presserecht) 2001, 189 – 193
Fisahn, Andreas	Ein unveräußerliches Grundrecht am eigenen genetischen Code, ZRP 2001, 49 – 54
Fluck, Peter	DNA-Identitätsfeststellung, Kriminalistik 2000, 479 – 482
Fluck, Peter	Anwendung und Auslegung der DNA-Identifizierung, NJW 2001, 2292 – 2295
Flume, Werner	Steuerwesen und Rechtsordnung, in: Festschrift für Rudolf Smend zum 70. Geburtstag, 15. Januar 1952, Göttingen, 1952, S. 59 – 101
Forsthoff, Ernst	Urteilsanmerkung, DVBl 1957, 724 – 726
Frankenberg, Günter	Autorität und Integration, Baden-Baden, 2003
Friesenhahn, Ernst	Über Begriff und Arten der Rechtsprechung, in: Festschrift Richard Thoma, Tübingen, 1949, S. 21 – 69
Frieß, Knut	Der Verzicht auf Grundrechte, Würzburg, 1968; zitiert als: „Friess, Verzicht, S.“
Frotscher, Werner	„Big Brother“ und das deutsche Rundfunkrecht, Kassel / München, 2000; zitiert als: „Frotscher, „Big Brother“, S.“
Gaul, Hans Friedhelm	Zur Struktur der Zwangsvollstreckung (II), Rpfleger 1971, 41 – 52
Geddert-Steinacher, Tatjana	Menschenwürde als Verfassungsbegriff; Aspekte der Rechtsprechung des Bundesverfassungsgerichtes zu Art. 1 GG, Berlin, 1990; zitiert als: „Geddert-Steinacher, Menschenwürde, S.“

Geiger, Andreas	Die Einwilligung in die Verarbeitung von persönlichen Daten als Ausübung des Rechts auf informationelle Selbstbestimmung, NVwZ 1989, 35 – 38
Geilen, Gerd	Einwilligung und ärztliche Aufklärungspflicht, Bielefeld, 1963; zitiert als: „Geilen, Einwilligung, S.“
Geppert, Klaus	Kontroll- und Förderungspflicht des Ermittlungsrichters, DRiZ 1992, 405 – 414
Gerber, Hans	Freiheitsentziehung nach Art. 104 GG, DÖV 1952, 387 – 393
Gersdorf, Hubertus	Medienrechtliche Zulässigkeit des TV-Formats „Big Brother“, Sonderdruck der RTkom (Zeitschrift für das gesamte Recht der Telekommunikation), Heidelberg, 2000; es handelt sich um ein Rechtsgutachten im Auftrag der RTL2 Fernsehen GmbH & Co. KG; zitiert als: „Gersdorf, „Big Brother, S.“
Göldner, Detlef	Gesetzmäßigkeit und Vertragsfreiheit im Verwaltungsrecht, JZ 1976, 352 – 358
Götz, Volkmar	Die Entwicklung des allgemeinen Polizei- und Ordnungsrechts (1987 – 1989), NVwZ 1990, 725 – 733
Gola, Peter	Die Einwilligung als Legitimation für die Verarbeitung von Arbeitnehmerdaten, RDV 2002, 109 – 116
Gola, Peter / Schomerus, Rudolf	Bundesdatenschutzgesetz, Kommentar, 8. Auflage, München, 2005; zitiert als: „Gola/Schomerus, BDSG, §“
Golembiewski, Claudia	Entbehrlichkeit einer richterlichen Anordnung der DNA-Analyse bei Einwilligung des Betroffenen?, NJW 2001, 1036 – 1038
Gossrau, Eberhard	Ist die Strafgewalt und die Bußgeldkompetenz von Verwaltungsbehörden mit Art. 92 GG vereinbar?, NJW 1958, 929 – 932

Graalmann-Scheerer, Kirsten	Zur Zulässigkeit der Einwilligung in die Entnahme von Körperzellen (§§ 81g Abs. 3, 81a Abs. 2 StPO, § 2 DNA-Identitätsfeststellungsgesetz) und in die molekulargenetische Untersuchung (§§ 81g Abs. 3, 81f Abs. 1 StPO, § 2 DNA-Identitätsfeststellungsgesetz), JR 1999, 453 – 456
Graalmann-Scheerer, Kirsten	DNA-Analyse – „Genetischer Fingerabdruck“, Kriminalistik 2000, 328 – 335
Graalmann-Scheerer, Kirsten	Molekulargenetische Untersuchung und Revision, in: Festschrift für Peter Rieß zum 70. Geburtstag am 4. Juni, Berlin, 2002, S. 153 – 169
Gronimus, Andreas	Forum: Noch einmal Peep-Show und Menschenwürde, JuS 1985, 174 – 176
Guss, Kurt	Willensfreiheit, Borgentreich / Gießen, 2002
Gusy, Christoph	Sittenwidrigkeit im Gewerberecht, DVBl 1982, 984 – 989
Gusy, Christoph	„Gute Sitten“ als Grenze der Gewerbefreiheit, GewArch, 1984, 151 – 157
Gusy, Christoph	Aufbewahrung erkennungsdienstlicher Unterlagen, VerwArch 84 (1993), 441 – 466
Gusy, Christoph	Verfassungsfragen vorbeugenden Rechtsschutzes, JZ 1998, 167 – 174
Gusy, Christoph	Überwachung der Telekommunikation unter Richtervorbehalt, ZRP 2003, 275 – 278
Gusy, Christoph	Rechtsgrundlagen der Richtervorbehalte nach § 100b StPO, GA 2003, 672 – 692
Gutmann, Thomas	Lebendspende von Organen – nur unter Verwandten?, ZRP 1994, 111 – 114
Gutmann, Thomas	Gesetzgeberischer Paternalismus ohne Grenzen? Zum Beschluss des Bundesverfassungsgerichts zur Lebendspende von Organen, NJW 1999, 3387 – 3389
Gutmann, Thomas	Freiwilligkeit als Rechtsbegriff, München, 2001; zitiert als: „Gutmann, Freiwilligkeit, S.“

Gutmann, Thomas / Schroth, Ulrich	Organlebendspende in Europa, Berlin / Heidelberg, 2002; zitiert als: „Gutmann/Schroth, Organlebendspende, S.“
Häberle, Peter	Öffentliches Interesse als juristisches Problem: eine Analyse von Gesetzgebung und Rechtsprechung, Bad Homburg, 1970; zitiert als: „Häberle, Öffentliches Interesse, S.“
Häberle, Peter	„Gemeinwohljudikatur“ und Bundesverfassungsgericht, AöR 95 (1970), 86 – 125
Häberle, Peter	Die Wesensgehaltgarantie des Art. 19 Abs. 2 Grundgesetz, 3. Auflage, Heidelberg, 1983; zitiert als: „Häberle, Wesensgehaltgarantie, S.“
Hantel, Peter	Der Begriff der Freiheitsentziehung in Art. 104 Abs. 2 GG, Berlin, 1987; zitiert als: „Hantel, Freiheitsentziehung, S.“
Haueisen, Fritz	Verwaltungsverfahren und verwaltungsgerichtliches Verfahren, DVBl 1962, 881 – 888
Heidegger, Martin	Der Feldweg; zitiert nach der 3. Auflage aus Frankfurt/Main, 2002
von Heintschel-Heinegg, Bernd / Stöckel, Heinz (Hrsg.)	KMR, Kommentar zur Strafprozessordnung, 38. Lieferung, Neuwied u.a., Dezember 2004; zitiert als: „KMR-X, §“
Helmken, Dierk	Reform des Richtervorbehalts: Vom Palliativum zum effektiven Grundrechtsschutz, StV 2003, 193 – 198
Hering, Carl Joseph	Der Verzicht als intentionaler Faktor der freien Entfaltung der Persönlichkeit, in: Gedächtnisschrift Hans Peters, Berlin / Heidelberg, 1967, S. 513 – 525
Hermes, Georg	Urteilsanmerkung, JZ 2001, 873 – 876
Hesse, Konrad	Bestand und Bedeutung der Grundrechte in der Bundesrepublik Deutschland, EuGRZ 1978, 427 – 438
Hesse, Konrad	Grundzüge des Verfassungsrechts der Bundesrepublik Deutschland, 20. Auflage, Heidelberg, 1999 (Neudruck der 20. Auflage von 1995); zitiert als: „Hesse, Grundzüge, Rn“

Hilger, Hans	Über den „Richtervorbehalt" im Ermittlungsverfahren, in: Gedächtnisschrift für Karlheinz Meyer, Berlin, 1990, S. 209 – 225
Hilger, Hans	Über den „Richtervorbehalt" im Ermittlungsverfahren, JR 1990, 485 – 489
Hilger, Hans	Über verfassungs- und strafverfahrensrechtliche Probleme bei gesetzlichen Regelungen grundrechtsrelevanter strafprozessualer Ermittlungsmaßnahmen, in: Festschrift für Hannskarl Salger, Köln / Berlin / Bonn / München, 1995, S. 319 – 336
Hilger, Hans	Vor(feld)ermittlungen / Datenübermittlungen, in: Festgabe für Hans Hilger, Heidelberg, 2003, S. 11 – 55
Hillenkamp, Thomas	Strafrecht ohne Willensfreiheit? Eine Antwort auf die Hirnforschung, JZ 2005, 313 – 320
Hiller, Kurt	Das Recht über sich selbst, Heidelberg, 1908; zitiert als: „Hiller, Recht, S."
Hillgruber, Christian	Der Schutz des Menschen vor sich selbst, München, 1992; zitiert als: „Hillgruber, Schutz, S."
Hinrichs, Ulrike	„Big Brother" und die Menschenwürde, NJW 2000, 2173 – 2176
Hintz, Elke / Winterberg, Michael	„Big Brother" – Die modernen Superstars als „Reformer" der Verfassung, ZRP 2001, 293 – 297
Hobbes, Thomas	Leviathan; zitiert nach der von Iring Fetscher herausgegebenen Ausgabe, 8. Auflage, Frankfurt/Main, 1998
Hohendorf, Andreas	Urteilsanmerkung, NStZ 1994, 455 – 456
Hombert, Thomas	Der freiwillige genetische Massentest, Göttingen, 2003; zitiert als: „Hombert, Massentest, S."
von Humboldt, Wilhelm	Ideen zu einem Versuch, die Grenzen der Wirksamkeit des Staates zu bestimmen, Breslau, 1851; zitiert als: „von Humboldt, Ideen, S."

Huster, Stefan	Individuelle Menschenwürde oder öffentliche Ordnung?, NJW 2000, 3477 – 3479
Illian, Eckart	Der Verzicht Privater im Verwaltungsrecht, Bonn, 1993; zitiert als: „Illian, Verzicht, S."
Imboden, Max (Hrsg.)	Gedanke und Gestalt des demokratischen Rechtsstaats, Wien, 1965; zitiert als: „Imboden-X, S."
Isensee, Josef	Wer definiert die Freiheitsrechte?, Karlsruhe, 1980; zitiert als: „Isensee, Freiheitsrechte, S."
Isensee, Josef / Kirchhof, Paul (Hrsg.)	Handbuch des Staatsrechts der Bundesrepublik Deutschland, Band V, 2. Auflage, Heidelberg, 2000; zitiert als: „Isensee/Kirchhof-X, §"
Isensee, Josef / Kirchhof, Paul (Hrsg.)	Handbuch des Staatsrechts der Bundesrepublik Deutschland, Band II, 3. Auflage, Heidelberg, 2004; zitiert als: „Isensee/Kirchhof-X, §"
Jarass, Hans D.	Das allgemeine Persönlichkeitsrecht im Grundgesetz, NJW 1989, 857 – 862
Jarass, Hans D. / Pieroth, Bodo (Hrsg.)	Grundgesetz-Kommentar, 7. Auflage, München, 2004; zitiert als: „Jarass/Pieroth-X, Art."
Jellinek, Georg	System der subjektiv-öffentlichen Rechte, 2. Auflage, Tübingen, 1919; zitiert als: „Jellinek, System, S."
Jerusalem, Franz W.	Grundrechte des Bonner Grundgesetzes und ihre Durchsetzung in der Rechtsprechung, SJZ (Süddeutsche Juristenzeitung) 1950, 2 – 8
Kamann, Ulrich	Urteilsanmerkung, StV 1999, 10 – 11
Kant, Immanuel	Grundlegung zur Metaphysik der Sitten, zitiert wird die Ausgabe des Felix Meiner Verlags, hrsg. von Bernd Kraft und Dieter Schönecker, Hamburg, 1999
Kant, Immanuel	Metaphysik der Sitten; es wird zitiert: Suhrkamp, 1. Auflage, Frankfurt, 1977

Kauffmann, Peter / Ureta, Luis Fernando	Die richterliche Anordnungs- und Begründungspraxis in Verfahren gem. § 2 DNA-Identitätsfeststellungsgesetz i.V.m. § 81g StPO vor dem Grundgesetz, StV 2000, 103 – 107
Kaufmann, Arthur	Rechtsphilosophie, 2. Auflage, München, 1997
Kintzi, Heinrich	Die Tätigkeit des Ermittlungsrichters im Ermittlungsverfahren und Richtervorbehalt, DRiZ 2004, 83 – 88
Kirchhof, Paul	Der Auftrag des Grundgesetzes an die rechtsprechende Gewalt, in: Festschrift der Juristischen Fakultät zur 600-Jahr-Feier der Ruprecht-Karls-Universität Heidelberg, Heidelberg, 1986, S. 11 – 37
Kissel, Otto Rudolph / Mayer, Herbert	Gerichtsverfassungsgesetz, 4. Auflage, München, 2005; zitiert als: „Kissel/Mayer, GVG, §"
Koch, Gerd	Ein Beitrag zur Lehre vom Verzicht auf Grundrechte, Heidelberg, 1983; zitiert als: „Koch, Verzicht, S."
Köhne, Michael	Big Brother is watching you – Menschenwürde bei RTL 2, ZRP 2001, 435 – 436
Köhne, Michael	Abstrakte Menschenwürde?, GewArch 2004, 285 – 288
König, Josef	Das DNA-Identitätsfeststellungsgesetz (DNA-IdFG), Kriminalistik 1999, 325 – 327
Körner, Maria	Informierte Einwilligung als Schutzkonzept, in: Liber Amicorum Spiros Simitis, Baden-Baden, 2000, S. 131 – 150
Kopp, Ferdinand	Verfassungsrecht und Verwaltungsverfahrensrecht, München, 1971; zitiert als: „Kopp, Verfassungsrecht, S."
Kratzer, Jakob	Artikel 142 des Grundgesetzes und die Grundrechte in der Bayerischen Verfassung, in: Festschrift für Herrn Geheimrat Professor Dr. Wilhelm Laforet anlässlich seines 75. Geburtstages, S. 107 – 140
Krause, Daniel M.	DNA-Identitätsfeststellung gemäß § 81g StPO, § 2 DNA-IFG, in: Festschrift für Peter Rieß zum 70. Geburtstag am 4. Juni, Berlin, 2002, S. 261 – 287

Krawczyk, Michael / Schmidtke, Jörg	DNA-Fingerprinting, Heidelberg / Berlin, 1994
Krebs, Walter	Freiheitsschutz durch Grundrechte, Jura 1988, 617 – 627
Krehl, Christoph / Kolz, Alexander	Genetischer Fingerabdruck und Verfassung, StV 2004, 447 – 455
Kropp, Christian	Neuere Rechtsprechung zum DNA-Identitätsfeststellungsgesetz, NJ 2001, 576 – 578
Kropp, Christian	Freiwilligkeit und Zwang im Strafverfahren, NJ 2003, 15 – 16
Krüger, Herbert	Das besondere Gewaltverhältnis, VVDStRL 15 (1957), 109 – 127
Krüger, Jochen	Der Richtervorbehalt als Königsweg für den Schutz von Grundrechten?, DRiZ 2004, 247 – 250
Kulenkampff, Arend	Hätten wir anders handeln können?, 59. Schopenhauer-Jahrbuch (für das Jahr 1978), S. 15 – 28
Kußmann, Michael	Einwilligung und Einverständnis bei Täuschung Irrtum und Zwang, Bonn, 1988; zitiert als: „Kußmann, Einwilligung, S."
Laufke, Franz	Vertragsfreiheit und Grundgesetz, in: Festschrift für Heinrich Lehmann zum 80. Geburtstag, I. Band, Berlin, 1956, S. 145 – 188
Leippert, Max	Der Verzicht auf subjektive öffentliche Rechte mit besonderer Berücksichtigung des Verzichtes auf Leistungen der Sozialversicherung, Zürich, 1953; zitiert als: „Leippert, Verzicht, S."
Leisner, Walter	Grundrechte und Privatrecht, München, 1960; zitiert als: „Leisner, Grundrechte, S."
Lemke, Michael und Andere (Hrsg.)	Heidelberger Kommentar zur Strafprozessordnung, 3. Auflage, Heidelberg, 2001; zitiert als: „HK-X, §"

Lilie, Hans	Verwicklungen im Ermittlungsverfahren, ZStW 111 (1999), 807 – 826
Lin, Yu-hsiung	Richtervorbehalt und Rechtsschutz gegen strafprozessuale Grundrechtseingriffe, Frankfurt/Main, 1998; zitiert als: „Lin, Richtervorbehalt, S.“
Lisken, Hans	Zum Richtervorbehalt im Grundgesetz, DRiZ 1979, 277 – 278
Lisken, Hans	Grundgesetz und neues Polizeirecht, ZRP 1980, 145 – 151
Lisken, Hans	Richtervorbehalt bei Freiheitsentziehung, NJW 1982, 1268 – 1269
Lisken, Hans	Polizei zwischen Recht und Politik, KritV 3 (1988), 314 – 335
Lisken, Hans	Über Aufgaben und Befugnisse der Polizei im Staat des Grundgesetzes, ZRP 1990, 15 – 21
Lisken, Hans	Polizeigesetz NW 1990, NWVBL 1990, 325 – 334
Lisken, Hans / Mokros, Reinhard	Richter- und Behördenleitervorbehalte im neuen Polizeirecht, NVwZ 1991, 609 – 614
Lisken, Hans	Auf dem Weg zu einer anderen Polizei?, KJ 25 (1992), 472 – 483
Lisken, Hans	Urteilsanmerkung, StV 1997, 396 – 397
Lisken, Hans / Denninger, Erhard	Handbuch des Polizeirechts, 3. Auflage, Düsseldorf / Frankfurt/Main, 2001
Littwin, Frank	Grundrechtsschutz gegen sich selbst, Frankfurt/Main, 1993; zitiert als: „Littwin, Grundrechtsschutz, S.“
Lorenz, Dieter	Der Rechtsschutz des Bürgers und die Rechtsweggarantie, München, 1973; zitiert als: „Lorenz, Rechtsschutz, S.“
Lorenzen, Henning	Staatsanwaltschaftliches Ermittlungsverfahren im Strafprozess: Hindert der Datenschutz die Strafverfolgung?, SchlHA 1999, 29 – 32

Lüdemann, Jörn	Richtervorbehalte in der Verwaltungsgerichtsbarkeit?, DÖV 1996, 870 – 874
Luhmann, Niklas	Buchbesprechung, Der Staat 1962, 375 – 377
Malacrida, Ralph	Der Grundrechtsverzicht, Zürich, 1992; zitiert: „Malacrida, Grundrechtsverzicht, S."
Malorny, Michael	Der Grundrechtsverzicht, JA 1974, 475 – 480
Markwardt, Manfred / Brodersen, Kilian	Zur Prognoseklausel in § 81g StPO, NJW 2000, 692 – 696
Maunz, Theodor + / Dürig, Günter + (Hrsg.)	Grundgesetz, Kommentar, Band V, 43. Lieferung, München, Februar 2004; zitiert als: „Maunz/Dürig-X, Art."
Maus, Heinz und Andere (Hrsg.)	Gesellschaft, Recht und Politik, Neuwied / Berlin, 1968; zitiert als: „Maus-X, S."
Mayer, Otto	Deutsches Verwaltungsrecht, 3. Auflage, Berlin, 1924; zitiert als: „Mayer, Verwaltungsrecht, S."
Merten, Detlef	Der Grundrechtsverzicht, in: Festschrift für Walter Schmitt Glaeser zum 70. Geburtstag, Berlin, 2003, S. 53 –73
Meyer, Hans / Borgs-Maciejewski, Hermann	Kommentar zum Verwaltungsverfahrensgesetz, Frankfurt/Main, 1976; zitiert als: „Meyer/Borgs, §"
Meyer-Goßner, Lutz	Strafprozessordnung, 47. Auflage, München, 2004; zitiert als: „Meyer-Goßner, §"
Mill, John Stuart	On Liberty (Über die Freiheit); zitiert wird die Reclam-Ausgabe aus Ditzingen von 1988
Möllinger, Otto	Gerichtsbarkeit bei Steuerdelikten, AöR 80 (1955/56), 276 – 306
Mosbacher, Andreas	Naturwissenschaftliche Scheingefechte um die Willensfreiheit, JR 2005, 41 – 42

Müller, Egon	Die Durchsuchungspraxis – Unterwanderung eines Grundrechts, AnwBl 1992, 349 – 352
Müller, Friedrich / Pieroth, Bodo	Politische Freiheitsrechte der Rundfunkmitarbeiter, Berlin, 1976; zitiert als: „Müller/Pieroth, Freiheitsrechte, S."
von Münch, Ingo	Grundrechtsschutz gegen sich selbst?, in: Festschrift für Hans Peter Ipsen, Tübingen, 1977
von Münch, Ingo / Kunig, Philip (Hrsg.)	Grundgesetz-Kommentar, Band 1, 5. Auflage, München, 2000; zitiert als: „Von Münch/Kunig-X, Art."
von Münch, Ingo / Kunig, Philip (Hrsg.)	Grundgesetz-Kommentar, Band 3, 4./5. Auflage, München, 2003; zitiert als: „Von Münch/Kunig-X, Art."
Nack, Armin	Die Telekommunikationsüberwachung in der strafverfahrensrechtlichen Praxis; Abdruck der Rede vom Triberger Symposium 2003
Nawiasky, Hans	Die Grundgedanken des Grundgesetzes für die Bundesrepublik Deutschland, Stuttgart, 1950; zitiert als: „Nawiasky, Grundgedanken, S."
Nebendahl, Mathias / Rönnau, Thomas	Der Verzicht auf den Doktorgrad – eine mögliche Alternative zum Entziehungsverfahren?, NVwZ 1988, 873 – 879
Nelles, Ursula	Kompetenzen und Ausnahmekompetenzen in der Strafprozessordnung, Berlin, 1980; zitiert als: „Nelles, Kompetenzen, S."
Neuhaus, Ralf	Die strafprozessuale Überwachung der Telekommunikation (§§ 100a, 100b, 101 StPO), in: Festschrift für Peter Rieß zum 70. Geburtstag am 4. Juni, Berlin, 2002, S. 375 – 411
Niese, Werner	Das Steuerstrafverfahren, ZStW 70 (1958), 337 – 359
Ohler, Wolfgang	Überlegungen zur Evolution des DNA-Gesetzes, StV 2000, 326 – 329
Ohly, Ansgar	„Volenti non fit iniuria" – Die Einwilligung im Privatrecht, Tübingen, 2002; zitiert als „Ohly, Einwilligung, S."

Ollinger, Thomas	Die Entwicklung des Richtervorbehaltes im Verhaftungsrecht, Berlin, 1997; zitiert als: „Ollinger, Richtervorbehalt, S.“
Orwell, George	1984, z.B. hrsg. in Frankfurt/Main, 1984
Paeffgen, Hans-Ullrich	Amtsträgerbegriff und die Unabhängigkeit des Datenschutzbeauftragten, JZ 1997, 178 – 189
Paeffgen, Hans-Ullrich	Überlegungen zu einer Reform des Rechts der Überwachung der Telekommunikation, in: Festschrift für Claus Roxin zum 70. Geburtstag am 15. Mai 2001, Berlin, 2001, S. 1299 – 1318
Peters, Karl	Urteilsanmerkung, JR 1969, 232 – 234
Pfeiffer, Gerd (Hrsg.)	Karlsruher Kommentar zur Strafprozessordnung, 5. Auflage, München, 2003; zitiert als: „KK-X, §“
Pfeiffer, Gerd (Hrsg.)	Strafprozessordnung, Kommentar, 5. Auflage, München, 2005; zitiert als: „Pfeiffer, §“
Pieroth, Bodo / Schlink, Bernhard	Grundrechte, 20. Auflage, Heidelberg, 2004
Pietzcker, Jost	Die Rechtsfigur des Grundrechtsverzichts, Der Staat 17 (1978), 527 – 551
Püttner, Günter / Brühl, Klaus	Fortpflanzungsmedizin, Gentechnologie und Verfassung, JZ 1987, 529 – 536
Quaritsch, Helmut	Der Verzicht im Verwaltungsrecht und auf Grundrechte, in: Gedächtnisschrift für Wolfgang Martens, Berlin, 1987, S. 407 – 417
Rabe von Kühlewein, Malte	Der Richtervorbehalt im Polizei- und Strafprozessrecht, Frankfurt/Main, 2001; zitiert als „Rabe von Kühlewein, Richtervorbehalt, S.“
Rabe von Kühlewein, Malte	Normative Grundlagen der Richtervorbehalte, GA 2002, 637 – 658

Rachor, Frederik	Datenschutz und Richtervorbehalt, in: Bizer, Johann und Andere (Hrsg.), Festschrift für Helmut Bäumler, Kiel, 2004, S. 171 – 185
Rackow, Peter	Das DNA-Identitätsfeststellungsgesetz und seine Probleme, Frankfurt/Main, 2001; zitiert als: „Rackow, DNA-Identitätsfeststellungsgesetz, S.“
Rackow, Peter	Speicherung in der DNA-Analyse-Datei nach § 3 S. 3 Halbs. 1 DNA-IFG ohne Einwilligung und ohne richterliche Prüfung der materiellen Voraussetzungen?, JR 2002, 365 – 368
Rackow, Peter	Rechtsprobleme bei einer Ausweitung der DNA-Analyse, Kriminalistik 2003, 474 – 480
Redeker, Martin	Peep-Show und Menschenwürde, BayVBl 1985, 73 – 78
Reipschläger, Christiane	Die Einwilligung Minderjähriger in ärztliche Heileingriffe und die elterliche Personensorge, Frankfurt/Main, 2004; zitiert als: „Reipschläger, Einwilligung, S.“
Renck, Ludwig	Verwaltungsakt und verwaltungsrechtlicher Vertrag – BVerwG, NJW 1969, 809, JuS 1971, 77 – 83
Rieß, Peter / Thym, Jörg	Rechtsschutz gegen strafprozessuale Zwangsmaßnahmen, GA 1981, 189 – 212
Rieß, Peter (Hrsg.)	Löwe-Rosenberg, Kommentar zur StPO, Band 2, 25. Auflage, Berlin, 2004; zitiert als: „LR-X, §“
Rinio, Carsten	Urteilsanmerkung, JR 2001, 168 – 171
Rittershaus, Alexandra A.	Urteilsanmerkung, StV 2000, 609 – 610
Robbers, Gerhard	Der Grundrechtsverzicht, JuS 1985, 925 – 931
Roßnagel, Alexander (Hrsg.)	Handbuch-Datenschutzrecht, München, 2003; zitiert als: „Roßnagel-X, Datenschutzrecht“
Rousseau, Jean-Jacques	Vom Gesellschaftsvertrag oder Grundlagen des politischen Rechts; zitiert nach der Ausgabe aus Frankfurt/Main und Leipzig von 1996; zitiert als: „Rousseau, Gesellschaftsvertrag, X. Buch“

Roxin, Claus	Die durch Täuschung herbeigeführte Einwilligung im Strafrecht, in: Gedächtnisschrift für Peter Noll, Zürich, 1984, S. 275 – 294
Roxin, Claus	Über die Einwilligung im Strafrecht, in: Estudos em Homenagem ao Prof. Doutor Eduardo Correia, Coimbra, 1984
Roxin, Claus	Strafverfahrensrecht, 25. Auflage, München, 1998
Rudolphi, Hans-Joachim und Andere (Hrsg.)	Systematischer Kommentar zur Strafprozessordnung und zum Gerichtsverfassungsgesetz, 41. Lieferung, Neuwied u.a., November/Dezember 2004; zitiert als: „SK-X, §"
Sachs, Michael	„Volenti non fit iniuria", VerwArch 76 (1985), 398 – 426
Sachs, Michael	Urteilsanmerkung, JuS 2000, 393 – 395
Sachs, Michael (Hrsg.)	Grundgesetz-Kommentar, 3. Auflage, München, 2003; zitiert als: „Sachs-X, Art."
Satzger, Helmut	DNA-Massentests – kriminalistische Wunderwaffe oder ungesetzliche Ermittlungsmethode?, JZ 2001, 639 – 649
Schaffland, Hans-Jürgen / Wiltfang, Noeme	Bundesdatenschutzgesetz, Lieferung „01/04", Berlin, Juni 2004; zitiert als: „Schaffland/Wiltfang, BDSG, §"
Schiedermair, Hartmut	Hoffnung und Menschenwürde – Das Erbe des Sisyphos, in: Festschrift für Klaus Stern zum 65. Geburtstag, München, 1997, S. 63 – 88
Schiemann, Anja	Kann es einen freien Willen geben? – Risiken und Nebenwirkungen der Hirnforschung für das deutsche Strafrecht, NJW 2004, 2056 – 2059
Schimpf, Christian	Der verwaltungsrechtliche Vertrag unter besonderer Berücksichtigung seiner Rechtswidrigkeit, Berlin, 1982; zitiert als: „Schimpf, Vertrag, S."
Schmidt, Walter	Grundrechtstheorie im Wandel der Verfassungsgeschichte, Jura 1983, 169 – 180
Schmitt Glaeser, Walter	Big Brother is watching you – Menschenwürde bei RTL 2, ZRP 2000, 395 – 402

Schnarr, Karl Heinz	Zur Verknüpfung von Richtervorbehalt, staatsanwaltschaftlicher Eilanordnung und richterlicher Bestätigung, NStZ 1991, 209 – 216
Schoenborn, Walther	Studien zur Lehre vom Verzicht im öffentlichen Recht, Tübingen, 1909; zitiert als: „Schoenborn, Verzicht, S.“
Schreiber, Renate / Paul, Heinz	Urteilsanmerkung, StV 1983, 30 – 32
Schroth, Ulrich	Die strafrechtlichen Tatbestände des Transplantationsgesetzes, JZ 1997, 1149 – 1154
Schulz, Lorenz	Gendateien und das Gespenst des Überwachungsstaats, Kriminologisches Journal 2001, 166 – 169
Schulz, Lorenz	Genetische Datenbanken und Selbstbestimmung: Das Beispiel Island, DuD 25 (2001), 12 – 19
Schwabe, Jürgen	Probleme der Grundrechtsdogmatik, Neudruck der 2. Auflage, Hamburg, 1997; zitiert als: „Schwabe, Grundrechtsdogmatik, S.“
Searle, John R.	Freiheit und Neurobiologie, Frankfurt/Main, 2004
Seibel, Mathias / Gross, Michael	Das DNA-Identitätsfeststellungsgesetz aus anwaltlicher Sicht, StraFo 1999, 117 – 119
Senge, Lothar	Strafverfahrensänderungsgesetz - DNA-Analyse, NJW 1997, 2409 – 2412
Senge, Lothar	Gesetz zur Änderung der Strafprozessordnung (DNA-Identitätsfeststellungsgesetz), NJW 1999, 253 – 256
Simitis, Spiros	Die informationelle Selbstbestimmung – Grundbedingung einer verfassungskonformen Informationsordnung, NJW 1984, 398 – 405
Simitis, Spiros (Hrsg.)	Kommentar zum Bundesdatenschutzgesetz, 5. Auflage, Baden-Baden, 2003; zitiert als: „Simitis-X, BDSG-Kommentar, §“
Simon, Jürgen	Genomanalyse – Anwendungsmöglichkeiten und rechtlicher Regelungsbedarf, MDR 1991, 5 – 14

Singer, Wolf	Der Beobachter im Gehirn, Frankfurt/Main, 2002
Singer, Wolf	Ein neues Menschenbild?, Baden-Baden, 2003
Smid, Stefan	Rechtsprechung, Berlin, 1990
Sommermeyer, Jörg	Neuralgische Aspekte der Betroffenenrechte und ihres Rechtsschutzes bei strafprozessualen Hausdurchsuchungen, NStZ 1991, 257 – 264
Spieß, Gerhard	Der Grundrechtsverzicht, Frankfurt/Main, 1997; zitiert als: „Spieß, Grundrechtsverzicht, S."
Sprenger, Wolfgang / Fischer, Thomas	Zur Erforderlichkeit der richterlichen Anordnung von DNA-Analysen, NJW 1999, 1830 – 1834
Starck, Christian (Hrsg.)	Das Bonner Grundgesetz, Band 1, 4. Auflage, München, 1999; zitiert als: „Starck-X, Art."
Stern, Klaus	Das Staatsrecht der Bundesrepublik Deutschland, Band II, München, 1980; zitiert als: „Stern, Staatsrecht, Band II, § X, S."
Stern, Klaus / Sachs, Michael	Das Staatsrecht der Bundesrepublik Deutschland, Band III/1, München, 1988; zitiert als: „Stern, Staatsrecht, Band III/1, § X, S."
Stern, Klaus / Sachs, Michael	Das Staatsrecht der Bundesrepublik Deutschland, Band III/2, München, 1994; zitiert als: „Stern, Staatsrecht, Band III/2, § X, S."
Stern, Klaus	Die normativen Prinzipien der Menschenwürdegarantie, in: Festschrift für Peter Badura zum siebzigsten Geburtstag, Tübingen, 2004, S. 571 – 588
Sternberg-Lieben, Detlev	Die objektiven Schranken der Einwilligung im Strafrecht, Tübingen, 1997; zitiert als: „Sternberg-Lieben, Einwilligung, S."
Steven, Elke	Mit Sicherheit verfassungswidrig, Blätter für deutsche und internationale Politik 2005, 270 – 272

Sturm, Gerd	Probleme eines Verzichts auf Grundrechte, in: Festschrift für Willi Geiger, Tübingen, 1974, S. 173 – 198
Thieme, Werner	Die besonderen Gewaltverhältnisse, DÖV 1956, 521 – 529
Thieme, Werner	Der Gesetzesvorbehalt im besonderen Gewaltverhältnis, JZ 1964, 81 – 85
Thieme, Werner	Der Verzicht auf den Doktorgrad, DÖV 1988, 250 – 254
Tiedemann, Paul	Menschenwürde, Betrifft JUSTIZ 2001, 186 – 192
Tünnesen-Harmes, Christian	Der praktische Fall – Öffentliches Recht: Die Genomanalyse, JuS 1994, 142 – 146
Vath, Andreas	Der genetische Fingerabdruck zur Identitätsfeststellung in künftigen Strafverfahren, Baden-Baden, 2003; zitiert als: „Vath, Fingerabdruck, S."
Volk, Elisabeth	Gesetz zur Änderung der Strafprozessordnung (DNA-Identitätsfeststellungsgesetz) – Anspruch und Wirklichkeit, NStZ 1999, 165 – 170
Volk, Elisabeth	DNA-Identitätsfeststellungsgesetz – Kein Ende der Begehrlichkeiten, NStZ 2002, 561 – 565
Vollmer, Silke	Genomanalyse und Gentherapie, Konstanz, 1989; zitiert als: „Vollmer, Genomanalyse, S."
Vordermayer, Helmut / von Heintschel-Heinegg, Bernd (Hrsg.)	Handbuch für den Staatsanwalt, 2. Auflage, München, 2003; zitiert als „X, in: Vordermayer/von Heintschel-Heinegg, Handbuch für den Staatsanwalt, Kapitel"
Vosskuhle, Andreas	Rechtsschutz gegen den Richter, München, 1993; zitiert als: „Vosskuhle, Rechtsschutz, S."
Wagner, Christean	Effektivere Strafverfolgung durch DNA-Kartei für alle Straftaten, ZRP 2004, 14 – 15
Waizfeld, Karlheinz / Kühn, Ulrich	DNA-Analyse für künftige Strafverfahren, DuD 25 (2001), 444 – 445

Walsmann, Hans	Der Verzicht, Leipzig, 1912; zitiert als: „Walsmann, Verzicht, S.“
Weber, Victor	Gefahr im Verzug, DRiZ 1991, 116 – 117
Welp, Jürgen	Zwangsbefugnisse für die Staatsanwaltschaft, Tübingen, 1976; zitiert als: „Welp, Zwangsbefugnisse“
Wertenbruch, Wilhelm	Grundgesetz und Menschenwürde, Köln / Berlin, 1958; zitiert als: „Wertenbruch, Grundgesetz, S.“
Weßlau, Edda	Urteilsanmerkung, StV 1996, 579 – 580
Wilde, Klaus Rüdiger	Der Verzicht privater auf subjektive öffentliche Rechte, Hamburg, 1966; zitiert als: „Wilde, Verzicht, S.“
Wolf, Manfred	Richter und Rechtspfleger im Zivilverfahren, ZZP 99 (1986), 361 – 406
Wolf, Manfred	Gerichtsverfassungsrecht aller Verfahrenswege, 6. Auflage, München, 1987; zitiert als: „Wolf, Gerichtsverfassungsrecht, S.“
Wollweber, Harald	Der genetische Fingerabdruck auf dem Prüfstand, NJW 2001, 2304 – 2305
Wollweber, Harald	DNA-Analysen und Richtervorbehalt, NJW 2002, 1771 – 1772
Wolter, Henner	Die Richtervorbehalte im Polizeirecht, DÖV 1997, 939 - 948

Vorbemerkung

Diese Arbeit ist im April 2005 fertiggestellt worden. Allerdings ist die Gesetzeslage bis heute (Februar 2006) nicht unverändert geblieben. Es wurden vielmehr gerade diejenigen Normen, welche in dieser Arbeit für die Frage des Zusammenwirkens von Einwilligung und Richtervorbehalt beispielhaft untersucht werden, abgeändert.

§ 81g StPO, seit 1998 eine der gesetzlichen Grundlagen für die Speicherung genetischer Identifizierungsmuster in einer bundesweiten Datenbank, traf bis zum 31.10.2005 keine Regelung darüber, ob die grundsätzlich für die Durchführung der Maßnahme erforderliche richterliche Genehmigung auch einzuholen ist, wenn der Betroffene zuvor in den Eingriff eingewilligt hat. Dessen ungeachtet verfuhren die Strafverfolgungsbehörden in der Praxis freilich so, dass sie sich den Antrag auf richterliche Genehmigung ersparten, wenn eine Einwilligung vorlag. Diese jahrelange Praxis weckte mein Interesse an der Frage, wie sich Einwilligung und Richtervorbehalt zueinander verhalten.

Seit dem 01.11.2005 hat der Gesetzgeber diese Frage im Einklang mit der bereits beschriebenen Praxis beantwortet. Der neue § 81g Abs. 3 S. 2 StPO lautet: „*Die molekulargenetische Untersuchung der Körperzellen darf ohne schriftliche Einwilligung des Beschuldigten nur durch das Gericht angeordnet werden.*“ Der Umkehrschluss ist schnell gezogen. Wenn eine Einwilligung vorliegt, muss der Richter die Maßnahme nicht mehr genehmigen. Das Verhältnis von Einwilligung und Richtervorbehalt ist damit gesetzlich definiert. Die Einwilligung ersetzt den Richtervorbehalt, sie macht das Erfordernis richterlicher Zustimmung obsolet.

Aus diesem Grund versagt die Argumentation, der Richtervorbehalt sei eine gesetzliche Verfahrensvoraussetzung, die durch eine Einwilligung nicht unterlaufen werden dürfe, so dass auch beim Vorliegen einer Einwilligung die richterliche Genehmigung einzuholen sei. Denn der Gesetzgeber hat den Wirkungsbereich dieser Verfahrensvoraussetzung für die Speicherung der Gendaten beschränkt. Wer beim Vorliegen einer Einwilligung den Richter nicht mehr einschaltet, handelt nicht mehr gegen eine gesetzgeberische Verfahrensanordnung.

Dies gilt es zu beachten, wenn man sich bei der Lektüre der Arbeit mit den ansonsten unvermindert aktuellen Fragen der Einwilligung und ihrer Schranken befasst. Nach wie vor sind unverhältnismäßige Eingriffe aus rechtsstaatlichen Gründen jedenfalls bei der Speicherung der Gendaten auch dann unzulässig, wenn ihnen eine Einwilligung zugrunde liegt. Weiterhin sind nur unter besonderen Voraussetzungen zu Stande gekommene Einwilligungen tatsächlich wirksam.

Um der neuen Gesetzeslage auch im Ergebnis Rechnung zu tragen, wird die Arbeit mit einem kurzen Text aus heutiger Sicht abschließen, um, ansonsten unverändert, gleichsam eine aktuelle Klammer zu erhalten.

Für die begleitende Hilfestellung von der Themenfindung bis hin zum Abschluss danke ich zunächst meinem Doktorvater Prof. Dr. Dr. h.c. mult. Winfried Hassemer. Bedanken möchte ich mich auch bei Prof. Dr. Dr. h.c. mult. Spiros Simitis für die zügige Erstellung des Zweitgutachtens.

Ich danke auch den Herausgebern der Frankfurter Kriminalwissenschaftlichen Studien für die Aufnahme der Arbeit in diese Reihe sowie dem großen Teil der Herausgeber und den anderen Teilnehmern des Dienstags-Seminars für eine spannende Diskussion, welche mich weitergebracht hat.

Mit Engagement und großer Diskussionsbereitschaft waren mir Lutz Eidam und Jan Faßbender bei der Klärung meiner Ideen behilflich. Auch dafür möchte ich mich bedanken, ebenso bei meinem Vater Dr. Harald Kolz für weiterführende Diskussionen und bei meiner Mutter Hannelore Kolz für „logistische“ Unterstützung. Nicht zuletzt danke ich Lizbeth für viele Tipps betreffend den Umgang mit Word.

A. Einleitung

Die Institutionen Einwilligung und Richtervorbehalt sowie ihr Verhältnis zueinander zu untersuchen, ist keine sehr naheliegende Idee. Richtervorbehalte sind – grob ausgedrückt – Kompetenzregelungen, die bestimmen, dass die Genehmigung eines staatlichen Eingriffes in Grundrechte eines Bürgers ausschließlich einem Richter vorbehalten ist.[1] Vielfach wird den Richtervorbehalten der Sinn zugemessen, bei eiligen und vor allem gezielt heimlichen Eingriffen die Grundrechte des Betroffenen effektiv zu schützen. Dabei geht man davon aus, dass sich der Einzelne in solchen Fällen mangels zeitlicher Gelegenheit oder mangels Kenntnis von der geplanten Maßnahme nicht effektiv oder gar nicht verteidigen kann und so Gefahr läuft, dass seine Grundrechte nicht genug Beachtung finden. Der unabhängige und neutrale Richter soll in diesem Fall das fehlende rechtliche Gehör des Einzelnen kompensieren und die Interessen des übergangenen Grundrechtsträgers berücksichtigen.[2] Auch wenn vereinzelt durchaus betont wird, dass eine solche Kompensation des rechtlichen Gehörs nicht erfolgen kann,[3] so lässt sich doch schwerlich bestreiten, dass die Institution Richtervorbehalt in der Rechtswissenschaft vor allem aus einem Blickwinkel wahrgenommen wird: es geht zumeist darum, dass der Einzelne bei eiligen oder heimlichen Eingriffen übergangen wird. Dies soll der Richtervorbehalt kompensieren. Darin wird teilweise offensichtlich die einzige Aufgabe des richterlichen Genehmigungserfordernisses gesehen.

Aus dem Blick gerät dabei leicht, dass beispielsweise die StPO Richtervorbehalte zuweilen auch dann vorsieht, wenn eine Maßnahme zu genehmigen ist, die weder eilig erfolgen muss noch der Geheimhaltung bedarf. Eine Konstellation ist die körperliche Untersuchung gemäß § 81a StPO, sofern es sich nicht um einen Eilfall handelt. Auch die Kontrolle des Briefverkehrs eines Untersuchungshäftlings gemäß §§ 119 Absatz 6 Satz 1, 126 Absatz 1 Satz 1 StPO steht grundsätzlich dem Richter zu. Man denke ferner an §§ 81g StPO, 2 DNA-IFG. Diese Normen regeln die Entnahme von Körperzellen und deren molekulargenetische Untersuchung zur Feststellung eines DNA-Identifizierungsmusters. Die Daten

---

1 Vgl. Rabe von Kühlewein, Richtervorbehalt, S. 23 f.; Lisken, DRiZ 1979, 277.

2 BVerfGE 9, 89 (97 f.); 109, 279 (359); Aschmann, S. 135 f.; Nelles, Kompetenzen, S. 51 ff.; Amelung, Rechtsschutz, S. 62; Welp, Zwangsbefugnisse, S. 14 ff.; Kintzi, DRiZ 2004, 83; Gusy, GA 2003, 672 (674); ders., JZ 1998, 167 (169); Volk, NStZ 2002, 561 (562); Asbrock, ZRP 1998, 17 mit Zweifeln in Fn 1; ders., KritV 80 (1997), 255 (256, mit Zweifeln in Fn 2); Geppert, DRiZ 1992, 405 (406, 409); Müller, AnwBl 1992, 349; Lisken/Mokros, NVwZ 1991, 609 (610); Schnarr, NStZ 1991, 209 (210); Hilger, JR 1990, 485 f; ders., Über den „Richtervorbehalt" im Ermittlungsverfahren, in: GS Meyer, S. 209 (224); Amelung, ZZP 88 (1975), 74 (80); ähnlich auch Neuhaus, Die strafprozessuale Überwachung der Telekommunikation (§§ 100a, 100b, 101 StPO), in: FS Rieß, S. 375 (393).

3 Rabe von Kühlewein, Richtervorbehalt, S. 413; Lin, Richtervorbehalt, S. 273 ff.; Bachmann, Rechtschutz, S. 73.

werden in der DNA-Analysedatei durch Eingabe der Länder gespeichert und sind bundesweit abrufbar. § 2 DNA-IFG regelt den Fall der Untersuchung nach einem Urteil, wenn das Ermittlungsverfahren also bereits beendet ist und § 81g StPO nicht mehr greift. Der Richtervorbehalt ergibt sich aus § 81g Abs. 3 i.V.m. § 81f Abs. 1 StPO bzw. § 2 Abs. 2 DNA-IFG i.V.m. § 81f Abs. 1 StPO. Der Richter hat in diesen Fällen die weitreichende Aufgabe, einzuschätzen, ob als Anlasstat eine Straftat gemäß den Voraussetzungen von § 81g Abs. 1 StPO vorliegt, und er muss darüber hinaus eine Negativprognose abgeben. Das heißt, er hat einzuschätzen, ob der Betroffene künftig eine schwere Straftat gemäß § 81g StPO begehen wird.

Wie diese Beispiele zeigen, wohnen dem Richtervorbehalt offensichtlich noch andere Funktionen inne als nur die der Kompensation fehlenden rechtlichen Gehörs, denn es ist üblich und jedenfalls gemäß des Rechtsgedankens aus § 33 Abs. 3 StPO geboten, den Einzelnen vor der Entscheidung des Richters in den beschriebenen Fällen der Speicherung der DNA anzuhören.[4] Vor allem aber ergibt sich aus einer solchen Konstellation eine gänzlich neue Problemstellung. Wo der Einzelne angehört wird, besteht auch die Möglichkeit, dass er in die Maßnahme einwilligt. Bei der Entnahme der Körperzellen ist dies möglich.[5] Bereits § 81a Abs. 1 S. 2 StPO selbst lässt eine Einwilligung ausdrücklich zu. Eine richterliche Genehmigung ist dann nicht mehr erforderlich. Bezüglich der Untersuchung des Genmaterials gemäß §§ 81g StPO, 2 DNA-IFG wird über die Wirkungen und Voraussetzungen einer solchen Einwilligung insbesondere im Hinblick auf den Richtervorbehalt gestritten. Hier wird die gesetzliche Festschreibung der Einwilligungsmöglichkeit wie bei § 81 a StPO derzeit erwogen.[6] Eine ausführliche (monographische) Auseinandersetzung mit der Problematik fehlt aber bisher im Schrifttum, was unter anderem an der erwähnten Fokussierung der Wahrnehmung auf die Kompensationsfunktion des Richtervorbehaltes liegen dürfte. Die Konstellation einer Einwilligung in eine einem Richtervorbehalt unterliegende Maßnahme entbehrt daher nicht einer gewissen Atypizität.

Von Seiten der Rechtswissenschaftler mit dem Fachgebiet Datenschutz, die sich angesichts von § 4a Abs. 1 BDSG ausführlich mit der Frage der Einwilligung auseinandersetzen, erfolgte bislang ebenfalls keine detaillierte Befassung mit

---

[4] SK-Rogall, § 81g, Rn 47; Pfeiffer, § 81g, Rn 6; Vath, Fingerabdruck, S. 93 f.; Krause, DNA-Identitätsfeststellung gemäß § 81g StPO, § 2 DNA-IFG, in: FS Rieß, S. 261 (285 f.) Wollweber, NJW 2002, 1771; Fluck, NJW 01, 2292 (2294); Graalmann-Scheerer, Kriminalistik 2000, 328 (331); auch Messer/Siebenbürger, in: Vordermayer/von Heintschel-Heinegg, Handbuch für den Staatsanwalt, Kapitel 1, Rn 139, sind der Ansicht, die Gewährung rechtlichen Gehörs könne „nicht schaden". Gleichzeitig weisen sie jedoch darauf hin, dass lediglich etwa die Hälfte der Richter rechtliches Gehör gewährt. **Gegen** die Erforderlichkeit einer Anhörung: Meyer-Goßner, § 81g, Rn 15; KK-Senge, § 81f Rn 2; ders., NJW 1997, 2409 (2411).

[5] KMR-Bosch, § 81g, Rn 19; allgemeine Meinung.

[6] Siehe unten, F.

dem Thema. *Simitis* weist darauf hin, dass Einwilligungen im öffentlichen Bereich angesichts der gesetzlich klar definierten Aufgaben generell keine große Bedeutung haben.[7] Dies dürfte erklären, weshalb die Untersuchung von Einwilligungen in Maßnahmen der StPO bei Datenschützern, die sich aufgrund des Querschnittscharakters ihrer Materie mit sämtlichen Rechtsgebieten zu befassen haben, keine Priorität genießt.

Eine Untersuchung des Zusammenwirkens von Einwilligung und Richtervorbehalt muss klären, ob die Einwilligung über die Wirkung verfügt, das richterliche Genehmigungserfordernis entfallen zu lassen. Der Gesetzgeber hat vorliegend weder ein Verbot der Einwilligung wie in §§ 81d Abs. 2, 136a Abs. 3 StPO statuiert. Noch hat er Einwilligungen wie in §§ 81a Abs. 1 S. 2, 94 Abs. 2 StPO ausdrücklich gebilligt. Auch die grammatikalische sowie die systematische Auslegung lassen nicht zweifelsfrei erkennen, ob Einwilligungen zulässig sein sollen oder nicht.[8] In den Gesetzgebungsmaterialien zu § 81f StPO, auf den § 81g Abs. 3 StPO verweist, heißt es lapidar: „Die Behandlung von Untersuchungen, denen sich der Betroffene freiwillig unterzieht, folgt den allgemeinen Regeln."[9] Folgerichtig gibt es zu dieser Frage sowohl in der Rechtsprechung[10], als auch im Schrifttum[11] unterschiedliche Ansichten, wobei auch streitig ist, was denn nun die „herrschende Meinung" sei[12].

---

7 Simitis-Simitis, BDSG-Kommentar, § 4a, Rn 16 f.

8 Busch, StraFo 02, 46 (48); ders., StV 2000, 661.

9 BtDrs 13/667, S. 5; vgl. LG Düsseldorf, NJW 2003, 1883 (1884); Sprenger/Fischer, NJW 1999, 1830 (1831).

10 **Dafür**: LG Düsseldorf, NJW 2003, 1883; LG Hamburg, NJW 2000, 2288; LG Hamburg, NStZ-RR 2000, 269; **dagegen**: AG Sondershausen, NJ 2003, 45; LG Hannover, NdsRpfl 2001, 22; LG Wuppertal, NJW 2000, 2687.

11 **Dafür**: SK-Rogall, § 81f, Rn 7, § 81g, Rn 43; Meyer-Goßner, § 81g, Rn 17; Brodersen/Anslinger/Rolf, DNA-Analyse, Rn 75; Hombert, Massentest, S. 152; Rackow, DNA-Identitätsfeststellungsgesetz, S. 137; Fluck, Kriminalistik 2000, 479; Markwardt/Brodersen, NJW 2000, 692 (693); Sprenger/Fischer, NJW 1999, 1830 (1832); König, Kriminalistik 1999, 325 (326); **dagegen**: KMR-Bosch, § 81g, Rn 20; LR-Krause, § 81f, Rn 15, § 81g, Rn 51; Pfeiffer, § 81g, Rn 6; HK-Lemke, § 81g, Rn 30; 19; Roßnagel-Dembowski, Datenschutzrecht, 8.1, Rn 43; 19. Tätigkeitsbericht des Bundesdatenschutzbeauftragten, Punkt 13.3; 7. Tätigkeitsbericht des Landesdatenschutzbeauftragten Brandenburg, Punkt 4.1.3; Steven, Blätter für deutsche und internationale Politik 2005, 270 (271 f.); Busch, NJW 2002, 1754 (1756); ders., StraFo 2002, 46 (48 ff.); Krause, DNA-Identitätsfeststellung gemäß § 81g StPO, § 2 DNA-IFG, in: FS Rieß, S. 261 (283); Golembiewski, NJW 2001, 1036; Waizfeld/Kühn, DuD 2001, 444 (445); Rinio, JR 2001, 168 (170 f.); Fisahn, ZRP 2001, 49 (54); Busch, StV 2000, 661; Graalmann-Scheerer, JR 1999, 453 (455); Volk, NStZ 1999, 165 (169); Senge, NJW 1999, 253 (255); **dafür bei der Maßnahme Durchsuchung**: Einmahl, NJW 2001, 1393 (1394 f.); **zunächst dafür, nun als Mittelweg für eine summarische Prüfung des Richters plädierend**: Kropp, NJ 2001, 576; NJ 2003, 15 (16); **für das Erfordernis eines Pflichtverteidigers bei Einwilligungen**: Endriß/Kinzig, NStZ 2001, 299 (300, siehe Fn 8); **für eine gesetzliche Klarstellung, dass die Einwilligung den Richtervorbehalt ersetzen kann**: Gutachten der Großen Strafrechtskommission des Deutschen Richterbundes zum Thema „Die Tätigkeit des

Die Untersuchung führt zunächst in den Bereich des im Schrifttum meist unter dem Stichwort „Grundrechtsverzicht“ behandelten Problemkreises. Treffender jedoch wird die Problematik als eine Frage der Einwilligung in staatliche Grundrechtseingriffe beschrieben. Es stellt sich die Frage, ob und inwieweit ein Einzelner mit einer „Verfügung über Grundrechtspositionen“[13] staatliches Handeln, das in seine Grundrechte eingreift, legitimieren kann oder ob bei einer solchen Verfügung erst gar kein Eingriff vorliegt.[14] Es lässt sich feststellen, dass die möglichen Grenzen der Einwilligung auf zwei unterschiedlichen Ebenen liegen: der individuellen und der überindividuellen.[15] Einerseits besteht die Möglichkeit, dass rein auf das Individuum bezogene Gründe der Einwilligung Grenzen setzen, etwa weil die Freiwilligkeit des Einzelnen bei seiner Entscheidung nicht sichergestellt werden kann oder weil man feststellt, der Einzelne sei vor sich selber zu schützen.[16] Andererseits können öffentliche Interessen der Verfügung über Grundrechtspositionen entgegen stehen. Öffentliche Interessen können sich in allgemeinen Verfassungsprinzipien wie dem Vorbehalt und dem Vorrang des Gesetzes wiederfinden. Womöglich bestehen auch die Grundrechte selbst in einem solchen Maße im öffentlichen Interesse, dass der Einzelne nicht in staatliche Grundrechtseingriffe einwilligen kann. Ausgangspunkt für die Untersuchung dieser Frage ist letztlich die Positionierung des Bearbeiters auf dem Feld der Grundrechtsdogmatik und der Grundrechtstheorien.[17] Anerkannt ist beispielsweise, dass der Verzicht auf das Recht der geheimen Wahl auch nur eines Einzelnen durch eine Kettenreaktion zu einer Erosion des Rechtes insgesamt und damit zur Bedrohung der demokratischen Staatsform führen könnte.[18]

Ermittlungsrichters im Ermittlungsverfahren“ von 2003, S. 188; **noch unentschieden:** Wollweber, NJW 2001, 2304 (2305).

[12] Messer/Siebenbürger, in: Vordermayer/von Heintschel-Heinegg, Handbuch für den Staatsanwalt, Kapitel 1, Rn 141: „(Es ist) eindeutig herrschende Meinung, dass die Einwilligung auch für die Untersuchung ausreicht.“; Fluck, NJW 2001, 2292 (2294): „Die hM geht von der Einwilligungsmöglichkeit aus.“; Ohler, StV 2000, 326 (327): „Nach hM kann nur die Entnahmeanordnung ersetzt werden.“

[13] Pietzcker, Der Staat 1978, 527 (531).

[14] **So**: Schwabe, Grundrechtsdogmatik, S. 99; Malorny, JA 1974, 475 (479); so im Ergebnis auch Illian, Verzicht, S. 57; Littwin, Grundrechtsschutz, S. 235, 245; Hillgruber, Schutz, S. 136, der allerdings darauf hinweist, dass es sich um eine **beachtliche** Einwilligung handeln muss; Amelung, Die Zulässigkeit der Einwilligung bei den Amtsdelikten, in: FS Dünnebier, S. 487 (495); Benfer, StV 1999, 402 (404); Tünnesen-Harmes, JuS 1994, 142 (145); Jarass, NJW 1989, 857 (860). **Dagegen einen Eingriff annehmend**: Eppelt, S. 21 ff.; Stern, Staatsrecht III/2, § 86, S. 918; Koch, S. 52, 177; Robbers, JuS 1985, 925.

[15] Sachs, VerwArch 76 (1985), 398 (420 f.).

[16] Siehe unten, B. III. 2. a).

[17] Eppelt, Grundrechtsverzicht, S. 92; Spieß, Grundrechtsverzicht, S. 192; Koch, Verzicht, S. 62, 77; Donner/Simon, DÖV 1990, 907 (916); Pietzcker, Der Staat 1978, 527 (540); Bussfeld, DÖV 1976, 765 (769).

[18] OVG Lüneburg, DÖV 1964, 355 (356); OVGE Münster 14, 257 (260 f.); OVG Rheinland-Pfalz, AS 394 (397); BayVGH N.F.G. 1953, 186 (199); vgl. BVerfGE 21, 200 (205 f.): selbst bei der Briefwahl ist der Wähler verpflichtet, den Wahlzettel unbeobachtet zu

Wurde diese überindividuelle Ebene näher bestimmt und die Auswirkungen öffentlicher Interessen auf die Möglichkeit einer Einwilligung konkretisiert, liegt es nahe, die Voraussetzungen einer wirksamen Einwilligung zu untersuchen und zu klären, wann der Einzelne seinen Willenserklärung freiwillig und aufgeklärt abgibt. Ist dies geschehen, interessieren die Wirkungen der wirksam zu Stande gekommenen Einwilligung. Hier nähert sich die Arbeit ihrem zweiten großen Untersuchungsgegenstand, dem Richtervorbehalt, mit der Fragestellung, ob er durch eine wirksame Einwilligung ersetzt wird. Dies ist dann nicht der Fall, wenn in ihm denn überindividuelle Interessen zum Ausdruck kommen, die das Einwilligungsinteresse überwiegen. Diese so entscheidende Frage ist in der Untersuchung der Gesamtproblematik „Einwilligung und Richtervorbehalt" bisher nur selten vollzogen worden. Und wenn, dann beschränkt sich die Befassung auf die pauschale Feststellung, der Richtervorbehalt diene überindividuellen Interessen,[19] oder er tue dies eben nicht.[20] So ist in Teil D. zu klären, welche Funktionen der Richtervorbehalt hat. Eine überindividuelle Funktion kann nicht bloß behauptet werden, sondern ist aus der Stellung der Institution im Zusammenwirken der Staatsgewalten herzuleiten. Man wird sich daher unter anderem der (verschiedentlich bereits behandelten[21]) Frage zu widmen haben, zu welcher Staatsgewalt der als eingriffsgenehmigende Instanz tätig werdende Richter denn nun gehört.

Als Veranschaulichung der recht abstrakten Fragestellung soll im Fortlauf der Untersuchung auf die bereits genannten Normen §§ 81g StPO, 2 DNA-IFG näher eingegangen werden. Sie dienen nicht der Aufklärung einer bereits begangenen Tat, sondern sollen die Aufklärung erst zukünftig erfolgender Taten erleichtern. Man könnte sie daher als „antizipierte Repression" bezeichnen.[22] Voraus-

---

kennzeichnen. Auch eine Wahl durch eine Vertrauensperson ist nur unter engsten Voraussetzungen möglich; Robbers, JuS 1985, 925 (931, Fn 66).

19 KMR-Bosch, § 81g, Rn 20, meint, der Gesetzgeber habe „sich bewusst im überindividuellen Interesse einer möglichst unabhängigen Kontrolle gentechnischer Untersuchungen für den Richtervorbehalt entschieden."; Busch, NJW 2002, 1754 (1756) spricht von der „absoluten Bedeutung" des Richtervorbehaltes. Krause, DNA-Identitätsfeststellung gemäß § 81g StPO, § 2 DNA-IFG, in: FS Rieß, S. 261 (283), stellt fest, dass „die im Rahmen der Negativprognose zu treffenden Feststellungen nicht der Dispositionsbefugnis des Einzelnen unterfallen." Waizfeld/Kühn, DuD 2001, 444 (445) nennen den Richtervorbehalt eine „zwingende Norm, die der Verfügung der Verwaltung und des Betroffenen entzogen sein sollte." Er gewährleiste „absoluten gesetzlichen Schutz".

20 SK-Rogall, § 81f, Rn 7, § 81g, Rn 43 sieht "weder Anhaltspunkt noch Notwendigkeit für eine derart weitreichende Wirkung des Richtervorbehaltes". Brodersen/Anslinger/Rolf, DNA-Analyse, Rn 75: „Der Richtervorbehalt (...) ist nicht dahingehend zu verstehen, dass er dem Schutz überindividueller Interessen dienen soll."; Rackow, DNA-Identitätsfeststellungsgesetz, S. 136: „Überindividuelle Interessen (...) sind nicht ersichtlich.".

21 Rabe von Kühlewein, Richtervorbehalt, S. 109 ff.; Aschmann, Richtervorbehalt, S. 43 ff.

22 Volk, NStZ 1999, 165 (167); siehe zu § 81b StPO auch schon Gusy, VerwArch 84 (1993), 441 (449).

setzung ist die Begehung oder der Verdacht einer Anlasstat sowie die Prognose, der Einzelne werde eine solche Tat erneut begehen („Negativprognose“). Zu unterscheiden ist hier zwischen drei Eingriffen: der Entnahme von Körpermaterial, seiner molekulargenetischen Untersuchung und schließlich der Speicherung in einer Datenbank. Über die Frage, ob die beiden letztgenannten, schwerwiegenderen Eingriffe das Recht auf informationelle Selbstbestimmung erheblich[23] oder geringfügig[24] beeinträchtigen, wird gestritten. Das Bundesverfassungsgericht hat festgestellt, dass sie den Kernbereich des Grundrechtes jedenfalls solange nicht verletzen, wie aus den nicht-codierenden Daten kein Persönlichkeitsprofil gewonnen werden kann.[25] Die aktuelle Fassung der Errichtungsanordnung des Bundeskriminalamtes verbietet die Erstellung eines Persönlichkeitsprofils.[26] Zudem urteilte das Bundesverfassungsgericht, dass § 81g StPO und § 2 DNA-IFG in ihrer derzeitigen Fassung dem Schrankenvorbehalt des Grundrechtes ausreichend Rechnung tragen.[27]

Es bietet sich ein kurzer Überblick über die Verfahrensweise der Behörden und Gerichte in der Praxis und über die Kasuistik zu den Regelungen an. Allgemein lässt sich der Vorteil von Einwilligungen als Verbesserung des Umganges zwischen Staat und Bürger und als Möglichkeit der Beschleunigung bezeichnen.[28] Einwilligungen dienen der Verfahrensökonomie.[29] So wird in Schleswig-Holstein wie auch in anderen Bundesländern (Bayern, Baden-Württemberg und Nordrhein-Westfalen) auf eine richterliche Anordnung beim Vorliegen einer durch Unterzeichnung eines Formblattes erlangten „Freiwilligkeitserklärung“ verzichtet.[30] In über 70 % aller Fälle werden auch tatsächlich Einwilligungen abgegeben.[31] Andere Angaben schwanken in der Schätzung zwischen 30 %[32] über 90 %[33] bis zu 98 %[34]. Der Bundesgrenzschutz arbeitet jedenfalls in seinem

---

[23] LG Waldshut-Tiengen, StV 1999, 365 (366); LG Münster, StV 1999, 141 (143); Krause, DNA-Identitätsfeststellung gemäß § 81g StPO, § 2 DNA-IFG, in: FS Rieß, S. 261 (283); Endriß/Kinzig, NStZ 2001, 299; Golembiewski, NJW 2001, 1036 (1037).

[24] LG Frankfurt/M., StV 2001, 9 (10); LG Waldshut-Tiengen, StV 2001, 10 (11).

[25] BVerfGE 103, 21 (31).

[26] Errichtungsanordnung zur „DNA-Analyse-Datei“, Stand. 23.10.2001, 2.2 (2).

[27] BVerfG, StV 2001, 378 (380).

[28] Amelung, StV 1985, 257.

[29] Graalmann-Scheerer, Molekulargenetische Untersuchung und Revision, in: FS Rieß, S. 153 (155); dies., JR 1999, 453. Die Autorin bezweifelt allerdings die entlastende Wirkung für die Justiz auf Seite 455. Diese Zweifel entkräftend: Rackow, DNA-Identitätsfeststellungsgesetz , S. 136 ff.; Sprenger/Fischer, NJW 1999, 1830 (1832 f.).

[30] Steven, Blätter für deutsche und internationale Politik 2005, 270 (272); Kintzi, DRiZ 2004, 83 (88); Waizfeld/Kühn, DuD 2001, 444; Golembiewski, NJW 2001, 1036; Fisahn, ZRP 2001, 49 (50, siehe Fn 9).

[31] Kintzi, DRiZ 2004, 83 (88); Gutachten der Großen Strafrechtskommission des Deutschen Richterbundes zum Thema „Die Tätigkeit des Ermittlungsrichters im Ermittlungsverfahren“ von 2003, S. 187.

[32] Kamann, StV 1999, 10.

[33] Bergmann, Kriminalistik 2003, 222 (223), schätzt die Praxis in Sachsen so ein.

größten Bezirk nach Untersuchungen des Bundesbeauftragten für den Datenschutz ausschließlich mit Einwilligungen.[35] Nach Angaben von *Messer/Siebenbürger* holt die Polizei gar ohne die Einschaltung der Staatsanwaltschaft in 95 % der Fälle in Eigenregie die Einwilligung ein.[36] Angesichts der Tatsache, dass aufgrund der langen Löschungsfristen bisher wohl noch kein einziger Datensatz gelöscht wurde,[37] geht man davon aus, dass sich die Zahl der Datensätze in der Datenbank von derzeit etwa 388.700[38] noch deutlich erhöht. Es ist von Fallzahlen in der Größenordnung von mehreren Millionen die Rede.[39] Zum Vergleich: in Großbritannien sind schon heute 2.500.000 Menschen erfasst, was im Verhältnis zur Bevölkerung bedeutet, dass dort die Gendaten von fast zehnmal so vielen Menschen gespeichert sind.[40]

Die Rechtsprechung zu den genannten Normen wird teils so beschrieben, dass bei jeder Anlasstat gemäß § 81g Abs. 3 StPO ein Antrag der Staatsanwaltschaft erfolge und jeder dieser Anträge einen Beschluss zur Folge habe, die gesetzlich gewollte eigenständige Bedeutung der Negativprognose also auch dann unterlaufen werde, wenn der Richter tatsächlich eingeschaltet wird.[41] Weiter wird ausgeführt, die Mehrheit aller Beschlüsse werde allein durch Zitierung des Gesetzeswortlauts begründet; es ist von „formularmäßigen Beschlüssen" die Rede.[42] Diese Mahnungen konkretisieren die allgemein gegenüber der Institution Richtervorbehalt vorgebrachte Kritik: es handele sich um kein effektives Schutzinstrument, weil die Richter mangels Zeit und Fachkenntnis sowie aufgrund der Informationsselektion durch die Staatsanwaltschaft nicht zu eigenen unabhängigen Entscheidungen kommen und stattdessen die Beschlussanträge der Staatsanwaltschaft meist wortgleich übernehmen.[43] Schon früh wurde der Richtervorbehalt als Beispiel für symbolische Gesetzgebung angesehen.[44] Auch

---

34 Sprenger/Fischer, NJW 1999, 1830 (Fn 6).

35 19. Tätigkeitsbericht des Bundesdatenschutzbeauftragten -> *www.bfd.bund.de.*

36 Messer/Siebenbürger, in: Vordermayer/von Heintschel-Heinegg, Handbuch für den Staatsanwalt, S. 119.

37 Für das Bundeskriminalamt galt dies jedenfalls 1999 noch: BtDrs 14/1084, S. 4.

38 So der Bundesvorsitzende der Gewerkschaft der Polizei Konrad Freiberg, in: „DNA-Probe muss Normalität werden", Debattenbeitrag in: Neues Deutschland vom 04.02.2005; davon seien 321.500 Datensätze personenbezogen; Götzer spricht im Plenarprotokoll der 154. Sitzung des Deutschen Bundestages vom 27.01.2005 von 380.000 Datensätzen; zu finden unter: *http://www.bundestag.de/bic/plenarprotokolle/pp/154/index.html*; die Frankfurter Neue Presse ging am 18.01.2005 auf S. 5 von 388.000 Datensätzen aus.

39 HK-Lemke, § 81g, Rn 26.

40 Antonow, JR 2005, 99; die Trefferquote in Großbritannien ist dagegen nicht einmal doppelt so hoch – ein klarer Beleg dafür, dass beispielsweise die Verdoppelung des Datenbestandes die Wahrscheinlichkeit eines Treffers nicht ebenfalls verdoppelt.

41 Kauffmann/Ureta, StV 2000, 102 (105, siehe Fn 21).

42 Endriß/Kinzig, NStZ 2001, 299; Rittershaus, StV 2000, 609 (610).

43 Vgl. nur Backes/Gusy, Telefonüberwachung, S. 123 ff.; zu einer detaillierten Auseinandersetzung mit der Kritik: siehe unten, D. IV. 2. c).

44 Amelung, ZStW 92 (1980), 19 (54).

in neuerer Zeit ist von einem „Feigenblatt“[45] oder einem „Wachhund, der weder bellt noch beißt“[46] die Rede.

Andere Einschätzungen kommen zu der Erkenntnis, dass die Filterfunktion von Staatsanwaltschaft und Richter funktioniert: längst nicht jeder Antrag der Polizei führt danach bei der Speicherung der DNA zur richterlichen Genehmigung der Maßnahme.[47] Es fällt auf, dass eine Fallkonstellation in gleich mehreren Fällen zur Versagung der richterlichen Genehmigung führte: das genetische Muster eines Beziehungstäters, der eine Anlasstat aufgrund einmaliger, besonderer Umstände begangen hat, soll in die Datenbank eingestellt werden. Die Beziehung besteht aber nicht mehr; unter Umständen lebt der Beziehungstäter schon jahrelang straffrei und hat sich ein neues soziales Umfeld aufgebaut.[48] Ein solcher Täter hat zwar womöglich eine schwere, den Rechtsfrieden erheblich erschütternde Tat begangen. Eine Speicherung seiner Gendaten in einer Datenbank zur Aufklärung künftiger Straftaten kommt gleichwohl nicht in Frage, denn es sind schlicht keine künftigen Taten zu erwarten, wenn der Verlauf der Resozialisierung deutlich zeigt, dass der Mensch sich verändert hat und neue Beziehungen anders gestalten kann. Doch mit der von einigen Bundesbehörden und Bundesländern eingeführten Einwilligungspraxis, nach der sie beispielsweise jeden Haftinsassen oder gar jeden im Bundeszentralregister vermerkten Täter einer Anlasstat automatisch um seine Einwilligung bitten, wird auch an diesen Täter ein Einwilligungsgesuch gerichtet, obwohl in seiner Person die gesetzlichen Voraussetzungen nicht vorliegen.[49]

Wann darf man in einen staatlichen Eingriff einwilligen? Was spielt es für eine Rolle, wenn die gesetzlichen Voraussetzungen für diesen Eingriff nicht vorliegen? Welche Rolle spielt der Nutzen, den der Einwilligende sich von seiner Einwilligung verspricht? Wann ist eine grundsätzlich zulässige Einwilligung auch im Einzelfall wirksam; was bedeutet also Freiwilligkeit? Wie weitreichend sind die Auswirkungen der Einwilligungen gegenüber dem gesetzlich vorgeschriebenen Richtervorbehalt? Die folgenden Ausführungen sollen zu einer rechtlichen Beantwortung dieser Fragen führen.

---

45 Lilie, ZStW 111 (1999), 807 (814).

46 Müller, AnwBl 1992, 349 (351).

47 Krehl/Kolz, StV 2004, 447 (454, siehe Fn 66).

48 OLG Karlsruhe, StV 2002, 60; LG Berlin, StV 2001, 392; LG Oldenburg, StV 2001, 7; LG Heilbronn, StV 2001, 8; LG Hannover, StV 2000, 302; AG Rotenburg, StV 1999, 250; SK-Rogall, § 81g, Rn 36; LR-Krause, § 81g, Rn 30.

49 Speicherungen ohne Vorliegen der Voraussetzungen befürchtet auch: Rinio, JR 2001, 168 (169).

B. Die Einwilligung und ihre Schranken

I. Begriffe

Der Begriff „Einwilligung“ findet selten Verwendung. Häufiger ist vom „Verzicht“ die Rede, weshalb sich die Arbeit bis zur Klärung der Terminologie unten in diesem Abschnitt zunächst letzterer Begrifflichkeit annimmt. Der Verzicht hat unterschiedliche Konnotationen und kann aus mehreren Perspektiven betrachtet werden. *Spieß* weist darauf hin, dass Verzicht nach einer zivilrechtlichen Linie den Untergang eines Rechtes meint, während eine strafrechtliche Linie im Verzicht die Rechtfertigung eines Eingriffes erblickt.[50] Aus der Sicht des Staates bietet der Verzicht eine Ermächtigungsgrundlage. Aus der Sicht des Einzelnen stellt er eine Verfügung über Grundrechtspositionen dar. Von außen betrachtet, handelt es sich schließlich um einen Rechtfertigungsgrund.[51]

Im Schrifttum dominiert der Begriff Grundrechtsverzicht, wenn es um die Frage geht, ob ein Einzelner staatliches Handeln, das ohne seine Zustimmung eine Verletzung seiner Grundrechte darstellen würde, durch eine Willensäußerung legitimieren kann.[52] Diese Bezeichnung wird allerdings als „irreführendes Etikett“[53], „unpassend“[54] und „wenig glücklich“ empfunden; sie sei abzulehnen.[55] Als Alternativbegriff oder als Definitionsmerkmal des Verzichts findet die von *Pietzcker*[56] eingeführte Terminologie „Verfügung über Grundrechtspositionen“ Verwendung.[57] Missverständlich am Begriff Grundrechtsverzicht ist dabei zunächst, dass kein Verzicht auf ein Grundrecht in seiner Gesamtheit erfolgt. Dies wäre ein Totalverzicht, der allgemein als unzulässig angesehen wird.[58] Allenfalls möglich ist ein Verzicht auf einzelne, durch das Grundrecht geschützte Handlungsweisen, auf einzelne Abwehransprüche.[59]

---

50 Spieß, Grundrechtsverzicht, S. 39.
51 Spieß, Grundrechtsverzicht, S. 47.
52 Stern, Staatsrecht III/2, § 86, S. 888 m.w.N.; Pietzcker, Der Staat 1978, 527 (531).
53 Sachs, VerwArch 76 (1985), 398 (419).
54 Spieß, Grundrechtsverzicht, S. 43.
55 Geiger, NVwZ 1989, 35 (37).
56 Pietzcker, Der Staat 1978, 527 (531); von einer Verfügung über Rechtspositionen spricht schon Malorny, JA 1974, 475.
57 Eppelt, Grundrechtsverzicht, S. 13; Stern, Staatsrecht III/2, § 86, S. 887; Malacrida, Grundrechtsverzicht, S. 11; Donner/Simon, DÖV 1990, 907 (915).
58 Starck-Starck, Art. 1 Abs. 3, Rn 261; Spieß, Grundrechtsverzicht, S. 45; Wilde, Verzicht, S. 79; Quaritsch, Der Verzicht im Verwaltungsrecht und auf Grundrechte, in: FS Martens, S. 407 (410); Faust, RiA 1973, 106 (111).
59 Jarass/Pieroth-Jarass, Vorb. vor Art. 1, Rn 36; Spieß, Grundrechtsverzicht, S. 39, 43.

Als unfruchtbar hat sich die Differenzierung zwischen dem Grundrechtsverzicht, der zu einem Erlöschen des Rechtes, auf das verzichtet wird, führt,[60] und dem bloßen Ausübungsverzicht[61] erwiesen. Wer verbindlich erklärt, ein Grundrecht nicht auszuüben, der hat auch nichts von dem Grundrecht außer einer leeren Hülle, einem „nudum ius“.[62] Der Unterschied zwischen einem solch wertlosen Recht und einem wie bei einem Grundrechtsverzicht gar nicht mehr bestehenden Recht ist so marginal, dass sich die Differenzierung nicht lohnt.

Bestimmt man den Begriff nach dem Verzichtsobjekt, wie es auch der Ansatz der Bezeichnung Grundrechtsverzicht ist, so stellt man fest, dass auf ein subjektives Recht oder ein Grundrecht im engen Sinne nur selten verzichtet wird. Es geht viel mehr um die Preisgabe der grundrechtlich gegen die Staatsgewalt geschützten Sphäre. Eine solche Legitimation staatlicher Eingriffe kann man treffender als Einwilligung in eben diese Eingriffe bezeichnen.[63] *Amelung* definiert die Einwilligung als Erklärung, die besagt, dass eine Rechtsgutsbeeinträchtigung durch einen anderen hingenommen werde.[64] Im Unterschied zum Grundrechtsverzicht, bei dem man ein Recht unwiderruflich verliert[65], soll die Einwilligung frei widerruflich sein.[66] Diese Terminologie ist dem Strafrecht entnommen, was an ihr auch kritisiert wird.[67] So hat sich dieser Begriff im Verfassungsrecht bisher nicht durchsetzen können,[68] wenngleich er auch im Zivilrecht schon früh Anwendung fand: der Bundesgerichtshof definiert die Einwilligung als „Gestattung zur Vornahme von Handlungen, die in rechtlich geschützte Güter des Gestattenden eingreifen.“[69] Teils wird in Abgrenzung zu *Amelung* auch angeführt, dass sich Grundrechtsverzicht und Einwilligung angesichts ihrer doch identischen Bindungswirkung in der Gegenwart mit Ausnahme der Widerruflichkeit nur in künftigen Fällen so sehr ähneln, dass man zwischen ihnen nicht abgrenzen müsse.[70] Die Einwilligung wäre dann lediglich eine besondere Erschei-

---

60 Eppelt, Grundrechtsverzicht, S. 12; Schwabe, Grundrechtsdogmatik, S. 93; Malorny, JA 1974, 475.

61 Müller/Pieroth, Freiheitsrechte, S. 34.

62 Eppelt, Grundrechtsverzicht, S. 27; Spieß, Grundrechtsverzicht, S. 48 f.; Stern, Staatsrecht III/2, § 86, S. 904; Koch, Verzicht, S. 74; Schimpf, Vertrag, S. 213; Wilde, Verzicht, S. 79; Robbers, JuS 1985, 925; Bussfeld, DÖV 1976, 765 (769); Sturm, Probleme eines Verzichts auf Grundrechte, in: FS Geiger, S. 173 (185); Malorny, JA 1974, 475 (476); Faust, RiA 1973, 106 (111); Dürig, AöR 81 (1956), 117 (152).

63 Starck-Starck, Art. 1 Abs. 3, Rn 261; Amelung, Einwilligung; Pietzcker, Der Staat 1978, 527 (530); vgl. auch: Hillgruber, Schutz, S. 135.

64 Amelung, Einwilligung, S. 13; ders., StV 1985, 257 (258).

65 Malorny, JA 1974, 475 (476).

66 Illian, Verzicht, S. 17, 19; Malacrida, Grundrechtsverzicht, S. 9; Amelung, Einwilligung, S. 15.

67 Stern, Staatsrecht III/2, § 86, S. 905.

68 Ohly, Einwilligung, S. 89; Stern, Staatsrecht III/2, § 86, S. 906.

69 BGHZ, NJW 1964, 1177.

70 Eppelt, Grundrechtsverzicht, S. 32 f.; Spieß, Grundrechtsverzicht, S. 41.

nungsform des Verzichts,[71] einschlägig in den Fällen eines Verzichts auf ein Abwehrrecht.[72] Sie ist im Unterschied zum Grundrechtsverzicht widerruflich, bis der Eingriff erfolgt, in den eingewilligt wird. Mit der Durchführung des Eingriffes wird auch sie unwiderruflich.[73]

Nimmt man dieses Unterscheidungskriterium als Maßstab, so lässt sich für die vorliegende Konstellation der Legitimierung von Eingriffen, die unter einem Richtervorbehalt stehen, sagen, dass es sich hier eben um diese besondere Erscheinungsform des Verzichts, die Einwilligung, handelt. Denn bis der Eingriff erfolgt, kann der Einzelne seine Zustimmung – wie im Beispielsfall zur Untersuchung und Speicherung seiner Körperzellen – widerrufen. Unabhängig von der Frage, ob nun tatsächlich ein fundamentaler Unterschied zwischen Grundrechtsverzicht und Einwilligung besteht, kann daher im Fortlauf der Untersuchung stets von der Einwilligung gesprochen werden. Synonym könnte zwar der Begriff „Verfügung über Grundrechtspositionen“ Verwendung finden. Die Bezeichnung der vorliegenden Konstellation als Einwilligung deutet aber präziser auf die Widerruflichkeit der Zustimmung hin und ist daher vorzuziehen.

II. Historie

1. Selbstbestimmung als Grundlage der Einwilligung

Die Einwilligung in Grundrechtseingriffe ist ein Zeichen von fehlender Pflicht, an diesen Positionen festzuhalten, und somit grundsätzlich ein Ausdruck der Selbstbestimmung. Die Einwilligung wird zutreffend als Aktualisierung von Autonomie bezeichnet.[74] Autonomie leitet sich aus den griechischen Begriffen „autos“ (= selbst) und „nomos“ (= Gesetz) ab und steht im Gegensatz zu Fremdbestimmung (Heteronomie).[75] In der Entwicklung des Stellenwertes der Selbstbestimmung spielte *Kant* eine wesentliche Rolle. Er geht vom freien Willen des vernünftigen Menschen aus. Die Autonomie sei „Grund der Würde der menschlichen Natur“.[76] Diese Würde hat auch die Rechtsordnung durch das Belassen von Freiheitsräumen anzuerkennen: „Recht ist (...) der Inbegriff der Bedingungen, unter denen die Willkür des einen mit der Willkür des anderen nach einem allgemeinen Gesetz der Freiheit zusammen vereinigt werden kann.“[77] Dabei ist zu erläutern, dass *Kant* den Begriff „Willkür“ positiv als Kennzeichnung der

---

[71] Spieß, Grundrechtsverzicht, S. 58; Koch, Verzicht, S. 20.

[72] Merten, Der Grundrechtsverzicht, in: FS Schmitt Glaeser, S. 53 (61).

[73] Ohly, Einwilligung, S. 79; die Frage des Widerrufs im konkreten Fall der Einwilligung in die molekulargenetische Untersuchung und Speicherung wird in der Arbeit noch behandelt, siehe unten, D. V.

[74] Ohly, Einwilligung, S. 207.

[75] Ohly, Einwilligung, S. 65 (Fn 9).

[76] Kant, Grundlegung zur Metaphysik der Sitten, S. 63 (Rn 436).

[77] Kant, Metaphysik der Sitten, Einleitung in die Rechtslehre, § B, S. 337.

Freiheitsbetätigung des Einzelnen verwandte, während wir heute darunter im negativen Sinne die Abwesenheit von Wertmaßstäben und Berechenbarkeit im Staatshandeln verstehen. Die gleiche Forderung nach Selbstbestimmung begründet *Mill* utilitaristisch: es sei für eine Gesellschaft vorteilhaft, den verschiedenen Charaktereigenschaften Spielraum zu lassen. Die freie Entwicklung der Persönlichkeit sei eine der Hauptbedingungen der Wohlfahrt. Sie sei zudem eine Bedingung für Zivilisation und Kultur.[78] „Ein Staat, der seine Menschen verkümmern lässt (...), wird merken, dass mit kleinen Menschen wahrlich keine großen Dinge vollbracht werden können.“[79]

2. Ursprünge der Einwilligung

Die Ursprünge der Einwilligung sind bereits als allgemeiner Rechtsgrundsatz im römischen Recht zu finden: „Cuique licet his quae pro se introducta sunt renuntiare.“[80] In den Digesten findet sich zudem folgendes Zitat: „... quia nulla iniuria est, quae in volentem fiat.“[81] Aus diesen Ursprüngen wurde das Sprichwort „volenti non fit iniuria“ hergeleitet,[82] ein Grundsatz, der besagt, dass ein Handeln mit Einverständnis des nachteilig Betroffenen kein Unrecht begründet. Obwohl der Verzicht eine Alltagserscheinung im römischen Leben war, gab es auch unverzichtbare Güter. So war ein Verzicht nicht erlaubt, wenn ihm öffentliche Belange entgegen standen.[83] Ein Mensch konnte in Rom nicht alles aufgeben.[84]

Auch im kirchlichen Recht des Mittelalters taucht der Grundsatz, dass jeder auf sein Recht verzichten können soll, auf.[85] Auch zu dieser Zeit gab es aber Ausnahmen von dieser Regel. Es gab im damaligen Schrifttum den Versuch, „Tableaus der Unverzichtbarkeit“ zu erstellen, in denen aufgelistet wurde, worauf man nicht verzichten kann. Dabei wurde beispielsweise der notwendige Lebensunterhalt ebenso für unverzichtbar erklärt wie die eigene Freiheit. Auch durfte ein Verzicht nicht gegen ein unabdingbares Gesetz verstoßen.[86] Das Wort „verzichten“ selbst kommt aus dem Mittelhochdeutschen: „verzîhen“ heißt dort zunächst „nein sagen“ und erst in zweiter Linie „sich von etwas lossagen“.[87]

---

78 Mill, On Liberty, S. 78 f.

79 Mill, On Liberty, S. 157.

80 Codex Justinianus, zitiert bei: Illian, Verzicht, S. 1 (Fn 1), und Quaritsch, Der Verzicht im Verwaltungsrecht und auf Grundrechte, in: FS Martens, S. 407 (Fn 2).

81 Nachweis bei Sachs, VerwArch 76 (1985), 398; Sturm, Probleme eines Verzichts auf Grundrechte, in: FS Geiger, S. 173 (187, siehe Fn 64).

82 Sachs, VerwArch 76 (1985), 398 (Fn 1); Sturm, Probleme eines Verzichts auf Grundrechte, in: FS Geiger, S. 173 (187).

83 Brieskorn, Verzicht, S. 70.

84 Brieskorn, Verzicht, S. 79.

85 Nachweise bei Illian, Verzicht, S. 1 (Fn 2), und Quaritsch, Der Verzicht im Verwaltungsrecht und auf Grundrechte, in: FS Martens, S. 407 (Fn 3).

86 Brieskorn, Verzicht, S. 140 f.

87 Spieß, Grundrechtsverzicht, S. 4; Schoenborn, Verzicht, S. 16; Faust, RiA 1973, 106.

Hobbes betont, dass gewisse Rechte nicht aufhebbar oder übertragbar seien.[88] Der Zweck eines Verzichtes sei der Gewinn an Sicherheit im „Krieg aller gegen alle". Kann dieses Ziel nicht erreicht werden, so kommt ein Verzicht nicht in Frage.[89] Ein Verzicht soll auch nur dann erfolgen, wenn er gegenseitig ist. Denn wer als einziger verzichtet, setzt weniger ein Zeichen der Friedensbereitschaft, sondern bietet sich eher den anderen als Beute an.[90] Wenn aber ein Verzicht möglich ist, dann hindert Furcht nicht seine Wirksamkeit. Denn wenn ein Verzicht aus Furcht ungültig wäre, könnte, so Hobbes, niemand wirksam zu staatsvertraglichem Gehorsam verpflichtet werden.[91] Der Staatsvertrag basiert gerade auf der Furcht vor Anarchie. Wie Rousseau, der einen Verzicht eines Menschen auf seine Freiheit als mit der Natur des Menschen unvereinbar bezeichnet,[92] betont auch Kant, dass ein völliger Verzicht auf die Freiheit widersprüchlich und nichtig wäre.[93] Die Freiheit ist jedenfalls in ihrer Gesamtheit nicht verzichtbar, ein ansonsten durchaus denkbarer freiwilliger Selbstverkauf in die Sklaverei folglich ausgeschlossen.

Aus der Diskussion[94] um den Verzicht in der deutschen Rechtswissenschaft vor Geltung des Grundgesetzes ist die Theorie der subjektiv-öffentlichen Rechte von *Jellinek*[95] herauszuheben, weil sie über ein halbes Jahrhundert lang großen Widerhall im Schrifttum fand.

Jellinek selbst beschäftigt sich mit der Frage der Verzichtbarkeit und stellt Regeln für diverse Konstellationen auf. Zum Verständnis seiner Lehre sei zunächst angemerkt, dass er zwischen dem Status einer Person und ihren Ansprüchen differenziert. Der Status ist eine Rechtsstellung, die Ansprüche dagegen die aus dieser Rechtsstellung folgenden Rechte.[96] Unverzichtbar ist der Status einer Person aufgrund seines Bestehens im Gemeininteresse dann, wenn der Einzelne sich passiv verhalten kann oder sich frei zum Handeln entscheiden kann – wie etwa beim Wahlrecht. Anders dagegen liegt der Fall, wo mit dem Status Pflichten einhergehen – so bei der „Beamtung" oder der Staatsangehörigkeit. Hier sprechen sowohl die Interessen des Einzelnen, der sich von den Pflichten womöglich befreien will, wie auch des Staates, der auf eine motivierte und zuverlässige Pflichterfüllung angewiesen ist, für die Möglichkeit zum Verzicht.[97] Abstrakte Ansprüche sind immer unverzichtbar. Selbst wenn sie aus einem ver-

---

[88] Hobbes, Leviathan, Kapitel 14, S. 101.
[89] Hobbes, Leviathan, Kapitel 14, S. 101 f., 107.
[90] Hobbes, Leviathan, Kapitel 14, S. 100; vgl. auch Kapitel 15, S. 121.
[91] Hobbes, Leviathan, Kapitel 20, S. 155; vgl. auch Kapitel 14, S. 106.
[92] Rousseau, Gesellschaftsvertrag, Erstes Buch, Viertes Kapitel.
[93] Kant, Metaphysik der Sitten, § 30.
[94] Nachweise bei Stern, Staatsrecht III/2, § 86, S. 888 f.; beachte auch Walsmann, Verzicht.
[95] Jellinek, System, S. 340 ff.
[96] Diese Lehre wird teils als unbrauchbar kritisiert: Spieß, Grundrechtsverzicht, S. 58.
[97] Jellinek, System, S. 340.

zichtbaren Status folgen, so würde der einzelne Verzicht auf sie doch nichts am Fortbestehen der Pflichten dieses Status ändern. Will man auf diese Ansprüche verzichten, so muss man daher gleich auf den gesamten Status verzichten.[98] Ein solcher Statusverzicht muss von der Rechtsordnung allerdings ausdrücklich gestattet sein.[99] Dagegen sind aktuelle, konkrete Ansprüche grundsätzlich verzichtbar, wenn nicht öffentliche Interessen das Gegenteil gebieten – wie bei der Immunität von Kammermitgliedern oder den Befugnissen staatlicher Organe.[100]

Ungeachtet dieses klaren und differenzierenden Konzeptes, dem allerdings innere Widersprüche vorgeworfen werden,[101] wurde die Lehre von *Jellinek* teilweise zum Ausgangspunkt genommen, um die generelle Unverzichtbarkeit subjektiv öffentlicher Rechte aus formalen Gründen zu postulieren. Denn *Jellinek* unterscheidet an anderer Stelle scharf zwischen rechtlichem Dürfen und rechtlichem Können.[102] Rechtliches Dürfen ist jedes Handeln, das rechtlich relevant ist und von der Rechtsordnung gestattet wird. Rechtliches Können dagegen wird von der Rechtsordnung erst festgelegt, indem Rechtshandlungen wie der Eheschließung rechtliche Gültigkeit verliehen wird. Der Unterschied lässt sich am besten an den Folgen des Nichtvorliegens von Dürfen und Können beschreiben: während ein „Nicht-Dürfen“ ein Verbot darstellt, das übertreten werden kann, folgt aus dem „Nicht-Können“, dass die Handlung schlicht wirkungslos ist. Eine Übertretung dieser Regel ist nicht vorstellbar, weil der Übertretende seine eigenen Handlungen nicht mit rechtlicher Wirksamkeit versehen kann. Der Unterschied soll letztlich darin begründet liegen, dass Handlungen des rechtlichen Dürfens auch ohne Anordnung der Rechtsordnung Wirksamkeit entfalten, während dies für Handlungen des rechtlichen Können gerade nicht gilt. Letztere sind auf eine entsprechende rechtliche Regelung angewiesen.[103]

Die Gesamtheit des rechtlichen Könnens stellt die Persönlichkeit dar. Diese ist von einem Recht zu unterscheiden, sie ist ein Zustand, ein Status.[104] Alle subjektiv-öffentlichen Rechte beruhen auf Qualifikationen dieser Persönlichkeit, stellen also das Können dar, während mit dem Dürfen privatrechtliche Handlungen gemeint sind. Die öffentlich-rechtlichen Qualifikationen wiederum sind nicht trennbar von der Person ihres Trägers, ohne diese Persönlichkeit selbst zu vermindern.[105] Sie ergeben sich aus Ansprüchen, die sich aus den Qualifikationen der Persönlichkeit ergeben.[106] Da subjektiv-öffentliche Rechte im Gegensatz zu

---

98 Jellinek, System, S. 342.
99 Jellinek, System, S. 57.
100 Jellinek, System, S. 342.
101 Frieß, S. 141 f., 145; vgl. auch die Kritik von Ernst, Verzicht, S. 54.
102 Jellinek, System, S. 47.
103 Jellinek, System, S. 46 ff.
104 Jellinek, System, S. 83 f.
105 Jellinek, System, S. 81 f.
106 Jellinek, System, S. 52.

privaten Rechten ausschließlich zum Bereich des rechtlichen Könnens gehören, kann es sie nach *Jellinek* nicht ohne die Rechtsordnung geben.[107]

Das rechtliche Können, so wurde diese Feststellung weitergeführt, ist eine Steigerung der Handlungsfähigkeit. Subjektiv-öffentliche Rechte stellen stets eine Steigerung der Handlungsfähigkeit dar, weil der Staat seine Beziehungen zu den Bürgern erst durch die Ausgestaltung der Rechtsordnung schafft, ohne die es den Handlungen des Bürgers gegenüber dem Staat an Wirksamkeit fehlt. Ein Dürfen wohnt diesen Rechten nicht inne: „Dem Staat gegenüber wird niemals „gedurft", sondern stets nur „gekonnt."" Die subjektiv-öffentlichen Rechte enthalten daher stets nur ein Können.[108] Sie sind folglich als Verleihung einer gesteigerten Handlungsfähigkeit, als Teil der Qualifikationen der Persönlichkeit, anzusehen. Zur Beseitigung einer solchen Qualifikation der Persönlichkeit bedarf der Einzelne der ausdrücklich durch die Rechtsordnung verliehenen Macht, die ein neues Können darstellt. Folglich sind subjektiv-öffentliche Rechte nach diesem Ansatz schon aus formalen Gründen unverzichtbar, wenn die Rechtsordnung den Verzicht nicht ausdrücklich gestattet.[109] Ein Verzicht auf das Können sei nur eine Verschleierung eines Zustandes, in dem das tatsächlich vorhandene rechtliche Können einfach nicht gewollt wird.[110]

Jellinek sagt mit der zitierten Textpassage jedoch nicht aus, dass eine solche „Verminderung" der Persönlichkeit ausgeschlossen wäre. Auch handelt es sich bei der öffentlich-rechtlichen Qualifikation um den Status des Bürgers, der nach *Jellinek* tatsächlich nur verzichtbar ist, wenn er den Einzelnen verpflichtet. Subjektive öffentliche Rechte ergeben sich dagegen erst aus dem Status und sind nach *Jellinek* mit den Qualifikationen nicht identisch und daher gerade nicht in allen Fällen unverzichtbar. So verkennt die dargestellte Ansicht die Unterscheidung Jellineks zwischen Status und Recht.[111]

Ohnehin wurde bereits vor 40 Jahren festgestellt, dass die Statuslehre *Jellineks* überwunden sei.[112] Grund für diese Annahme ist vor allem die fehlende Unterscheidbarkeit von rechtlichem Dürfen und rechtlichem Können.[113] In beiden Fällen fügt erst die Rechtsordnung der Handlung das Moment rechtlicher Relevanz hinzu und erweitert die Wirkungen von Handlungen aus beiden Wirkungskreisen. Umgekehrt ist keine Handlung des rechtlichen Dürfens oder Könnens ohne eine entsprechende Anordnung der Rechtsordnung von rechtlicher Relevanz. Folglich trägt das zentrale Unterscheidungskriterium *Jellineks* nicht. Wer die

---

[107] Vgl. Wilde, Verzicht, S. 31.
[108] Schoenborn, Verzicht, S. 68 ff.
[109] Schoenborn, Verzicht, S. 71 f.
[110] Döhring, Verzicht, S. 31.
[111] Wilde, Verzicht, S. 32 f.; vgl.: Frieß, Verzicht, S. 136.
[112] Frieß, Verzicht, S. 140; ebenso: Spieß, Grundrechtsverzicht, S. 56.
[113] Brüggemann, Verzicht, S. 21.

Ansicht vertritt, nur der Staat könne nehmen, was er durch die Rechtsordnung geschaffen hat, müsste folglich konsequenterweise auch die Unverzichtbarkeit privater Rechte annehmen. Diese Position wird jedoch nicht vertreten. Die Statuslehre kann daher auch abgesehen von den oben dargestellten Fehlinterpretationen nicht als Ausgangspunkt dienen, eine formale Unverzichtbarkeit subjektiv-öffentlicher Rechte zu begründen.[114]

III. Die Zulässigkeit der Einwilligung

1. Grundrechtliche Verankerung

Da niemand aus den gesetzlich geregelten Fällen der Einwilligung[115] einen allgemeinen Rechtssatz für die Einwilligungsmöglichkeit abzuleiten vermag,[116] sondern diese Fälle im Gegenteil gerade auch im Umkehrschluss darauf hindeuten könnten, eine Einwilligung sei eben nicht möglich, wenn sie nicht gesetzlich geregelt ist,[117] die einfach-gesetzlichen Regelungen also schlicht nicht aussagekräftig sind, gewinnt bei der Frage der Legitimation von Einwilligungen ihre grundrechtliche Verankerung an Bedeutung.[118]

Dabei ist zunächst festzustellen, dass es sich bei einer Einwilligung in einen staatlichen Grundrechtseingriff nicht um ein Abwehrrecht handelt, welches dem Einzelnen gegebenenfalls zusteht. Schließlich verbietet der Staat dem Einzelnen die Einwilligung nicht – gegebenenfalls behandelt er sie lediglich als unwirksam. Der Betroffene muss sich folglich auch keines Verbotes erwehren. Es geht ihm in der Terminologie Jellineks[119] sozusagen darum, dass er vom Staat mit dem „rechtlichen Können“ einzuwilligen ausgestattet wird. Er benötigt daher kein Abwehrrecht.

Vielmehr könnte man davon ausgehen, dass er mit seiner Einwilligung eine Leistung des Staates bezweckt – nämlich den mit der Einwilligung zu legitimierenden Grundrechtseingriff erreichen möchte. Das Recht einzuwilligen als Leistungsgrundrecht? Zumindest wenn der Staat, wie es regelmäßig geschieht, die Einwilligungen durch seine Anregungen veranlasst, passt auch diese Beschreibung nicht vollständig. Schließlich zeigt der Staat in diesen Fällen durch seine

---

114 Frieß, Verzicht, S. 140 ff.; Wilde, Verzicht, S. 35 f.

115 §§ 81a Abs. 1 S. 2, 94 Abs. 2 StPO; vgl. auch für die strafrechtliche Einwilligung § 228 StGB.

116 Eppelt, Grundrechtsverzicht, S. 67; Spieß, Grundrechtsverzicht, S. 20, 65; Illian, Verzicht, S. 41; Wilde, Verzicht, S. 26; Thieme, DÖV 1988, 250 (251); Bussfeld, DÖV 1976, S. 765 (766).

117 Spieß, Grundrechtsverzicht, S. 21; Illian, Verzicht, S. 42; Koch, Verzicht, S. 56; Bussfeld, DÖV 1976, S. 765 (766).

118 Eppelt, Grundrechtsverzicht, S. 67.

119 Siehe oben, B. II. 2.

Veranlassung, dass er selbst den Eingriff ohnehin durchführen möchte. Dem Betroffenen ist häufig gar nicht an dem Eingriff selbst gelegen: womöglich willigt er lediglich ein, um einen noch schwerer wiegenden Eingriff zu verhindern.

Es ist ein anders geartetes Interesse des Einzelnen grundrechtlich zu schützen. Wer auf die staatliche Veranlassung hin einwilligt, strebt eine individuelle Lösung seines Falles an. Er erzielt mit der zuständigen Exekutivbehörde einen Konsens über Grundrechtseingriffe in seine Sphäre. Folglich erwartet er, dass sich der Staat in allen seinen Erscheinungs- und Handlungsformen an diesen Konsens gebunden fühlt. Das Interesse des einwilligenden Einzelnen ist mithin darauf gerichtet, dass seiner Einwilligung durch den Staat rechtliche Wirksamkeit zugemessen wird. Es geht dem einwilligenden Einzelnen um die Respektierung der Wirksamkeit des zwischen der zuständigen Behörde und dem Betroffenen vereinbarten Individualkonsenses durch alle anderen Organe des Staates. Dabei handelt es sich weder um einen Abwehr- noch um einen Leistungsanspruch. Man könnte die Einwilligung somit als eine Handlungsform beschreiben, die grundrechtlich auf eine eigene Art geschützt ist.

Die Einwilligung in Grundrechtseingriffe ist, das ist durch entsprechende Voraussetzungen an die Einwilligungshandlung sicherzustellen,[120] eine selbstbestimmte menschliche Handlung.[121] Sie wird zutreffend als Freiheitsgebrauch,[122] als Aktualisierung von Autonomie bezeichnet.[123] Warum diese Handlung nicht ihrerseits grundrechtlich geschützt sein sollte, bedarf einer guten Begründung,[124] da jede Handlung eines Menschen zumindest den Schutz der Allgemeinen Handlungsfreiheit gemäß Art. 2 Abs. 1 GG genießt.[125] Man könnte vertreten, dass die Einwilligung eine den Grundrechten entgegengesetzte Handlung ist, weil durch sie der Schutz des jeweils betroffenen Grundrechtes abgeschwächt wird. So könnte man die Einwilligung als grundrechtsfeindlich und damit verfassungsfeindlich bezeichnen und in der Gewährung grundrechtlichen Schutzes für eine solche Handlung einen Widerspruch erkennen.

Es bedarf allerdings der Begründung, warum eine solche Schwächung für das Recht niemals hinnehmbar ist und weshalb dem Einzelnen die Verfügung über seine Grundrechtspositionen in jedem Fall versagt sein sollte. Daher kann mit

---

120 Dazu unter D.

121 Sachs-Sachs, Vor Art. 1, Rn 57; Spieß, Grundrechtsverzicht, S. 88.

122 Spieß, Grundrechtsverzicht, S. 146; Littwin, Grundrechtsschutz, S. 236; Merten, Der Grundrechtsverzicht, in: FS Schmitt Glaeser, S. 53 (59 f.). Amelung, ZStW 104 (1992), 525 (547); Bleckmann, JZ 1988, 57 (58); Robbers, JuS 1985, 925 (927); Göldner, JZ 1976, 352 (355); Dürig, AöR 81 (1956), 117 (152); vgl. bezüglich der Konstellation unter Privaten: Gersdorf, „Big Brother", S. 26.

123 Ohly, Einwilligung, S. 207.

124 Ohly, Einwilligung, S. 96.

125 BVerfGE 80, 137 (152), Reiten im Walde.

der schlichten Bezeichnung der Einwilligung als grundrechtsfeindlich die grundsätzliche Unzulässigkeit der Einwilligung ebenso wenig begründet werden, wie man einer solchen Handlung mit dieser Argumentation pauschal den grundrechtlichen Schutz absprechen kann. Außerdem kann bei einem grundrechtlich geschützten Verhalten, das die Wirkung anderer Grundrechte vermindert, jedenfalls von einem zur Unzulässigkeit der Einwilligung führenden Widerspruch nicht gesprochen werden. Als Ausdruck der Selbstbestimmung kann die Einwilligung im Widerspruch zum Schutz anderer Grundrechte stehen;[126] und Grundrechtskollisionen gehören zum täglichen Brot des Verfassungsrechtlers!

Weiter gilt es, dem Vorurteil entgegenzutreten, die Einwilligung (in anderer Terminologie: der Verzicht) stünde dem natürlichen Streben des Menschen nach Glück entgegen. Der Gegensatz zwischen Verzicht und Entfaltung ist nämlich nur scheinbar.[127] *Frieß* sieht im Verzicht die mögliche Basis eines Neuanfangs in umgestalteter Wirklichkeit.[128] Für *Heidegger* steht fest: „Der Verzicht nimmt nicht. Der Verzicht gibt."[129] *Hering*[130] führt an, dass schon das zum Verzicht nicht befähigte Kleinstkind für sein eigenes Wohl darauf angewiesen ist, dass ihm bestimmte Güter vorenthalten werden. Nicht nur die „Hinzufügung", sondern auch das „Abstreichen" von Wunschbildern gehört zur Bildung der Persönlichkeit. Wer Optionen aus seinem Leben streicht, kann sich auf die verbliebenen besser konzentrieren. Anders ausgedrückt: in dem Nicht-Ausschöpfen der eigenen theoretisch zur Verfügung stehenden Möglichkeiten kann durchaus ein Gewinn für die Person liegen. Der Verzicht kann somit auch zum Wohl des Verzichtenden wirken.[131] Für die strafrechtliche Einwilligung hat *Geilen* formuliert: „Die Einwilligung dient (...) der Selbstbestimmung im Rahmen einer Interessenabwägung. (...) Es geht nicht um Interessen*preisgabe*, sondern genau umgekehrt um Interessen*verfolgung*."[132]

Diese Feststellung ist um so unbedenklicher, als es wiederum möglich ist, die grundrechtlich geschützte Einwilligungsmöglichkeit dort zu beschränken, wo dies erforderlich erscheint. Wie bei jedem Grundrecht kommen als Schranken andere Rechtsgüter von Verfassungsrang und die Gesetzesvorbehalte des die Einwilligungsfreiheit schützenden Grundrechtes in Frage. Für die Frage, inwieweit Gesetze die Einwilligungsmöglichkeit einschränken können, ist zunächst zu

---

[126] Spieß, Grundrechtsverzicht, S. 88; Stern, Staatsrecht III/1, § 66, S. 641 (siehe Fn 84); Hillgruber, Schutz, S. 115 f.: Jedes menschliche Verhalten (auch selbstgefährdendes oder gar selbstschädigendes) ist „Ausübung grundrechtlich garantierter Freiheit".

[127] Spieß, Grundrechtsverzicht, S. 4.

[128] Frieß, Verzicht, S. 150.

[129] Heidegger, Der Feldweg, S. 24.

[130] Hering, Der Verzicht als intentionaler Faktor der freien Entfaltung der Persönlichkeit, in: GS Peters, S. 513 (517 ff.). Übereinstimmend: Malacrida, Grundrechtsverzicht, S. 104 f.

[131] Malacrida, Grundrechtsverzicht, S. 97 (mit Hinweis auf staatliche Blutspendeaktionen in Fn 61).

[132] Geilen, Einwilligung, S. 89 f.; Hervorhebung dort.

klären, in welchem Grundrecht sie verankert ist. Die Schranken des ermittelten Grundrechtes sind nämlich die Grenzen der Einwilligungsfreiheit. Als Ort der Verankerung kommen mehrere Grundrechte in Frage.

a) Verankerung im jeweils beeinträchtigten Grundrecht

Einige Stimmen im Schrifttum sind der Meinung, die Freiheit, in Grundrechtseingriffe einzuwilligen, sei in dem Grundrecht zu verorten, in das gerade eingegriffen werden soll.[133] Dies wird damit begründet, dass die verbindliche Aufgabe grundrechtlichen Schutzes eine Kehrseite der Ausübung desselben Grundrechtes sei. Vom Schutzbereich des Einzelgrundrechtes sei nicht nur die Möglichkeit positiver wie negativer Ausübung umfasst; auch die bindende Einwilligung in Eingriffe sei so eng mit dem spezifisch durch dieses Grundrecht gewährten Schutz verknüpft, dass sie von eben diesem mitzuschützen sei. Es sei nicht nachvollziehbar, warum die Einwilligungsfreiheit unwichtiger sein sollte als die (schließlich dasselbe Grundrecht betreffende) Ausübungsfreiheit und nur in einem Auffanggrundrecht geschützt werden sollte.[134]

Allerdings leugnet dieser Ansatz den sehr wohl bestehenden Unterschied der Bindungswirkung zwischen der negativen Ausübungsfreiheit und der Einwilligungsfreiheit.[135] Auch hat die Einwilligungshandlung bei jedem Grundrecht den gleichen Charakter: es ist stets eine Erklärung, man werde einen Grundrechtseingriff hinnehmen. Warum sich die Einwilligung in einen Eingriff in das eine Recht von einer Einwilligung in einen Eingriff in das andere Recht stets so stark unterscheiden sollte, dass die Einwilligungen jeweils durch ein anderes spezielles Grundrecht zu schützen wären und daher unterschiedlichen Schranken unterliegen müssten, leuchtet nicht ein. Zudem hätte eine solche Verortung der Einwilligung im Einzelgrundrecht eine paradoxe Folge: Einwilligungen in vorbehaltlose Grundrechte wären von diesem vorbehaltlosen Grundrecht mitgeschützt. Sie könnten daher durch ein einfaches Gesetz nicht untersagt werden. Einwilligungen in Grundrechte, die einem Gesetzesvorbehalt unterliegen, wären dagegen durch diesen Gesetzesvorbehalt leichter zu beschränken. Nun sind aber vorbehaltlos gewährleistete Grundrechte besonders schwer zu beschränken und damit als besonders wichtig einzustufen. Ihr Bestand könnte durch die ebenfalls

---

[133] Ohly, Einwilligung, S. 96; Eppelt, Grundrechtsverzicht, S. 79; Schwabe, Grundrechtsdogmatik, S. 123 f.; Vollmer, Genomanalyse, S. 119 ff.; ebenso Sternberg-Lieben, Einwilligung, S. 17 ff., 583, der auf S. 21 f. außerdem darauf hinweist, dass auch die mit der (strafrechtlichen) Einwilligung verfolgten Zwecke zur grundrechtlichen Verankerung beitragen können. Da diese Zwecke bei jeder einzelnen Einwilligung divergieren, erscheint es jedoch sachgerechter, diese im Rahmen der Abwägung mit Rechtsgütern, die der Einwilligung im Einzelfall entgegenstehen, zu berücksichtigen. Siehe unten, B. III. 2. f) bb), h) ii).

[134] Eppelt, Grundrechtsverzicht, S. 81.

[135] Amelung, Einwilligung, S. 28.

schwer beschränkbaren Einwilligungen jedoch leichter gefährdet werden als der Bestand von Grundrechten mit engen Schranken (da für diese auch die Einwilligungen leichter zu beschränken sind). Die Wirkung vorbehaltlos gewährleisteter Grundrechte wäre dann durch Einwilligungen stärker beeinträchtigt als die Wirkung von Grundrechten mit Gesetzesvorbehalten – ein absurdes Ergebnis.[136] Um diesen Widerspruch zu vermeiden, wird vorgeschlagen, die Schranken der Einzelgrundrechte für die Fälle der Einwilligung zu modifizieren.[137] Aber ein solcher Korrekturvorschlag gegen den Wortlaut der Verfassung enthüllt nur die Unzulänglichkeit des gesamten Konzeptes.

Ein Schutz der Einwilligung durch ein Spezialgrundrecht kommt allenfalls ausnahmsweise in Frage, wenn die Einwilligung das einzige Mittel ist, eben dieses spezialgrundrechtlich geschützte Rechtsgut vor Schaden zu bewahren.[138] Es handelt sich dann allerdings nicht um eine Verankerung in dem Grundrecht, in das gerade eingegriffen werden soll, sondern dort, wo sich die Vorteile der Einwilligung auswirken.

b) Verankerung im Allgemeinen Persönlichkeitsrecht

Eine andere Möglichkeit besteht in der Verortung im allgemeinen Persönlichkeitsrecht gemäß Art. 2 Abs. 1 GG i.V.m. Art. 1 Abs. 1 GG. Dies wird zum Teil weniger mit dem Persönlichkeitsbezug einer Einwilligung als vom Ergebnis her damit begründet, dass ansonsten nur der Schutz über die Allgemeine Handlungsfreiheit gemäß Art. 2 Abs. 1 GG[139] in Frage komme, die Schranken dieses Grundrechtes aber derart eng seien, dass die Einwilligungsfreiheit zu großen potenziellen Beschränkungen unterworfen wäre.[140] Aber zeichnet sich die Einwilligung wirklich, mehr als eine beliebige Handlung, durch einen besonderen Persönlichkeitsbezug aus?

Zwar ist es ein Gebot der menschlichen Autonomie, den Grundrechtsträger nicht an seinen Rechten festzuketten, dass es ihm freistehen sollte, zu entscheiden,

---

136 Robbers, JuS 1985, 925 (928).

137 Eppelt, Grundrechtsverzicht, S. 80.

138 Amelung, Einwilligung, S. 29 f.; ders., Die Zulässigkeit der Einwilligung bei den Amtsdelikten, in: FS Dünnebier, S. 487 (491); vgl.: Hombert, Massentest, S. 135 ff. Er nimmt einen Schutz durch das Spezialgrundrecht dann an, wenn in diesem die Verfügungsbefugnis mitgeschützt wird – so etwa bei Art. 14 GG.

139 Für eine Verankerung in Art. 2 Abs. 1 GG: Starck-Starck, Art. 1 Abs. 3, Rn 260; Frotscher, „Big Brother", S. 41; Stern, Staatsrecht III/2, § 86, S. 907 ff.; Quaritsch, Der Verzicht im Verwaltungsrecht und auf Grundrechte, in: FS Martens, S. 407 (410); Amelung, Einwilligung, S. 29 f., macht hiervon allerdings die in der obigen Fn bezeichnete Ausnahme.

140 Spieß, Grundrechtsverzicht, S. 81 ff.; die Verankerung im Allgemeinen Persönlichkeitsrecht vertritt für die strafrechtliche Einwilligung auch: Reipschläger, Einwilligung, S. 22 (m.w.N. in Fn 40).

welche Eingriffe er hinnimmt und welche nicht. Sicher ist der Begriff der Persönlichkeit eng mit Autonomie verbunden. Das gleiche Maß an Autonomie nimmt aber auch jede andere Entscheidung im Rahmen der Allgemeinen Handlungsfreiheit in Anspruch. Um in den Genuss des Schutzes durch das Allgemeine Persönlichkeitsrecht zu kommen, muss die fragliche Handlung aber darüber hinaus eine besondere Verknüpfung zur persönlichen Sphäre des Einzelnen aufweisen, wie sie im übrigen Kennzeichen der vom Allgemeinen Persönlichkeitsrecht geschützten Verhaltensweisen ist.

Immerhin handelt es sich stets um die Einwilligung in Grundrechtseingriffe. Der Gedanke, dass die Hinnahme eines Eingriffes in die Grundrechte stets eine für die Persönlichkeit relevante Handlung ist, erscheint auf den ersten Blick nicht fernliegend. Allerdings kann angesichts des modernen, weiten Eingriffsbegriffes[141] auch alltägliches, nicht finales Staatshandeln, das den Einzelnen tatsächlich nur am Rande betrifft, einen Grundrechtseingriff darstellen.[142] Ein enger Persönlichkeitsbezug lässt sich daher nicht bei jeder Konstellation der Einwilligung von vorneherein behaupten. Sicher sind Konstellationen denkbar, in denen beispielsweise die Einwilligung in eine Operation oder der Wunsch, ein Organ zu spenden, eine starke persönliche Note hat, weil es für die Persönlichkeit des einwilligenden Einzelnen von großer Bedeutung ist, dass die Operation oder die Organspende auch tatsächlich erfolgt. Dieser primär der Motivation des Einwilligenden entspringenden persönlichen Note würde man nicht gerecht werden, wollte man die Einwilligungsfreiheit ausschließlich über Art. 2 Abs. 1 GG schützen. In solchen Fällen ist der Schutz der Einwilligung durch das Allgemeine Persönlichkeitsrecht angebracht.[143]

Mit dem zentralen Trennkriterium des Abstellens auf die Motivation des Einzelnen erfolgt keine „Gewissenskontrolle". Schließlich wird die Entscheidung einzuwilligen nicht inhaltlich als richtig oder falsch bewertet. Für die Zuordnung zu einem bestimmten Grundrecht ist lediglich die vermutete Intensität des Einwilligungswunsches maßgeblich. Auch das praktische Problem, dass man in den Betroffenen nicht „hineinschauen" kann, hindert nicht daran, auf die Motivation abzustellen: an dieser Stelle wird vorgeschlagen, eine generalisierende Betrachtung vorzunehmen. Es soll anhand der typischerweise bestehenden Motive in der jeweiligen Situation untersucht werden, wie ein Großteil der Einwilligenden die Situation wohl empfinden mag. Ausgehend von dieser Untersuchung wird eine Vermutung aufgestellt, ob regelmäßig ein Persönlichkeitsbezug vorliegt oder nicht. Wo im Einzelfall Anhaltspunkte für eine Ausnahmekonstellation vorliegen, in der ein Einzelner entgegen der großen Mehrzahl mit einer qualitativ anderen Motivation einwilligt, kann man diesen Anhaltspunkten dadurch

---

141 Eppelt, Grundrechtsverzicht, S. 21 ff.; Spieß, Grundrechtsverzicht, S. 138.

142 Robbers, JuS 1985, 925 (929) nennt in anderem Zusammenhang als ein Beispiel die Entfernung eines Wespennestes aus dem Dachstuhl durch die Feuerwehr.

143 Davon ausgehend: Gutmann, ZRP 1994, 111 (113).

Rechnung tragen, dass man dessen Einwilligung entgegen des Regelfalles anders schützt: eine Einwilligung, die gewöhnlich im Zusammenhang mit einem gewissen Persönlichkeitsbezug steht, wäre dann nur durch die Allgemeine Handlungsfreiheit geschützt, wenn es dem Einzelnen ausnahmsweise ersichtlich persönlich egal sein sollte, ob der Eingriff stattfindet. Umgekehrt kann eine gewöhnlich ohne besonderen Persönlichkeitsbezug erfolgende Einwilligung ausnahmsweise aus besonderen persönlichen Motiven erteilt werden und den Schutz durch das allgemeine Persönlichkeitsrecht beanspruchen.

c) Verankerung in der Allgemeinen Handlungsfreiheit

In vielen Fällen fehlt bei der Einwilligung ein besonderer Bezug zur Persönlichkeit des Betroffenen. Gerade bei den in besonderem Maße zu untersuchenden Einwilligungen in Eingriffe in das Recht auf informationelle Selbstbestimmung geht es dem Einzelnen im Regelfall nicht darum, eine besonders von der Öffentlichkeit abgegrenzte und daher persönliche Sphäre zu wahren. Ganz im Gegenteil will er ja persönliche Daten dem Staat zugänglich machen. Den Einwilligenden treibt dann im Regelfall keine persönliche Motivation: seine Persönlichkeit wäre beim Ausbleiben des Eingriffes nicht nachteilig betroffen. Zwar kann seine Entscheidung ausnahmsweise auf der Motivation beruhen, den Staat durch die Abgabe von Daten bei seinen Aufgaben, insbesondere bei der Verbrechensbekämpfung, zu unterstützen. Dann handelt es sich um ein persönliches Anliegen. Im Regelfall auch der molekulargenetischen Untersuchung und Speicherung aber ist von einer solchen Motivation nicht ohne nähere Anhaltspunkte auszugehen.[144] Einwilligende, die ihre Daten preisgeben, sehen darin typischer Weise keine wichtige Entwicklung ihrer Persönlichkeit. Daher ist eine diesbezügliche autonome Entscheidung im Regelfall durch Art. 2 Abs. 1 GG geschützt.[145]

d) Ergebnis

Die Freiheit, in Grundrechtseingriffe einzuwilligen, ist grundrechtlich geschützt. Der Schutz folgt nicht aus dem Einzelgrundrecht. Vielmehr muss durch eine Differenzierung nach dem Persönlichkeitsbezug der Einwilligung ermittelt werden, ob sie (ausnahmsweise) durch das Allgemeine Persönlichkeitsrecht oder (im Regelfall) durch die Allgemeine Handlungsfreiheit geschützt wird. Insbe-

---

144 Zu den Motiven des Einwilligenden ausführlich: siehe unten, B. III. 2. f) bb).

145 Hombert, Massentest, S. 135; Amelung, StV 1985, 257 (258); ders., Die Zulässigkeit der Einwilligung bei den Amtsdelikten, in: FS Dünnebier, S. 487 (491); Vgl. Hillgruber, Schutz, S. 137: der Schutz erfolge „zumindest subsidiär" über Art. 2 Abs. 1 GG; auch die Einwilligung im Strafrecht unterfällt der Allgemeinen Handlungsfreiheit: Roxin, Über die Einwilligung im Strafrecht, in: Estudos em Homenagem ao Prof. Doutor Eduardo Correia, S. 35; sie dient der freien Entfaltung der Persönlichkeit: ders., Die durch Täuschung herbeigeführte Einwilligung im Strafrecht, in: GS Noll, S. 275.

sondere Einwilligungen in Eingriffe in das Recht auf informationelle Selbstbestimmung sind regelmäßig nur durch Art. 2 Abs. 1 GG grundrechtlich geschützt.

2. Schranken

Aufgrund der grundrechtlichen Verankerung der Einwilligungsfreiheit sind die Möglichkeiten, diese Handlungsweise rechtlich zu beschränken, begrenzt. Allein Gesetze, die dem Gesetzesvorbehalt entsprechen, und andere Rechtsgüter von Verfassungsrang können der Einwilligung in Grundrechtseingriffe Grenzen setzen.[146] Daraus folgt, dass der bloße Verweis auf „öffentliche Interessen"[147], von der Undefinierbarkeit dieses Begriffes[148] ganz abgesehen, zu unsubstantiiert ist, um die Unzulässigkeit der Einwilligung begründen zu können. Es bedarf vielmehr ausdrücklich beschränkender Normen oder der verfassungsrechtlichen Verankerung entgegenstehender Interessen.[149]

In der StPO finden sich Normen, die eine Beschränkung der Einwilligungsfreiheit bewirken. So erklärt § 81d Abs. 2 StPO die Einwilligung einer Frau, von einem Mann körperlich untersucht zu werden, für unbeachtlich. § 136a Abs. 3 Satz 1 StPO besagt, dass die Einwilligung des Betroffenen in Misshandlungen bei der Vernehmung ohne Wirkung ist. Für Eingriffe in das Recht auf informationelle Selbstbestimmung gibt es keine die Einwilligung beschränkenden gesetzlichen Vorschriften. Im konkreten Fall der molekulargenetischen Untersuchung und Speicherung hat der Gesetzgeber weder ein Verbot der Einwilligung wie in §§ 81d Abs. 2, 136a Abs. 3 StPO statuiert. Noch hat er bisher[150] Einwilligungen wie in §§ 81a Abs. 1 S. 2, 94 Abs. 2 StPO ausdrücklich gebilligt. Weder anhand der grammatikalischen noch der systematischen Auslegung lässt sich zweifelsfrei erkennen, ob Einwilligungen zulässig sein sollen oder nicht.[151] In den Gesetzgebungsmaterialien zu § 81f StPO, auf den § 81g Abs. 3 StPO verweist, heißt es lapidar: „Die Behandlung von Untersuchungen, denen sich der Betroffene freiwillig unterzieht, folgt den allgemeinen Regeln."[152] Eine Beschränkung

---

146 Ohly, Einwilligung, S. 98.

147 Sturm, Probleme eines Verzichts auf Grundrechte, in: FS Geiger, S. 173 (197): „Ein Verzicht ist (...) unzulässig, (...) wenn ihm sonst öffentliche Belange entgegenstehen."; vgl. Malorny, JA 1974, 475; Faust, RiA 1973, 106 (107).

148 Illian, Verzicht, S. 47; Luhmann, Der Staat, 1962, 375.

149 Amelung, Einwilligung, S. 32, erkennt, dass öffentliche Interessen von Grundrechten geschützt werden können; ders., Die Zulässigkeit der Einwilligung bei den Amtsdelikten, in: FS Dünnebier, S. 487 (495); Robbers, JuS 1985, 925 (930); beachte auch, dass sich über den verfassungsrechtlich verankerten Vorrang des Gesetzes öffentliche Interessen, die hinter einer gesetzlichen Regelung stehen, gegen die Einwilligungsfreiheit richten können, siehe unten, B. III. 2. f) aa).

150 Siehe aber zu künftigen Vorhaben unten, F.

151 Busch, StraFo 02, 46 (48).

152 BtDrs 13/667, S. 5.

der Einwilligungsfreiheit kann in diesen Fällen daher allenfalls über entgegenstehendes Verfassungsrecht erfolgen.[153]

a) Schutz des Menschen vor sich selbst

Generell ist eine Beschränkung der Einwilligungsfreiheit auf zwei Ebenen denkbar.[154] Zum einen könnten Verfassungsgüter, die im Interesse der Öffentlichkeit bestehen, die Freiheit des Einzelnen begrenzen. Denkbar ist aber auch, der Einwilligung des Betroffenen die Wirksamkeit zu versagen, weil die Verfassung verlangt, dieser sei vor sich selbst zu schützen. Damit stellt sich die grundsätzliche Frage, ob der Mensch in gewissen Fällen vor sich selbst zu schützen ist oder ob Willensentscheidungen, die nur ihn selbst betreffen, stets zu respektieren sind. So formulierte etwa *Wilhelm von Humboldt*, der Staat müsse „diejenigen, sich allein auf den Handlenden beziehenden Handlungen verbieten, oder einschränken, deren Folgen die Rechte andrer kränken (...) Jede weitere, oder aus andren Gesichtspunkten gemachte Beschränkung der Privatfreiheit aber liegt außerhalb der Grenzen der Wirksamkeit des Staates."[155]

Am Beispiel der Menschenwürde gelingt ein Einstieg in diese Problematik: kann der Einzelne wirksam in eine Würdeverletzung einwilligen oder ist er vor solchen Einwilligungen, und mithin vor sich selbst, zu schützen? Und wann liegt bei einer Einwilligung überhaupt eine Würdeverletzung vor? Die Menschenwürde besteht schließlich wesentlich in der Autonomie.[156] Ein aufgezwungener Eingriff kann die Würde des Menschen verletzen, wenn die Behandlung die Subjektqualität des Betroffenen „prinzipiell in Frage stellt."[157] Erfolgt derselbe Eingriff aber mit Einwilligung des Betroffenen, kann die freie Entscheidung des Einzelnen gerade Ausdruck menschlicher Würde sein.[158] Deutlich wird dies bei

---

[153] Auf das Bedürfnis verfassungsrechtlicher Legitimation bei Freiheitsbeschränkungen weisen hin: Sternberg-Lieben, Einwilligung, S. 54; Hillgruber, Schutz, S. 116.

[154] Die Aufteilung in zwei Ebenen findet sich ebenfalls bei: Sachs, VerwArch 76 (1985), 398 (420 f.).

[155] Von Humboldt, Ideen, S. 128.

[156] Frankenberg, Autorität und Integration, S. 270; Ohly, Einwilligung, S. 103 f.; Dörr, „Big Brother", S. 61; ders., Freiheit der Medien und Schutz der Menschenwürde am Beispiel von „Big Brother", in: FS Herrmann, S. 21 (29); Dörr/Cole, K&R 2001, 369 (375); Malacrida, Grundrechtsverzicht, S. 67 f.; Geddert-Steinacher, Menschenwürde, S. 86; Merten, Der Grundrechtsverzicht, in: FS Schmitt Glaeser, S. 53 (64); Köhne, ZRP 2001, 435; Schmitt-Glaeser, ZRP 2000, 395 (400); Robbers, JuS 1985, 925 (929); Pietzcker, Der Staat 1978, 527 (540).

[157] BVerfGE 30, 1 (26); vgl. zur Frage einer Würdeverletzung auch jüngst: BVerfGE 109, 279 (311 ff.).

[158] BVerwGE 64, 274 (280); Sternberg-Lieben, Einwilligung, S. 47; Hillgruber, Schutz, S. 138; Schwabe, Grundrechtsdogmatik, S. 101; Geddert-Steinacher, Menschenwürde, S. 87; Robbers, JuS 1985, 925 (929); Pietzcker, Der Staat 1978, 527 (540); vgl schon: Dürig, AöR 81 (1956), 117 (124, 152); **beachte aber**: Frotscher, „Big Brother", S. 41, der auch

dem Vergleich einer auf freiwilliger Basis staatlich (etwa bei der Bundeswehr) angefertigten Tätowierung mit der entwürdigenden Nummerierung und Kennzeichnung der Häftlinge in Konzentrationslagern des Dritten Reiches durch Tätowierungen. Ein anderes Beispiel ist der Brechmitteleinsatz: wird der Einzelne unter Gefährdung seiner körperlichen Unversehrtheit und seines Lebens zum Erbrechen verschluckter Drogenpäckchen gezwungen, so funktionalisiert man den Körper gegen den Willen des Betroffenen und entwürdigt folglich die Person. Die freiwillige Einnahme eines Brechmittels, etwa aus Angst, das Drogenpäckchen könnte im eigenen Darm zerplatzen, verstößt dagegen nicht gegen die Menschenwürde des Betroffenen.

Im Gegenteil würde ein Zwang zu würdegerechtem Verhalten Art. 1 Abs. 1 GG in sein Gegenteil verkehren.[159] Autonomes Verhalten würde auf diese Weise eher verhindert als gefördert. Eine solche „Menschenwürdepflicht“[160], ein solcher „Würde-Paternalismus“[161] stünde zudem nicht nur der autonomen Zielrichtung der Menschenwürdegarantie entgegen.[162] Auch widerspräche sie dem Minderheitenschutz, bestünde doch die Gefahr, dass die Mehrheit in einer Gesellschaft ihre Vorstellungen von der Würde des Menschen rücksichtslos durchsetzt.[163] Die Menschenwürde wird aufgrund dieser Erkenntnis gar als das „Gegenteil einer Einwilligungsschranke“ bezeichnet.[164] Sie dürfe nicht zum Schutze des Menschen vor sich selbst missbraucht werden.[165]

Die Frage ist allerdings, ob Würdeverletzungen mit Zustimmung nicht doch denkbar sind.[166] In Extremfällen wie den gegen Ende des Jahres 2004 aufgedeckten Misshandlungen von Soldaten bei der Bundeswehr,[167] die anscheinend

---

bei einer Zustimmung einen Eingriff in die Menschenwürde annimmt. Freilich wirkt sich dieser Eingriff in seinem Konzept lediglich auf der objektiven Ebene aus.

159 VG Berlin, NJW 2001, 983 (986); Sternberg-Lieben, Einwilligung, S. 47; Merten, Der Grundrechtsverzicht, in: FS Schmitt Glaeser, S. 53 (64); vgl.: Stern, Die normative Dimension der Menschenwürdegarantie, in: FS Badura, S. 571 (578); Köhne, GewArch 2004, 285 (287); Gusy, DVBl 1982, 984 (985).

160 Frotscher, „Big Brother“, S. 43; Geddert-Steinacher, Menschenwürde, S. 89; Blankenagel, KJ 20 (1987), 379 (385).

161 Frankenberg, Autorität und Integration, S. 280.

162 Gusy, GewArch 1984, 151 (154).

163 Littwin, Grundrechtsschutz, S. 174; Gersdorf, „Big Brother“, S. 17.

164 Amelung, StV 1985, 257 (259); **aA**: Schimpf, Vertrag, S. 213.

165 VG Berlin, NJW 2001, 983 (986); Frotscher, „Big Brother“, S. 43.

166 Dafür: BVerwGE 64, 274 (280); Schwabe, Grundrechtsdogmatik, S. 101. Dagegen hält Amelung, Einwilligung, S. 50, nur eine Beeinträchtigung des Schutzbereiches des Allgemeinen Persönlichkeitsrechtes für denkbar.

167 In Coesfeld und anderen Standorten kam es im Zuge der Simulation von Geiselnahmen islamistischer Terroristen zu Übergriffen auf die gefesselten Soldaten; vgl. dazu auch BVerwGE 86, 362 (365).

mit dem Einverständnis der Misshandelten vollzogen worden waren,[168] gibt der einwilligende Mensch mit seiner Freiheit und Selbstbestimmung das auf, was ihn als Menschen auszeichnet: seine Eigenschaft als Subjekt.[169] Hier gilt eine unwiderlegliche Vermutung für die Unfreiwilligkeit und damit Wirkungslosigkeit der Einwilligungen: es gibt Behandlungsweisen, die niemand ernsthaft wollen kann. Wenn es dann noch an einer Möglichkeit fehlen sollte, einen solchen würdelosen Zustand aus eigener Initiative wieder zu beenden, kann der Einwilligung des Einzelnen keine Wirkung zukommen. Wo die Voraussetzungen der Selbstbestimmung und Willensfreiheit selbst aufgehoben werden sollen, sind Grenzen der Verfügbarkeit anzunehmen.[170] Zu beachten ist allerdings, dass solche Extremfälle nicht vorschnell angenommen werden können, da sonst Dritte dem mit einem Anspruch auf Autonomie ausgestatteten Einzelnen ihre Vorstellung von Menschenwürde eben doch aufdrängen könnten.[171] Es gibt eben doch nur sehr wenig, was mit Sicherheit niemand wollen kann.

Würdeverletzungen sind daher auch beim Vorliegen einer Einwilligung jedenfalls grundsätzlich denkbar. Da die Menschenwürde als höchster Wert der Verfassung jeder Abwägung enthoben ist, darf sie unter keinen Umständen verletzt werden. Auch der Verweis auf die grundrechtlich verankerte Einwilligungsfreiheit rechtfertigt somit eine Würdeverletzung nicht. Daraus folgt, dass Einwilligungen in eine Verletzung der Menschenwürde nicht zugelassen werden dürfen. Entweder ist ihre Unfreiwilligkeit in Fällen krasser Entwürdigung unwiderleglich zu vermuten. Oder der Betroffene gibt irreversibel die Voraussetzungen auf, auch in Zukunft selbstbestimmt entscheiden zu können.[172] Dann ist die Einwilligung gegen seine Autonomie gerichtet und folglich nicht durch den Gedanken der Selbstbestimmung zu rechtfertigen. Folglich ist der Einzelne durchaus vor einem eigenen Verhalten zu schützen, mit dem er eine Würdeverletzung ermöglichen würde.

Nun ist aber die Würde des Menschen aufgrund ihrer herausgehobenen Stellung ein Sonderfall. Wie sieht es mit dem Schutz des Einzelnen vor anderen Beeinträchtigungen seiner Rechte aus? *Von Münch* sieht keinen Raum für einen

---

[168] Die Misshandelten konnten die entwürdigende Behandlung mit dem Wort „Tiffy" abbrechen: taz vom 29.11.2004, S. 14. Ob die Einwilligungen überhaupt freiwillig und damit wirksam waren, sei hier dahingestellt.

[169] Vgl. Ohly, Einwilligung, S. 74, 104 f.; Malacrida, Grundrechtsverzicht, S. 99, 160; Koch, Verzicht, S. 131.

[170] Reipschläger, Einwilligung, S. 25 f.; Geddert-Steinacher, Menschenwürde, S. 90, sowie Amelung, Einwilligung, S. 50, nennen als Beispiel die Einwilligung in manipulative Hirnoperationen; vgl. auch Gersdorf, „Big Brother", S. 19.

[171] Von Münch/Kunig-Kunig, Art. 1, Rn 34; vgl. Di Fabio, Menschenwürde, S. 39: er warnt vor einem „Rückfall in (...) paternalistische Staatsrollen".

[172] Siehe oben, Fn 169.

Schutz des Menschen gegen sich selbst,[173] was im Schrifttum durchaus umstritten ist[174] und auch von der Rechtsprechung nicht eindeutig so gesehen wird. Das Bundesverfassungsgericht hielt zunächst den Schutz eines Geisteskranken vor sich selbst wegen dessen fehlender Fähigkeit zur Selbstbestimmung für gerechtfertigt.[175] Wenig später bejahte es zudem die Befugnis des Gesetzgebers, auch den zur freien Willensentscheidung fähigen Einzelnen vor sich selbst zu schützen, wenn dieser drohe, „sich selbst einen größeren persönlichen Schaden zuzufügen".[176] In seiner Entscheidung zur Organspende geht es ebenfalls davon aus, dass der „Schutz des Spenders vor sich selbst" vom Gesetzgeber „legitimerweise" verfolgt werde.[177]

Auch im Strafrecht wird der Schutz des Menschen vor sich selbst diskutiert. Die Strafbarkeit der Tötung auf Verlangen gemäß § 216 StGB wird so gedeutet, dass das Opfer vor sich selbst zu schützen ist, da die Folgen einer Tötung irreparabel sind.[178] Auch eine Einwilligung in eine lebensgefährliche Körperverletzung scheidet daher aus.[179] Gleichwohl sind generalpräventiv-fürsorgliche Eingriffe in die Dispositionsbefugnis nur bei gravierenden Verletzungen zu legitimieren.[180] *Schroth* weist am Vergleich einer Organspende mit Doping oder mit Risikosportarten wie Boxen nach, dass paternalistische Strafgesetzgebung zwangsläufig zu Wertungswidersprüchen führt.[181] Er unterscheidet zwischen direktem und indirektem sowie zwischen hartem und weichem Paternalismus in der Strafgesetzgebung. Direkter Paternalismus führt zu einer Bestrafung des sich selbst Schädigenden, während indirekter Paternalismus auf eine Bestrafung eines Dritten abzielt. Ein Beispiel für indirekten Paternalismus ist die gerade erwähnte Norm § 216 StGB. „Weicher Paternalismus"[182] soll den Einzelnen davor bewahren, seinen eigenen Interessen zuwiderzuhandeln – harter Paternalismus dagegen

---

173 Von Münch, Grundrechtsschutz gegen sich selbst?, in: FS Ipsen, S. 113 (128); ebenso: Gutmann/Schroth: Organlebendspende, S. 23; Illian, Verzicht, S. 34; Hillgruber, Schutz, S. 148, 174; Gutmann, NJW 1999, 3387 (3388); so schon vor fast hundert Jahren: Hiller, Recht, S. 109.

174 Vgl. nur: Ohly, Einwilligung, S. 73 ff. m.w.N.; Eppelt, Grundrechtsverzicht, S. 99; Merten, Der Grundrechtsverzicht, in: FS Schmitt Glaeser, S. 53 (66 m.w.N.); Dörr, Freiheit der Medien und Schutz der Menschenwürde am Beispiel von „Big Brother", in: FS Herrmann, S. 21 (30 f.); Köhne, GewArch 2004, 285 (287); Hinrichs, NJW 2000, 2173 (2174); Sachs, JuS 2000, 393 (395); Thieme, DÖV 1988, 250 (253).

175 BVerfGE 58, 208 (224 f.).

176 BVerfGE 60, 123 (132).

177 BVerfG NJW 1999, 3399 (3402).

178 Roxin, Über die Einwilligung im Strafrecht, in: Estudos em Homenagem ao Prof. Doutor Eduardo Correia, S. 30.

179 BGHSt 49, 166 (173); dort wird die Entscheidung allerdings vor allem mit einem „sozialen Interesse am Erhalt der Rechtsgüter" begründet.

180 BGHSt 49, 166 (171).

181 Schroth, JZ 1997, 1149 (1153).

182 Ohly, Einwilligung, S. 74 (Fn 61): „Diese Begrifflichkeit ist in der amerikanischen Diskussion gebräuchlich."; Schroth, JZ 1997, 1149 (1153 f.).

bietet auch Schutz des Einzelnen gegen seinen ausdrücklich erklärten Willen. Beispielsweise wird dadurch eine Handlung verboten, während beim weichen Paternalismus gegebenenfalls lediglich einige Warnfunktionen (Abkühlphase, Schriftform) vor die Entscheidung geschaltet werden, um den Einzelnen vor einer übereilten Entscheidung zu bewahren. Je höhere Anforderungen allerdings an eine autonome Entscheidung gestellt werden, desto ähnlicher wird der weiche dem harten Paternalismus.[183] Insbesondere das Zusammentreffen von hartem und direktem Paternalismus führt laut *Schroth* zu einer Indoktrinierung von Werten und ist in einem liberalen Strafrechtssystem nicht berechtigt.[184]

Die Einwilligungsfreiheit des Einzelnen darf in dessen eigenem Interesse allerdings durch weichen Paternalismus beschränkt werden, wenn er zu freier Willensentschließung nicht in der Lage ist. Dies kann der Fall sein, weil ihm aufgrund einer Geisteskrankheit oder angesichts seines geringen Alters die erforderliche Einsichtsfähigkeit fehlt. Auch kann er sich durch ein Machtgefälle außer Stande sehen, eine freiwillige Entscheidung zu treffen. Nun ist die Frage der Freiwilligkeit weniger im Rahmen der Schranken der Einwilligungsfreiheit, als vielmehr im Zusammenhang der Voraussetzungen einer wirksamen Einwilligung[185] zu behandeln. Es ist aber durchaus denkbar, dass eine Situation erkennbar ist, in der ein derart starkes Machtgefälle zwischen der Behörde und dem Einzelnen besteht, dass fehlende Freiwilligkeit unwiderleglich für sämtliche in Frage kommenden Fälle vermutet werden kann. Diese Vermutung ist vom Gesetzgeber derart umzusetzen, dass er die Einwilligungsmöglichkeit ausschließt. Auch Einwilligungen, die tatsächlich freiwillig erteilt wurden, sind dann als unwirksam zu behandeln. In diesem Fall wird der Einzelne vor einer von ihm selbst womöglich unfreiwillig getroffenen Entscheidung geschützt. Um klassischen „Schutz vor sich selbst", also Schutz vor einer mit freiem Willen getroffenen Entscheidung, handelt es sich hierbei jedoch nicht.

Amelung warnt vor einem patriarchalischen Staat, der besser als der Einzelne zu wissen glaubt, was für jenen gut ist.[186] Eine paternalistische Objektivierung, ein Wertabsolutismus, entspricht nicht den Vorstellungen des Grundgesetzes.[187] Wer die Freiheit generalisiert, unterdrückt den Inhaber der Freiheit.[188] Ein materialer Freiheitsbegriff (Freiheit als Freiheit zu etwas[189]) steht vor dem Problem, dass ihm ein Pflichtmoment, die Verpflichtung zur Führung eines den Vorstel-

183 Ohly, Einwilligung, S. 74.
184 Schroth, JZ 1997, 1149 (1153 f.).
185 Siehe unten, C.
186 Amelung, Einwilligung, S. 48; vgl. zu § 81g StPO auch die Einschätzung bei SK-Rogall, § 81g, Rn 43: „Der Beschuldigte bedarf keiner paternalistischen Fürsorge.".
187 Spieß, Grundrechtsverzicht, S. 107; Geddert-Steinacher, Menschenwürde, S. 89f.
188 Koch, Verzicht, S. 142.
189 Koch, Verzicht, S. 132; Leisner, Grundrechte, S. 143 f.

lungen des Staates entsprechenden Lebens, innewohnt.[190] Der Staat ist aber um des Menschen willen da – nicht umgekehrt.[191]

Daher ist grundsätzlich jede Entscheidung eines zu freier Willensentschließung fähigen Menschen zu respektieren. Der Schutz vor sich selbst ist folglich in der Regel keine taugliche Schranke der Einwilligungsfreiheit. Die Ausnahme besteht darin, dass es durchaus möglich ist, dass ein Mensch auch mit seiner Einwilligung in seiner Menschenwürde verletzt wird. Dafür bedarf es aber eines derart gravierenden Eingriffes, dass der Mensch seine Subjektqualität verliert, dass er sich unkorrigierbar zum heteronom bestimmten Objekt entwürdigt.[192] Der Selbstverkauf in die Sklaverei ist ein Beispiel für eine solche existenzielle und irreversible Freiheitsbeschränkung. Außer dem Schutz vor unfreiwilligen Entscheidungen durch eine unwiderlegliche gesetzgeberische Vermutung für die Unfreiwilligkeit und dem Schutz vor dem unwiederbringlichen Verlust seiner Subjektqualität gibt es mithin keine Rechtfertigung dafür, den Einzelnen vor seinen frei getroffenen Entscheidungen und ihren Folgen zu schützen. Somit müssen die potenziellen verfassungsrechtlichen Schranken der Einwilligungsfreiheit im Folgenden darauf untersucht werden, ob und inwieweit sie öffentlichen Belangen dienen.

b) Die Menschenwürde

Hinter welchen der Einwilligung womöglich entgegenstehenden Verfassungswerten stehen öffentliche Belange? In Frage kommt zunächst eine Beschränkung der Einwilligungsfreiheit durch die in Art. 1 Abs. 1 GG garantierte Würde des Menschen. Ihr kommt gemäß Art. 79 Abs. 3 GG „ewige" Geltung zu. Eine Einwilligung, die gegen die Würde des Menschen verstößt, soll nach verbreiteter Ansicht unwirksam sein.[193] Ob es sich bei der Menschenwürde selbst um ein Grundrecht handelt, ist umstritten,[194] aber letztlich für ihre Wirkung nicht relevant. Denn jedenfalls ist die menschliche Würde gewahrt, wenn der Würdege-

---

190 Littwin, Grundrechtsschutz, S. 109; Koch, Verzicht, S. 132.

191 Spieß, Grundrechtsverzicht, S. 92; Sternberg-Lieben, Einwilligung, S. 48.

192 Dürig, AöR 81 (1956), 117 (153) zieht mit dieser Feststellung eine Parallele zur Abwehr von Knebelungsverträgen im Zivilrecht.

193 Stern, Staatsrecht III/2, § 86, S. 923 m.w.N.

194 Kein Grundrecht, sondern Zustand und Quelle bzw. Geltungsgrund von Rechten oder Leitsatz: Geddert-Steinacher, Menschenwürde, S. 172; Koch, Verzicht, S. 134 (m.w.N. in Fn 3); Frieß, Verzicht, S. 105; Wertenbruch, Grundgesetz, S. 31 ff.; Kratzer, Artikel 142 des Grundgesetzes und die Grundrechte in der Bayerischen Verfassung, in: FS Laforet, S. 107 (120); Tiedemann, Betrifft JUSTIZ 2001, 186 (188); **nach hM** ist die Würde laut Stern aber doch zugleich ein subjektives Recht: Stern, Die normativen Prinzipien der Menschenwürdegarantie, in: FS Badura, S. 571 (573 f.); vgl. BVerfGE 61, 126 (137); Frotscher, „Big Brother", S. 41; Dörr, „Big Brother", S. 23; Dörr/Cole, K&R 2001, 369 (374).

halt, der den einzelnen Grundrechten innewohnt, nicht angetastet wird.[195] Praktisch jedes Grundrecht verfügt über einen solchen Würdekern.[196] Folglich ist auch für Einwilligungen in Eingriffe in das Recht auf informationelle Selbstbestimmung die Würde die Menschen als mögliche Schranke der Einwilligung dann bedeutsam, wenn mit dieser Einwilligung der Würdekern des Grundrechtes verletzt wird und wenn man feststellt, dass die Menschenwürde eine objektive, überindividuelle Funktion erfüllt.

Es fragt sich, ob Autonomie tatsächlich der gesamte Inhalt der Würde des Menschen ist[197] - und ob Art. 1 Abs. 1 GG dann angesichts von Art. 2 Abs. 1 GG nicht bedeutungslos wird.[198] Vielfach wird die Menschenwürde als objektive Norm angesehen.[199] In der „Peepshow-Entscheidung“ hat das Bundesverwaltungsgericht formuliert: „Hier muss die Menschenwürde wegen ihrer über den einzelnen hinausreichenden Bedeutung auch gegenüber der Absicht des Betroffenen verteidigt werden, seine vom objektiven Wert der Menschenwürde abweichenden subjektiven Vorstellungen durchzusetzen.“[200] Dass es sich um eine rein objektive Norm handelt, kann aufgrund ihres Autonomiegehaltes nicht angenommen werden. Wenn sich ihre Wirkung aber nicht auf die Gewährung von individueller Autonomie beschränkt, sondern auch eine objektive Funktion der Würdegarantie nachweisbar ist, die sich im Einzelfall gegen eine autonome Handlung des Würdeträgers richten kann, so ist in einem solchen Fall zwischen der Gewährung von Autonomie und der objektiven Zielrichtung der Würde des Menschen abzuwägen. Durch eine so vorgenommene praktische Konkordanz[201] könnte man die Möglichkeit der Einwilligung durch die Menschenwürde in noch weiteren als nur den genannten Extremfällen beschränken.

Woraus könnte sich ein objektiver Gehalt der Menschenwürde ergeben? Teils wird angeführt, dass über der Freiheit die Werteordnung des Grundgesetzes ste-

---

195 Geddert-Steinacher, Menschenwürde, S. 169; Koch, Verzicht, S. 134; ähnlich: Köhne, GewArch 2004, 285 (287); Jerusalem, SJZ 1950, 1 (Fn 3) – **aA**: Dörr, „Big Brother“, S. 21, 25.

196 Stern, Staatsrecht III/2, § 89, S. 1132; Frieß, Verzicht, S. 184; Robbers, JuS 1985, 925 (929); Pietzcker, Der Staat 1978, 527 (540); Sturm, Probleme eines Verzichts auf Grundrechte, in: FS Geiger, S. 173 (189).

197 Isensee/Kirchhof-Isensee, § 111, Rn 115; Köhne, GewArch 2004, 285 (286); Hinrichs, NJW 2000, 2173 (2175); Discher, JuS 1991, 642 (645); Gronimus, JuS 1985, 174 (175).

198 Koch, Verzicht, S. 132; Frieß, Verzicht, S. 99; Leisner, Grundrechte, S. 141; Discher, JuS 1991, 642 (646).

199 Hinrichs, NJW 2000, 2173 (2174 f.); Redeker, BayVBl 1985, 73 (74); Faust, RiA 1973, 106 (111); vgl. Isensee/Kirchhof-Isensee, § 111, Rn 115: „Es bleibt ein Moment objektiver, aufgegebener Menschenwürde, über die das Individuum nicht verfügen und auf die es nicht verzichten kann.“; vgl. zudem die Andeutung von Littwin, Grundrechtsschutz, S. 110, die Unantastbarkeit der Menschwürde spreche dafür, dass der Grundrechtsteil eine objektive Ordnung des Staatslebens schaffen wolle.

200 BVerwGE 60, 274 (280).

201 Discher, JuS 1991, 642 (646).

he. Es wird eine Erosion des Wertes Menschenwürde befürchtet, wenn eine Einwilligung in eine Würdeverletzung wirksam ist. Die Würde des Menschen werde dann unberechenbar, zum Spielball des Einzelnen.[202] Dem wird entgegengehalten, ein „situationsbegrenzter Verzicht" könne die objektive Seite der Menschenwürde nicht beeinträchtigen.[203] Doch in der Tat kann auch durch das im Einzelfall womöglich einmalige freiwillige Hinnehmen von Eingriffen, die unter Zwang die menschliche Würde verletzen würden, das Gefühl dafür schwinden, was eigentlich eine Würdeverletzung ist. Man kann folglich nicht abstreiten, dass die Rechtssicherheit unter der Einwilligungsmöglichkeit leidet. Beim „Lügendetektortest" kehrt sich die Freiwilligkeit des einen schnell in einen Zwang für andere.[204] Auch greift die Beeinträchtigung jedenfalls der wahrnehmbaren Existenz der Würde des Menschen von außen betrachtet die Grundfesten des Verfassungssystems an.[205] So stellt das Bundesverfassungsgericht fest: „Menschenwürde (...) ist nicht nur die individuelle Würde der jeweiligen Person, sondern die Würde des Menschen als Gattungswesen."[206] Mit der Würdeverletzung eines Einzelnen wird die Würde der gesamten Menschheit betroffen, denn durch sie wird das Menschenbild, eine „kulturelle Leistung", untergraben.[207] Die Menschenwürde als Element unseres sozialen Umgangs und unserer öffentlichen Kultur stellt ein Gemeinschaftsgut dar,[208] für das Mensch und Staat gemeinsam verantwortlich sind.[209] Dieses Gut kann durch eine Beeinträchtigung der Würde des Menschen normative Kraft und seine für das soziale Zusammenleben konstitutive Bedeutung verlieren.[210] Aus dieser Folge ergebe sich eine objektiv-rechtliche Schutzpflicht des Staates, die eine Berechtigung zur Beschränkung grundrechtlicher Freiheit darstelle.[211]

Solchen Bedenken bezüglich Beeinträchtigungen objektiver Rechtsgüter wird entgegengehalten, dass Art. 1 Abs. 1 GG nicht vorwiegend Ausdruck öffentlicher Interessen sein kann. Der Staat ist für den Menschen da und nicht umgekehrt, weshalb die Menschenwürde ausschließlich dem Einzelnen diene.[212] Be-

---

202 Redeker, BayVBl 1985, 73 (77).

203 Schmitt-Glaeser, ZRP 2000, 395 (400).

204 BVerfG, NJW 1982, 375; vgl. aber auch die neuere Feststellung, ein Test scheine verfassungsrechtlich nicht mehr von vorneherein ausgeschlossen: BVerfG, JuS 1999, 394; vgl. zudem: BVerfG, StraFo 1998, 16; siehe ferner: Sachs, VerwArch 76 (1985), 398 (421, siehe Fn 95); Amelung StV 1985, 257 (261); Robbers, JuS 1985, 925 (930).

205 Spieß, Grundrechtsverzicht, S. 111.

206 BVerfGE 87, 209 (228).

207 Di Fabio, Menschenwürde, S. 38; Dörr/Cole, K&R 2001, 369 (377).

208 Huster, NJW 2000, 3477 (3478).

209 Di Fabio, Menschenwürde, S. 47.

210 BVerwGE 64, 274 (280); 86, 362 (365 f.); VG Neustadt, NVwZ 1993, 98 (99).

211 Frotscher, „Big Brother", S. 44.

212 BVerfGE 21, 362 (372): „Auch die Ordnung innerhalb der Staatsorganisation (...) muss auf diesen Mittelpunkt (der sich frei entfaltenden Persönlichkeit) ausgerichtet sein."; Ep-

sonderer Wert wird darauf gelegt, der Satz „der Mensch muss immer Zweck an sich selbst bleiben“ gelte uneingeschränkt für alle Rechtsgebiete.[213] Eine gegen die freie Entscheidung gerichtete Menschenwürde kenne das Grundgesetz daher nicht.[214] Es gebe keine staatliche Verpflichtung zum „richtigen“ Menschsein.[215] Die Festlegung eines für alle Menschen gleichen Menschenbildes wäre totalitaristisch.[216] Folglich gebe die Menschenwürde kein Recht, anderen vorzuschreiben, wie sie leben sollen.[217] Aus der „objektiven Seite“ der Würde des Menschen könne sich daher keine völlige Verfügungssperre für den Grundrechtsträger ergeben.[218]

Diese Entgegnung übersieht, dass durch die Verortung einer objektiven Funktion der Menschenwürde gar nicht in Frage gestellt wird, dass der Staat für den Menschen da ist, dass das Individuum und seine Selbstbestimmung im Vordergrund steht. Es geht nur um die Ergänzung der Funktionen der Würde des Menschen durch ein untergeordnetes objektives Regulativ, das langfristig wiederum dem Individuum zugute kommt.[219] Daher kann man die oben festgestellten objektiven Funktionen, Rechtssicherheit und Schutz auch vor mittelbarem Zwang, nicht einfach ignorieren und muss hinnehmen, dass Menschenwürde sowohl der Selbstbestimmung als auch objektiven Zielen dient. Im Spannungsfall hat man durch die Vornahme einer praktischen Konkordanz zu entscheiden, wie beiden Funktionen insgesamt das größtmögliche Gewicht zukommen kann,[220] wobei man angesichts der zentralen Bedeutung der Autonomie für die menschliche Würde nur in Ausnahmefällen zu der Annahme gelangen wird, dass die objektiven Funktionen überwiegen.[221] „Die Menschenwürde ist kein Transmissions-

---

pelt, Grundrechtsverzicht, S. 93 f.; Koch, Verzicht, S. 71 f.; Amelung, Einwilligung, S. 48; Nawiasky, Grundgedanken, S. 18.

213 BVerfGE 45, 187 (228).

214 Gusy, DVBl 1982, 984 (beide Aussagen auf S. 986); vgl. VG Berlin, NJW 2001, 983 (986).

215 VG Berlin, NJW 2001, 983 (986).

216 Köhne, ZRP 2001, 435.

217 Tiedemann, Betrifft JUSTIZ 2001, 186 (191).

218 Schmitt-Glaeser, ZRP 2000, 395 (400).

219 Littwin, Grundrechtsschutz, S. 237; **anders** allerdings tatsächlich die Auffassung von Wilde, Verzicht, S. 85 f., der die Würde als gottgegebenen Bereich und daher für den Einzelnen unantastbar ansieht und von Leisner, Grundrechte, S. 150, der eine „Vergötzung des Individuums“ befürchtet und vor „schrankenlosem Liberalismus“ warnt.

220 Dörr, „Big Brother“, S. 64; Discher, JuS 1991, 642 (646); vgl. Spieß, Grundrechtsverzicht, S. 92: „Hier ist die entscheidende Frage zu beantworten, welche Seite der Menschenwürde mehr Gewicht hat, die individuelle oder die objektiv werthafte.“, ders., S. 106, glaubt offensichtlich nicht an die Beantwortbarkeit dieser Frage und sieht ein Dilemma: „Ein Ausgleich scheint hier kaum möglich, zumal es sich um staats- und weltanschauliche Glaubensgrundsätze handelt.“, ders., S. 112: „Demnach kann eine abschließende Aussage darüber (...) nicht erreicht werden.“

221 Dörr, „Big Brother“, S. 63: nur bei „die Gesellschaft gefährdenden Auswüchsen“, S. 83: bei „wiederholter, nachhaltiger Vermittlung“ eines Art. 1 Abs. 1 GG widersprechenden

riemen für die Verwirklichung der jeweils herrschenden Moralvorstellungen."[222] Die objektiven Funktionen können daher nur dienenden Charakter haben und auch bei ihrer Einstellung in die Abwägung ist der subjektive Gehalt der Würde des Menschen im Rahmen einer „Wechselwirkung" stets mit zu berücksichtigen.[223]

Die Menschenwürde hat daher durchaus objektive Funktionen. Dennoch steht auch die überindividuelle Ebene der Einwilligungsfreiheit nur in Ausnahmefällen entgegen. Anders als die Extremfälle der Freiheitsvernichtung, die von der individuellen Ebene zum Schutz des Menschen vor sich selbst ausgeschlossen werden, geht es dabei vorwiegend um Fälle, in denen durch Einwilligungen Druck auf andere Menschen in derselben Lage entstehen kann, sich würdeverletzenden Maßnahmen zu unterziehen.

Nachdem auf diese Weise ein allgemeiner Maßstab erarbeitet wurde, soll dieser abschließend auf die konkrete Situation der Speicherung der nicht-codierenden Gendaten angewendet werden. Diese ist nicht als eine solche würdeverletzende Maßnahme anzusehen. Hier erfolgt mangels einer Erstellung eines Persönlichkeitsbildes keine Herabwürdigung des Einzelnen zum bloßen Objekt des Verfahrens. Auch wenn der Gesetzgeber die Untersuchung der nicht-codierenden Bereiche bewusst nicht ausdrücklich ausgeschlossen hat, geht es lediglich um die künftige Zuordnung von Genmaterial zu einer Person zum einzigen Zwecke der Identifizierung. Der Abgleich der DNA ist – *insoweit* mit dem herkömmlichen Fingerabdruck vergleichbar – nicht auf die Persönlichkeit ausgerichtet.[224]

c) Die Menschenrechte gemäß Art. 1 Abs. 2 GG

Art. 1 Abs. 2 GG nennt das Bekenntnis des „Deutschen Volkes" zu „unveräußerlichen" Menschenrechten. Ist mit unveräußerlich gemeint, dass der Einzelne über diejenigen Rechtspositionen, die zu seinen Menschenrechten gehören, nicht verfügen kann? Das Wortverständnis legt eine solche Auslegung zunächst nahe.[225] Wenn ein Recht nicht veräußerlich ist, so wird die Dispositionsbefugnis des Einzelnen über es verneint. Die Rechtsordnung könnte in solchen Fällen die Beachtung des Rechtes unabhängig vom Willen seines Trägers vorgeben. Eine bindende Einwilligung in die Verletzung der Menschenrechte wird daher als unwirksam, Art. 1 Abs. 2 GG als Schranke der Einwilligungsfreiheit angese-

---

Menschenbildes, S. 85: wenn das Menschenbild durch systematische und wirksame Missachtung „auf lange Sicht zerstört" werde; vgl. auch Di Fabio, Menschenwürde, S. 39, der mit Hinweis auf mögliche paternalistische Rückfälle zur Behutsamkeit mahnt.

222 Gersdorf, „Big Brother", S. 17.

223 Spieß, Grundrechtsverzicht, S. 108, 161 f.

224 Vath, Fingerabdruck, S. 34; Hombert, Massentest, S. 39 f.

225 Hillgruber, Schutz, S.106.

hen.[226] Da von einer Beschränkung der Einwilligungsfreiheit aber nicht explizit die Rede ist, bedarf diese Frage der eingehenderen Untersuchung.

Ein Einwand gegen die Schrankenfunktion der Menschenrechte beschäftigt sich mit der praktischen Seite einer solchen Funktion. Was nun Menschenrechte sind, sei aufgrund des Fehlens von Anhaltspunkten schwer zu bestimmen.[227] Die Menschenrechte wären daher eine unpraktikable Schranke der Einwilligung.[228] Die Justiziabilität eines Begriffes ist zwar ein wichtiger Faktor seiner Wirkungskraft – praktische Umsetzungsprobleme eines allgemeinen Begriffes können aber nicht dazu führen, ihm jede Geltung zu versagen. Auch der Begriff der Menschenwürde[229] ist schwer bestimmbar – dennoch gelang es Rechtsprechung und Schrifttum, ihn in der praktischen Anwendung auszulegen.[230] Allein die Schwierigkeit, den Begriff der Menschenrechte zu bestimmen, kann der Wirkungskraft von Art. 1 Abs. 2 GG daher nicht entgegenstehen. Zudem sei darauf hingewiesen, dass durch völkerrechtliche Kodifizierungen wie die EMRK oder den IPbpR sowie die ihnen zugehörige Rechtsprechung mittlerweile größere Klarheit über den Begriff der Menschenrechte besteht als noch vor einigen Jahrzehnten.

Auch eine angeblich fehlende Positivierung der Menschenrechte ist kein Argument gegen ihre Wirkungskraft: mit der Verankerung der Menschenrechte in Art. 1 Abs. 2 GG sind diese nämlich gerade kein überpositiver Bestand mehr.[231] Im Gegenteil gehört die Aussage von der Unveräußerlichkeit der Menschenrechte gemäß Art. 79 Abs. 3 GG sogar zum für immer garantierten Standard der Verfassung. Dass der Begriff Menschenrechte vage bleibt und vor allem der historischen Auslegung bedarf, bedeutet nicht, dass er und seine Inhalte außerhalb der Verfassung stehen.

Es wurde gezeigt, dass die Menschenrechte und ihre Unveräußerlichkeit im Grundgesetz festgeschrieben sind. Die Wirkung als Schranke der Einwilligung könnte man ihnen aber mit der Begründung versagen, die Verfassungsnorm habe lediglich deklaratorische Wirkung.[232] In der Tat spricht *Amelung* in diesem

---

226 Thieme, DÖV 1988, 250 (252); Sturm, Probleme eines Verzichts auf Grundrechte, in: FS Geiger, S. 173 (188); Bussfeld, DÖV 1976, 765 (770); Malorny, JA 1974, 475 (477); Faust, RiA 1973, 106 (112); nur eine Schranke gegen den Totalverzicht: Eppelt, Grundrechtsverzicht, S. 167; Bleckmann, JZ 1988, 57 (58).

227 Pietzcker, Der Staat 1978, 527 (538).

228 Wilde, Verzicht, S. 81.

229 Siehe oben, B. III. 2. a) und b).

230 Von Münch/Kunig-Kunig, Art. 1, Rn 18, verweist auf die hohe normative Qualität einer Norm, mögen die enthaltenen Begriffe auch inhaltlich unbestimmt sein.

231 Doehring, Staatsrecht, S. 123 f.

232 So: Wilde, Verzicht, S. 81.

Zusammenhang von einer „pathetischen Eingangsformel".[233] Dagegen führt *Malorny* an, aufgrund der Verknüpfung „darum" zur verbindlichen Würdegarantie von Art. 1 Abs. 1 GG handele es sich bei Art. 1 Abs. 2 GG nicht um einen Programmsatz.[234] Auf diese Bezugnahme geht auch *Spieß* ein. Er argumentiert allerdings, dass die Bedeutung von Art. 1 Abs. 2 GG erst aus dem Bezug zu Art. 1 Abs. 1 GG resultiere. Es handele sich um eine Eingangsformel in der Tradition von Hobbes und Rousseau, die keinen positiv-rechtlichen Gehalt hat.[235] Es fällt auf, dass *Spieß* eine „Bedeutung" von Art. 1 Abs. 2 GG nicht leugnet. Er will die lediglich deklaratorische Wirkung allein daraus herleiten, wie diese Bedeutung zustande kommt. Ob eine Norm aber eines Verweises bedarf, um ihre Bedeutung zu erlangen, oder aus sich heraus bedeutsam ist, kann im Ergebnis bei der Frage der Wirksamkeit keine Rolle spielen. Gerade der Verweis auf Art. 1 Abs. 1 GG begründet daher die Verbindlichkeit der Unveräußerlichkeit der Menschenrechte, die mithin eine Schranke der Einwilligungsfreiheit darstellt.[236]

Bei der Frage, wie eng diese Schranke ist, kommt der von *Spieß* mit dem Verweis auf Hobbes und Rousseau bereits angedeuteten historischen Auslegung entscheidende Bedeutung zu. Unter Unveräußerlichkeit ist der bei Hobbes und Rousseau angesprochene absolute Verzicht auf den Menschenwürdekern der Einzelgrundrechte, also seltene Extremfälle wie der Selbstverkauf in die Sklaverei, zu verstehen.[237] Mehr wollte der Verfassungsgeber mit dieser Wortwahl ersichtlich nicht aussagen. Abgesehen von diesen Fällen steht die Unveräußerlichkeit der Menschenrechte gemäß Art. 1 Abs. 2 GG der hier interessierenden Verfügung über einzelne Grundrechtspositionen aber nicht entgegen.[238] Ob einzelne Grundrechtspositionen verfügbar sind, ist vielmehr durch die Untersuchung der hinter ihnen stehenden öffentlichen Interessen zu ermitteln.[239] Es ergibt sich daher keine über die Beschränkung durch die Menschenwürde hinausgehende Wirkung dieser Norm.

Außerdem zählt das Recht auf informationelle Selbstbestimmung nicht zu den Menschenrechten im Sinne von Art. 1 Abs. 2 GG.[240] Die Erklärung der Menschenrechte der französischen Nationalversammlung vom 27. August 1789, die den Begriff der Menschenrechte prägte, besagte in Art. 2: „Diese Rechte sind

---

233 Amelung, Einwilligung, S. 24; ähnlich: Von Münch/Kunig-Kunig, Art. 1, Rn 43: er verweist auf die fehlende normative Bedeutung; vgl. auch: Tiedemann, Betrifft JUSTIZ 2001, 186 (188).

234 Malorny, JA 1974, 475 (477).

235 Spieß, Grundrechtsverzicht, S. 117 m.w.N.; ebenso: AK-GG-Denninger, Art. 1 Abs. 2, 3, Rn 7 ff.; Wilde, Verzicht, S. 81 ff.

236 **AA**: Stern, Staatsrecht III/2, § 86, S. 908.

237 Laufke, Vertragsfreiheit und Grundgesetz, in: FS Lehmann, S. 145 (168); Bleckmann, JZ 1988, 57 (58); Robbers, JuS 1985, 925 (929).

238 Merten, Der Grundrechtsverzicht, in: FS Schmitt Glaeser, S. 53 (57 f.).

239 Siehe unten, B. III. 2. h).

240 Eppelt, Grundrechtsverzicht, S. 166.

Freiheit, Eigentum, Sicherheit und Widerstand gegen Unterdrückung.“ Eine Bedeutung für die Einwilligung in Eingriffe in dieses Recht hat die Verfassungsnorm daher nicht. Für das Recht auf informationelle Selbstbestimmung könnte aber Art. 19 Abs. 2 GG eine Schranke der Einwilligungsfreiheit darstellen.

d) Der Wesensgehalt gemäß Art. 19 Abs. 2 GG

Die Wesensgehaltsgarantie gemäß Art. 19 Abs. 2 GG verbietet es jedenfalls dem Gesetzgeber trotz aller vorhandenen Gesetzesvorbehalte, ein Grundrecht in seinem Wesensgehalt anzutasten. Fraglich ist, ob sich dieses Verbot auch an den Einzelnen als Inhaber des Grundrechtes richtet. Unter B. I. wurde bereits festgestellt, dass der Verzicht auf ein gesamtes Grundrecht nicht zulässig ist. Diese Frage ist nicht deckungsgleich mit der nach der Bewahrung eines Kernbereiches. Denn jedenfalls theoretisch ist es denkbar, dass man so einwilligt, dass ein Restbestand eines Grundrechtes verbleibt, der kleiner als der Kernbereich ist. In der Praxis kann man sich eine solche Situation schwer vorstellen, wie überhaupt Art. 19 Abs. 2 GG eine Norm ist, die angesichts des vorher zu prüfenden Verhältnismäßigkeitssatzes praktisch nie zur Anwendung kommt. Dennoch sollte man sich nicht scheuen, diese Frage einer Antwort zuzuführen.

Teils wird die Verfassungsnorm mit der Begründung als Schranke angesehen, dass die staatliche Gewalt durch subjektives Verhalten des Grundrechtsträgers nicht von objektiven Bindungen an die Verfassung befreit werden könne.[241] Was schon dem Gesetzgeber versagt ist, sollte der Einzelne erst Recht nicht dürfen.[242] Problematisch ist aber, dass es ähnlich wie bei der Menschenwürde vom freien Willen des Grundrechtsträgers abhängig ist, wie weit der Kernbereich reicht.[243] Ob man nun den Wesensgehalt mit dem Würdekern eines jeden Grundrechts gleichsetzt,[244] womit sich nach der Klärung der Schrankenfunktion der Würde des Menschen[245] jede weitere Behandlung der Problematik an dieser Stelle erledigen würde, oder ob man ihn als anders zu definierenden Bereich ansieht[246] – der Wille des Einzelnen spielt bei seiner Bestimmung stets eine zentrale Rolle. Davon abgesehen gibt es allerdings auch eine objektive Komponente der Wesensgehaltsgarantie. Folglich kann der Betroffene den Wesensgehalt eigener

241 Eppelt, Grundrechtsverzicht, S. 170; Amelung, Einwilligung, S. 54; Malorny, JA 1974, 475 (478); Dürig, AöR 81 (1956), 117 (152); offen gelassen von Sternberg-Lieben, Einwilligung, S. 40, in Fn 51; **aA**: Merten, Der Grundrechtsverzicht, in: FS Schmitt Glaeser, S. 53 (57).

242 Schimpf, Vertrag, S. 212 f.

243 Schwabe, Grundrechtsdogmatik, S. 125; Robbers, JuS 1985, 925 (929); Pietzcker, Der Staat 1978, 527 (536 f.).

244 So: Malacrida, Grundrechtsverzicht, S. 160; Pietzcker, Der Staat 1978, 527 (536 f.).

245 Siehe oben, B. III. 2. a) und b).

246 BVerfGE 109, 279 (311); Spieß, Grundrechtsverzicht, S. 129 f. m.w.N., weist darauf hin, dass der Wesensgehalt mehr als Würde sein kann, eine Gleichsetzung bei Grundrechten mit Würdebezug aber durchaus in Frage kommt.

Grundrechte durchaus antasten. Der Wesensgehalt ist wiederum eng zu definieren. Im Falle des Rechts auf informationelle Selbstbestimmung wäre das die Preisgabe sämtlicher Daten zu einem bestimmten Gebiet auch aus der intimsten Sphäre.

e) Der Gesetzesvorbehalt

aa) Eingriff trotz Einwilligung

Der Gesetzesvorbehalt kommt als Schranke der Freiheit, in Grundrechtseingriffe einzuwilligen, überhaupt nur dann in Frage, wenn die staatlichen Handlungen, in die eingewilligt wird, durch den Akt der Einwilligung ihre Eingriffsqualität nicht verlieren. Wo kein Eingriff vorliegt, steht das Handeln des Staates nämlich nicht unter Gesetzesvorbehalt.[247] Teilweise wird Zwang als Definitionsmerkmal eines Eingriffes angesehen und auf diese Weise festgelegt, dass ein Handeln mit Einwilligung des Betroffenen keinen Eingriff in Grundrechte darstellt;[248] jedenfalls keinen Eingriff in dem Sinne, dass eine gesetzliche Grundlage erforderlich wäre.[249] Gerade für das Recht auf informationelle Selbstbestimmung wird aus dem Volkszählungsurteil[250] gar abgeleitet, dass dieses Recht nur negatorischen Schutz biete und dass folglich bei einer Einwilligung schon der Schutzbereich nicht berührt sei.[251] Ein Gesetz, jedenfalls in Form einer allgemeinen Aufgabenzuweisung, wird aber auch nach dieser Ansicht für die Datenverarbeitung mit Einwilligung wegen des Rechtsstaats- und Demokratieprinzips für erforderlich gehalten.[252]

Wie diese offenbar für notwendig gehaltene Präzisierung am Beispiel des Rechts auf informationelle Selbstbestimmung schon andeutungsweise erkennen lässt, läuft man mit der scheinbar einfachen Lösung, den Eingriff schlicht zu verneinen und eine gesetzliche Grundlage als verzichtbar anzusehen, Gefahr, Probleme zu übergehen. So können Grundrechte Rechtspositionen enthalten, die sich

---

247 Eppelt, Grundrechtsverzicht, S. 180; Schwabe, Grundrechtsdogmatik, S. 100; Illian, Verzicht, S. 57.

248 Pieroth/Schlink, Grundrechte, Rn 141; Schwabe, Grundrechtsdogmatik, S. 99; Malorny, JA 1974, 475 (479); so im Ergebnis auch Illian, Verzicht, S. 57; Littwin, Grundrechtsschutz, S. 235, 245; Hillgruber, Schutz, S. 136, der allerdings darauf hinweist, dass es sich um eine **beachtliche** Einwilligung handeln muss; Amelung, Die Zulässigkeit der Einwilligung bei den Amtsdelikten, in: FS Dünnebier, S. 487 (495); Benfer, StV 1999, 402 (404); Tünnesen-Harmes, JuS 1994, 142 (145); Jarass, NJW 1989, 857 (860). **Dagegen einen Eingriff annehmend**: Eppelt, S. 21 ff.; Stern, Staatsrecht III/2, § 86, S. 918; Koch, S. 52, 177; Robbers, JuS 1985, 925.

249 BVerwGE 42, 331 (335).

250 BVerfGE 65, 1.

251 Jarass, NJW 1989, 857 (860); Geiger, NVwZ 1989, 35 (37).

252 Geiger, NVwZ 1989, 35 (37, siehe Fn 26).

nicht in der Dispositionsbefugnis des Einzelnen befinden.[253] Die Verneinung eines Eingriffes würde in einem solchen Fall überdecken, dass eine Maßnahme trotz Einwilligung verfassungswidrig sein kann. Ferner ist dem Argument, Zwang sei ein konstitutives Eingriffsmerkmal, entgegenzuhalten, dass der Staat heute weitaus mehr Handlungsmöglichkeiten hat, so dass der moderne Eingriffsbegriff Zwang nicht mehr als Merkmal voraussetzt.[254] Außerdem sind bei der Beurteilung der Wirksamkeit der Einwilligung Abwägungen erforderlich, die gut in die Frage der Rechtswidrigkeit passen.[255] Auch die historischen Wurzeln der Einwilligungsfreiheit („volenti non fit iniuria“[256]) deuten darauf hin, dass dem staatlichen Handeln gegebenenfalls die Rechtswidrigkeit genommen wird, ein vorliegender Eingriff also gerechtfertigt wird.[257] Gerade wenn die Einwilligungen, wie im Fall der molekulargenetischen Untersuchung und Speicherung, durch staatliches Handeln veranlasst werden, wird deutlich, dass diese Staatshandeln zwar womöglich legitimieren, jedoch nicht den Anstoß dazu geben und ihm daher auch nicht die Eingriffsqualität nehmen.

Folglich liegt auch im Falle einer Einwilligung eine Grundrechtsbeeinträchtigung vor.[258] Die Frage nach der Schrankenfunktion des Gesetzesvorbehaltes für die Einwilligungsfreiheit ist mithin relevant.

bb) Die speziellen Gesetzesvorbehalte in den einzelnen Grundrechten

Es ist zwischen zwei verschiedenen Gesetzesvorbehalten und ihren Auswirkungen zu differenzieren. Zunächst soll die Frage beantwortet werden, inwieweit die Gesetzesvorbehalte der einzelnen Grundrechte, beispielsweise Art. 5 Abs. 2 GG, einer Einwilligung Grenzen setzen. Bei Eingriffen gegen den Willen stellen diese speziellen Gesetzesvorbehalte die Voraussetzungen auf, unter denen der Staat überhaupt nur in Grundrechte eingreifen kann. Bei vorbehaltlos gewährleisteten Grundrechten kann ein staatliches Handeln nur zur Verwirklichung anderer Verfassungsgüter im Rahmen der praktischen Konkordanz erfolgen. Bei Einwilligungen ohne gesetzliche Grundlage wird ein Überspielen dieses abgestuften Systems befürchtet.[259]

---

253 Robbers, JuS 1985, 925.
254 Eppelt, Grundrechtsverzicht, S. 21 ff.; Spieß, Grundrechtsverzicht, S. 138.
255 Eppelt, Grundrechtsverzicht, S. 21 ff.
256 Siehe oben, B. II.
257 Stern, Staatsrecht III/2, § 86, S. 918.
258 Amelung, Einwilligung, S. 35 f., beachte aber auch S. 66; davon offenbar ebenfalls ausgehend: Sachs, VerwArch 76 (1985), 398 (411), der das Verbot, aufgrund von Einwilligungen zu handeln einen „Eingriffsverzicht“ nennt.
259 Dieses Argument lediglich darstellend: Sturm, Probleme eines Verzichts auf Grundrechte, in: FS Geiger, S. 173 (182 f., 190).

Die Übertragung dieser für Zwangshandeln des Staates konstruierten Beschränkungen auf den Einzelnen führt aber nicht zu aussagekräftigen Ergebnissen.[260] Eine undifferenzierte Übertragung würde ignorieren, dass die Gesetzesvorbehalte gar nicht auf den Grundrechtsträger passen. Der Gesetzgeber müsste dann auch selbstverständliche Freiheitsbetätigungen des Grundrechtsträgers wie das Bitten um die Entfernung eines Wespennestes durch die Feuerwehr regeln: ohne gesetzliche Grundlage genügt die Einwilligung des Betroffenen nämlich nicht den Anforderungen von Art. 13 Abs. 7 GG.[261] Ferner führt eine solche Übertragung zu willkürlichen Ergebnissen bei den unterschiedlichen Grundrechten.[262] Auch würden aus den freiheitssichernden speziellen Gesetzesvorbehalten dann Freiheitsbeschränkungen.[263]

Vor allem aber verkennt eine Orientierung an den Gesetzesvorbehalten der einzelnen Grundrechte, dass die Einwilligungsfreiheit grundrechtlich verankert ist und daher selbst Verfassungsrang hat. Auch wenn durch die Einwilligung in ein Grundrecht eingegriffen wird, so stellt diese grundrechtliche Verankerung eine formal ausreichende Legitimation dieses Eingriffes dar.[264] Selbst wenn sich die Einwilligungshandlung nicht auf eine gesetzliche Grundlage stützen kann, so ist doch stets der Abwägungsvorgang der praktischen Konkordanz eröffnet. Aus diesem Grund sind die speziellen Gesetzesvorbehalte als Schranken ohne jede praktische Bedeutung für die Verfügung über Grundrechtspositionen. Allenfalls indiziert die vorbehaltlose Gewährleistung eines Grundrechtes seine Wichtigkeit und gibt damit einen Hinweis für die Bedeutung des Verlustes seines gegebenenfalls vorliegenden objektiven Gehaltes[265], die der des Gewinnes der selbstbestimmten Einwilligung in der Abwägung gegenübersteht.

cc) Der allgemeine Gesetzesvorbehalt gemäß Art. 20 Abs. 3 GG

Gemäß Art. 20 Abs. 3 GG ist die vollziehende Gewalt an Gesetz und Recht gebunden. Daraus ergibt sich nicht nur der Vorrang des Gesetzes,[266] sondern auch die Regel, dass jede die Grundrechte eines Einzelnen beeinträchtigende Maßnahme der gesetzlichen Legitimation bedarf – der Gesetzesvorbehalt. Bei einer Einwilligung des Einzelnen ist zu klären, ob diese ein Gesetz ersetzen kann oder

---

[260] Bleckmann, JZ 1988, 57 (61f.); Pietzcker, Der Staat 1978, 527 (537).
[261] Robbers, JuS 1985, 925 (929), der allerdings eine Bedeutung der speziellen Gesetzesvorbehalte als Ausprägung des allgemeinen Gesetzesvorbehaltes sieht.
[262] Eppelt, Grundrechtsverzicht, S. 178, die allerdings die praktische Konkordanz übersieht, wenn sie Grundrechte ohne Gesetzesvorbehalt in diesem Denkmodell als unverzichtbar bezeichnet.
[263] Stern, Staatsrecht III/2, § 86, S. 917.
[264] Zum materiellen Aspekt siehe unten, B. III. 2. f) bb), h) ii).
[265] Siehe dazu unten, B. III. 2. h).
[266] Dazu unten, B. III. 2. f).

ob der Gesetzesvorbehalt ihre Wirksamkeit so lange verhindert, wie es kein Gesetz gibt, das seinerseits die Einwilligung legitimiert.

Für den Fall der molekulargenetischen Untersuchung und Speicherung hätte man diese Frage nicht zu beantworten, wenn §§ 4 Abs. 1, 4a Abs. 1 BDSG als gesetzliche Grundlage für Einwilligungen auch im Bereich der StPO subsidiär anwendbar wären. Gemäß § 1 Abs. 3 S. 1 BDSG sind die Regelungen dieses Gesetzes subsidiär gegenüber Spezialgesetzen anwendbar. Diese Regelung ist sinnvoll, weil es sich beim Datenschutz um eine Querschnittsmaterie handelt und eine Regelung für sämtliche Bereiche schnell unübersichtlich würde.[267] In der StPO sind zwar einzelne Einwilligungsmöglichkeiten geregelt, eine Generalnorm für Einwilligungen fehlt jedoch. Kann man also auf die Normen des BDSG zurückgreifen? Diese Regelungen über die Einwilligung gelten lediglich dort, wo nicht bereits Verarbeitungspflichten der zuständigen Stelle bestehen. Nur dann, wenn bei einer verweigerten Einwilligung die Maßnahme auch tatsächlich unterbleibt, wird der um seine Einwilligung gebetene Einzelne nicht getäuscht.[268] Bei Maßnahmen der StPO bestehen aufgrund des Legalitätsprinzips grundsätzlich Pflichten der Behörden, die Daten zu erheben und zu verarbeiten. Dies gilt allerdings nicht für § 81g StPO. Diese Norm dient nicht der Aufklärung einer bereits begangenen Straftat, sondern der antizipierten Repression und unterfällt daher nicht dem Legalitätsgrundsatz. Dennoch verleiht diese Norm den Behörden die Kompetenz, auch bei einer Versagung der Einwilligung ihr Ziel zu verfolgen. Auch wenn der Einzelne nicht einwilligt, wird daher, dann eben unter Einschaltung des Richters und dessen Genehmigung vorausgesetzt, die betreffende Maßnahme durchgeführt. Für die Einwilligung bleibt daher nach den genannten Normen kein Raum. §§ 4 Abs. 1, 4a Abs. 1 BDSG sind mithin auf Fälle, in denen durch Maßnahmen gemäß der StPO in das Recht auf informationelle Selbstbestimmung eingegriffen wird, nicht anwendbar.[269]

Simitis[270] weist darauf hin, dass Einwilligungen im öffentlichen Bereich angesichts der gesetzlich klar definierten Aufgaben generell keine große Bedeutung haben. Öffentliche Stellen dürfen danach nur dann mit Einwilligungen arbeiten, wenn diese ausnahmsweise der Beschleunigung des Verfahrens im Interesse der

---

267 BtDrs 7/1027, S. 16.

268 Simitis-Walz, BDSG-Kommentar, § 4, Rn 6 f.; Simitis-Simitis, BDSG-Kommentar, § 4a, Rn 89, mit dem Hinweis auf eine mögliche Ausnahme bei schwerwiegenden öffentlichen Interessen; Gola/Schomerus, BDSG, § 4, Rn 16; Roßnagel-Holznagel/Sonntag, Datenschutzrecht, 4.8, Rn 17, 24; Körner, Informierte Einwilligung als Schutzkonzept, in: LA Simitis, S. 131 (142); Gola, RDV 2002, 109 (110).

269 Roßnagel-Dembowski, Datenschutzrecht, 8.1, Rn 12, weist allerdings darauf hin, die StPO sei nicht abschließend, Rückgriffe auf das allgemeine Datenschutzrecht daher notwendig. Er lässt an dieser Stelle jedoch offen, ob das BDSG eine Ermächtigungsgrundlage für Einwilligungen bei StPO-Maßnahmen bereitstellt.

270 Simitis-Simitis, BDSG-Kommentar, § 4a, Rn 16 ff.

Beteiligten dienen[271] oder wenn ausnahmsweise Gesetzesgrundlagen fehlen.[272] Ersteres trifft vorliegend möglicherweise zu, eine Einwilligung ist daher auch nach dieser Ansicht nicht von vorneherein unzulässig. So ist die Einwilligung zwar nicht ausgeschlossen, aber eben auch noch nicht durch das BDSG legitimiert. Auch im konkreten Fall ist mithin die Frage zu klären, ob die Einwilligung eines sie legitimierenden Gesetzes bedarf.

Es wird angeführt, dass sich der Gesetzesvorbehalt von vorneherein nur auf Zwangsmaßnahmen erstreckt und deshalb, gerade angesichts der grundrechtlichen Verankerung der Einwilligungsfreiheit, eine wirksame Einwilligung nicht hindert.[273] Wenn dies mit dem bloßen Hinweis, der Gesetzesvorbehalt habe auch dann eine Schutzfunktion zugunsten des Bürgers, wenn dieser glaube, des Schutzes nicht zu bedürfen, abgelehnt wird,[274] so ignoriert diese Position das grundrechtlich verankerte Recht, grundsätzlich selbst zu bestimmen, in welche Eingriffe man einwilligt.[275] Ein Schutz des Menschen vor sich selbst kann ausschließlich in Extremfällen ein zulässiges Ziel staatlichen Handelns und Wertens sein.[276] Stellt man auf eine rein individuelle Funktion des Gesetzesvorbehaltes ab, so lässt sich kaum begründen, weshalb der Gesetzesvorbehalt einer freien und informierten Entscheidung des Einzelnen entgegen stehen sollte, will man nicht annehmen, die Bürger seien zu solchen Entscheidungen nicht in der Lage.[277] Eine solche Annahme aber widerspräche dem in den Grundrechten des Grundgesetzes zum Ausdruck kommenden Menschenbild eines autonomen Individuums. Ebenfalls zu holzschnittartig ist die pauschale Feststellung in umgekehrter Richtung, als höchst individueller Ausnahmetatbestand bedürfe die Einwilligung keiner gesetzlichen Regelung.[278]

Gegen die Beschränkung des Gesetzesvorbehaltes auf Zwangsmaßnahmen könnte man aber anführen, dass der Gesetzesvorbehalt neben seiner ursprünglichen, der Einwilligung nicht entgegenstehenden Funktion, den Einzelnen vor staatlichem Zwang zu schützen, im Laufe der Zeit eine staatsorganisationsrechtliche Funktion dazu gewonnen habe: die demokratische Garantie für das repräsentative System durch die Sicherung der Rolle des Parlamentes als politisches

---

271 So bei der Kontrolle der Post des Untersuchungshäftlings, siehe unten, E.

272 Simitis-Simitis, BDSG-Kommentar, § 4a, Rn 16 ff.; vgl. Gola/Schomerus, BDSG, § 4, Rn 16; Roßnagel-Holznagel/Sonntag, Datenschutzrecht, 4.8, Rn 1.

273 Schwabe, Grundrechtsdogmatik, S. 94; Amelung, Einwilligung, S. 24; Bleckmann, JZ 1988, 57 (61); ders., VerwArch 63 (1972), 404 (433); Pietzcker, Der Staat 1978, 527 (534, 537); Göldner, JZ 1976, 352 (355).

274 Thieme, DÖV 1988, 250 (251).

275 Siehe oben, B. III. 1.

276 Siehe oben, B. III. 2. a).

277 Ob sie es im Einzelfall sind, ist bei den Beschaffenheitsvoraussetzungen der Einwilligung zu untersuchen: siehe unten, C.

278 Spieß, Grundrechtsverzicht, S. 147.

Leitorgan.[279] Teils wird vorgeschlagen, die überindividuellen Zwecke des Gesetzesvorbehaltes von diesem zu trennen und als eigene Schranken zu prüfen. Der Gesetzesvorbehalt selbst wäre mit seiner verbleibenden rein individuellen Funktion dann keine Schranke der Einwilligungsfreiheit.[280] Wenn der Gesetzesvorbehalt gemäß Art. 20 Abs. 3 GG aber tatsächlich auch in einem überindividuellen Interesse besteht, so erscheint es sachgerechter, ihn selbst als Schranke der Einwilligungsfreiheit zu prüfen. Denn nur so wird deutlich, wie man die Schranke gegebenenfalls umgehen und Einwilligungen als wirksam ausgestalten kann: durch ein formelles Gesetz.

Die Rolle des Parlamentes als politisches Leitorgan bedarf allerdings weiterer Begründung. Kann diese nicht geleistet werden, handelt es sich lediglich um einen Selbstzweck, der die würdevolle Selbstbestimmung des Einzelnen durch die Macht der Mehrheit erstickt.[281] Warum sollte der demokratische Konsens nicht durch aktuellen Konsens im Einzelfall ersetzbar sein?[282] Schon vor fünfzig Jahren führte *Thieme* aus, die Einschaltung des formellen Gesetzgebers bedeute die Einschaltung der Willen aller. Dieser Mechanismus sei *„bei weitem nicht so einwandfrei wie die individuell erklärte Einwilligung“*, weil der wirkliche Wille der Wähler aufgrund verschiedener Umstände wie des freien Mandats der Abgeordneten häufig genug verfälscht werde.[283] Nun lässt sich diese Argumentation etwa mit dem Hinweis bezweifeln, dass im Parlament gegebenenfalls eine kenntnisreichere und daher sachgerechtere Behandlung des Themas möglich ist und dass hier bei der Entscheidung kein Ungleichgewicht wie zwischen dem einwilligenden Einzelnen und dem eingreifenden Staat besteht. Diese Gegenansicht gipfelt in der Feststellung, der Einzelne sei nicht hinreichend legitimiert und repräsentativ, um anstelle des Gesetzgebers Entscheidungen zu treffen.[284] Ihm fehle die „demokratische Kompetenz“.[285] Ob im Ergebnis das Parlament oder der Einzelne[286] im konkreten Fall eine rationalere Entscheidung treffen kann, ist von der besonderen Situation wie auch von den Charaktereigenschaften des betroffenen Menschen abhängig und daher nicht abstrakt bestimmbar. Es wird jedoch deutlich, dass die bloße Erwähnung der Führungsrolle des Parlamentes kein Schutzwall ist, der sämtliche Argumente für die Einwilligungsfreiheit ohne weiteres abwehrt. So erkennt auch *Amelung* als Befürworter einer solchen Funktion des Parlamentes an, dass jedenfalls eine konsequente Anwendung

---

279 Eppelt, Grundrechtsverzicht, S. 183; Amelung, Einwilligung, S. 66; Robbers, JuS 1985, 925 (929); Thieme, JZ 1964, 81 (82, 84).
280 Sachs, VerwArch 76 (1985), 398 (418).
281 Malacrida, Grundrechtsverzicht, S. 138, 145.
282 Illian, Verzicht, S. 58; Roßnagel-Holznagel/Sonntag, Datenschutzrecht, 4.8., Rn 3.
283 Thieme, DÖV 1956, 521 (523).
284 Koch, Verzicht, S. 179 f.; Schimpf, Vertrag, S. 204; Frieß, Verzicht, S. 201; Wilde, Verzicht, S. 93; Krüger, VVDStRL 15 (1957), 109 (122).
285 Schimpf, Vertrag, S. 205.
286 So: Eppelt, Grundrechtsverzicht, S. 193.

des Gesetzesvorbehaltes als Hindernis der Einwilligung in jedem Einzelfall zu weit führen würde.[287]

Welchen überindividuellen Zwecken nutzt also die politische Führungsrolle des Parlamentes, wenn schon nicht in jedem Fall eine rationalere Entscheidung garantiert wird? Zum einen ist die Wichtigkeit eines öffentlichen Diskurses für die Demokratie zu nennen.[288] Eine Gesellschaft setzt sich mit wichtigen Fragen im Regelfall nur dann auseinander, wenn – ob durch die Medien oder die Politik – das Thema Gegenstand einer öffentlichen Auseinandersetzung mit kontroversen Positionen ist. Eine parlamentarische Entscheidung gewährleistet eine öffentliche Diskussion über die zu entscheidenden Fragen – ein Vorzug, den eine Einwilligung, auch eine Vielzahl von Einwilligungen, nicht bietet.

Zudem ist durch die Rolle des Parlamentes als Leitorgan gewährleistet, dass die für die Entscheidungen über die Zulässigkeit von Einwilligungen Verantwortlichen von ihren Wählern direkt demokratisch legitimiert sind. Kurz: sie können bei falschen Entscheidungen abgewählt werden. Diese Möglichkeit entfällt bei staatsveranlassten (also: exekutivveranlassten) Einwilligungen. Um zu vermeiden, dass vom Staat Einwilligungen eingeholt werden, ohne dass die dafür Verantwortlichen abgewählt werden können, sollte daher jede Einwilligungsmöglichkeit vom Gesetzgeber vorgesehen werden müssen. Zu beachten ist allerdings, dass der Gesetzgeber auch dann abgewählt werden kann, wenn er es unterlässt, gegen die Exekutive, die Einwilligungen einholt, mit einem gesetzlichen Einwilligungsverbot vorzugehen. Ein solches Verbot wäre als Schranke der Einwilligungsfreiheit unproblematisch möglich. Folglich streitet die direkte demokratische Legitimierung des Parlamentes nicht unbedingt für die Erforderlichkeit einer gesetzlichen Regelung der Einwilligungsmöglichkeit. Demokratische Kontrolle kann auch bei staatsveranlassten Einwilligungen wirksam erfolgen.

Ein weiterer Vorteil einer gesetzlichen Regelung ist die Rechtssicherheit. Durch eine gesetzliche Regelung ist für jeden vorhersehbar, wie man sich selbst zu verhalten hat und wie sich andere verhalten werden. Auch eine Einwilligung ist freilich nur wirksam, wenn der Einzelne über die Reichweite ihrer Wirkung aufgeklärt wurde.[289] Sie wirft daher unter dem Gesichtspunkt der Rechtssicherheit keine großen Probleme auf.[290]

---

[287] Amelung, Einwilligung, S. 67; ebenso: Thieme, JZ 1964, 81 (82, 84 f.); vgl. auch: Spieß, Grundrechtsverzicht, S. 137, mit Hinweis auf die grundrechtliche Absicherung des „Verzichts".

[288] Eppelt, Grundrechtsverzicht, S. 187.

[289] Siehe unten, C. III.

[290] Ebenso: Eppelt, Grundrechtsverzicht, S. 187.

Man könnte freilich argumentieren, dass das Verfahren der Einholung einer Einwilligung grundrechtsrelevant und daher gesetzlich zu regeln sei. Die Verfahrensvorschriften könnten die Autonomie schützen und die Wirksamkeit der Einwilligungen sicherstellen. Doch unfreiwillig oder im Anschluss an ein unzureichendes Verfahren erteilte Einwilligungen entfalten ohnehin keine Wirksamkeit; für diese Feststellung bedarf es keiner expliziten gesetzlichen Regelung. Die Verfahrensanforderungen lassen sich zudem auch ohne gesetzliche Vorgaben aus dem Wesen der Einwilligung präzise bestimmen.[291] Es ist daher nicht erkennbar, weshalb diesbezüglich ein Gesetz erforderlich sein sollte.

Es bleibt daher als wesentlicher Vorzug des Gesetzes, dass ein öffentlicher Diskurs über das Thema eingeleitet wird. Somit stellt sich die Frage, wann dieser Vorzug gewichtig genug ist, dem Gesetzesvorbehalt die Funktion einer Schranke der grundrechtlich verankerten Einwilligungsfreiheit zu verleihen. Dabei dürfte es sich vor allem um Fragen handeln, bei denen die politische Führung in Frage steht.[292] Es wird angedeutet, dies sei beim Recht auf informationelle Selbstbestimmung nicht der Fall.[293] Man kann sich aber theoretisch durchaus einen Fall vorstellen, in dem die Exekutive auf der Grundlage von Einwilligungen Informationen zu erhalten versucht, die derart persönlich sensibel oder politisch bedeutend sind, dass der Erhalt einer Stärkung ihrer Machtposition dienen könnte. Daher kann man bezüglich der politischen Führung auch für dieses Grundrecht die Schrankenfunktion des Gesetzesvorbehaltes nicht von vorneherein ausschließen. Außerdem ist ein öffentlicher Diskurs vorzugswürdig, wenn der Einzelne auch nach vorbildlicher Aufklärung von der Komplexität der Situation überfordert sein könnte, wenn es sich also um ein derart kompliziertes Thema handelt, dass es durch Experten des Parlamentes fachkundig für die Öffentlichkeit aufbereitet werden sollte.

Es ist folglich zu klären, ob es sich im speziellen Fall bei der Einwilligung in die Speicherung in einer Datenbank um eine Frage der politischen Führung oder um eine solche, deren Tragweite ein Einzelner nicht alleine überschauen kann, handelt. Ersteres wäre zwar durchaus denkbar, wenn die Behörden versuchen würden, von jedem Bürger (auch von solchen, die sich nicht strafbar gemacht haben) eine Einwilligung zu erhalten. Dann könnte entgegen den gesetzlichen Vorgaben eine generelle Datenbank aller Bürger entstehen, die einen ersten Schritt in einen Überwachungsstaat darstellt, in dem problemlos auch Bewegungsabläufe politischer Gegner anhand ihrer DNA-Spuren nachgezeichnet

---

[291] Siehe unten, C.

[292] Zu diesem Ergebnis kommt auch: Thieme, JZ 1964, 81 (85).

[293] So liest sich jedenfalls die Zusammenschau von: Eppelt, Grundrechtsverzicht, S. 126 und 190; S. 126: beim Recht auf informationelle Selbstbestimmung bestehe eine „weitergehende Dispositionsmacht“. S. 190: die „Verzichtsfreundlichkeit“ eines Grundrechtes spiele für die Anwendbarkeit des Vorbehaltsprinzips eine Rolle.

werden können.[294] So lange das aber nicht der Fall ist, erscheint eine öffentliche Diskussion über die Zustimmung des Einzelnen zu seiner Speicherung nicht erforderlich. Auch eine Speicherung von Personen, bei denen die gesetzlichen Voraussetzungen nicht exakt vorliegen, erscheint diesbezüglich unbedenklich. Die Einwilligung in Eingriffe in das Recht auf informationelle Selbstbestimmung ist daher jedenfalls bei der Speicherung der DNA keine Frage der politischen Führung. Vorausgesetzt, der Betroffene wird entsprechend den bestehenden Voraussetzungen lückenlos aufgeklärt,[295] so ist dieser mit der Beurteilung der Situation und der Konsequenzen, die sich für ihn persönlich aus seiner Einwilligung ergeben, auch nicht überfordert. Folglich bedarf es jedenfalls für nicht flächendeckend veranlasste Einwilligungen keines öffentlichen Diskurses durch das Parlament. Ihnen steht mithin der Gesetzesvorbehalt nicht im Wege.

f) Der Vorrang des Gesetzes

aa) Allgemeine Auswirkungen des Vorrangprinzips

Im Rechtsstaatsprinzip gemäß Art. 20 Abs. 3 GG ist ebenso wie der allgemeine Gesetzesvorbehalt auch der Vorrang des Gesetzes verankert. Er besagt, dass die Entscheidungen des demokratisch direkt legitimierten parlamentarischen Gesetzgebers eine „rechtliche Mehrwertigkeit“ gegenüber allen anderen staatlichen Erscheinungsformen des Staatswillens haben,[296] dass also von einem Gesetz mit einer anderen Handlungsform nicht abgewichen werden darf. Nun können Einwilligungen in Grundrechtseingriffe von den Vorgaben der diese Sachverhalte regelnden Norm abweichen. Insbesondere bei einer von der Exekutive durch systematische Abfrage erlangten Vielzahl an Einwilligungen kommt es dann faktisch zu Maßnahmen unter anderen, geringeren Voraussetzungen, als der Gesetzgeber dies ursprünglich vorgesehen hatte. Bei § 81g StPO und § 2 DNA-IFG beispielsweise könnte in bestimmten Fallgruppen[297] die Voraussetzung der Negativprognose faktisch entfallen oder das Nicht-Vorliegen einer Anlasstat ignoriert werden.

Wie ist dieser Vorgang zu bewerten? Im Grunde kann man dazu im Einzelfall drei Positionen einnehmen. Erstens: man könnte vertreten, das Unterlaufen der zwingenden gesetzlichen Vorgabe durch die Exekutive sei ein Verstoß gegen das Gesetz und damit gegen den Vorrang des Gesetzes und letztlich auch gegen die Gewaltenteilung. Zweitens: man könnte anführen, dass gesetzliche Voraussetzungen allgemein nur für Zwangseingriffe gelten und daher beim Vorliegen einer Einwilligung mangels Einschlägigkeit nicht unterlaufen werden würden.

---

[294] Zur ausführlichen Begründung der Ablehnung eines solchen Vorhabens siehe unten, B. III. 2. f) bb).

[295] Siehe unten, C. III.

[296] Mayer, Verwaltungsrecht, S. 65.

[297] Siehe oben, A.

Drittens: man könnte behaupten, die gesetzliche Voraussetzung sei disponibel und könnte von den Beteiligten, etwa Behörde und Bürger, eigenmächtig verändert werden.

Man erkennt schnell, dass der zweite Weg dem dritten ähnelt, die Frage der Disponibilität formellen öffentlichen Rechts aber nicht explizit stellt, sondern pauschal von der geringst möglichen Wirkung von Gesetzen ausgeht. Die Annahme, dass Gesetze nur für Zwangseingriffe gelten, lässt sich angesichts der ordnungspolitischen Funktion[298] dieser Handlungsform nicht halten und verstellt in ihrer Undifferenziertheit darüber hinaus den Blick auf die unterschiedlichen Normen und ihre jeweiligen Funktionen. Folglich ist der zweiten Position nicht zu folgen.

Es ist zu klären, in welchen Fällen öffentliches Recht disponibel ist, ob eine Willenserklärung des Einzelnen also entgegenstehende Gesetze beiseite schieben kann.[299] Wenig hilfreich ist die These, öffentliches Recht sei im Zweifel wegen der dort bestehenden öffentlichen Interessen nicht disponibel,[300] denn die Aufgabe einer diesbezüglichen Untersuchung ist es gerade, zweifelhafte Fälle als solche zu identifizieren und einer Lösung zuzuführen. Auf jeden Fall spielen Interpretation und Zweck der Norm sowie die hinter ihr stehende Rechtsposition die entscheidende Rolle.[301]

So kann die Norm Rechtsgüter schützen, die nicht disponibel sind. Wenn das Gesetz im öffentlichen Interesse besteht, dürfte es dem Einzelnen verwehrt sein, die Voraussetzungen mit seiner Einwilligung zu verändern.[302] *Illian* hat dafür folgende Formel entwickelt: je stärker das Recht in die Verwirklichung gemeinschaftsorientierter Aufgaben eingebunden ist, je erheblicher die öffentlichen Interessen am Rechtsfortbestand sind, desto eher gibt es eine Grenze für die Dispositionsbefugnis des Einzelnen.[303] Diese Formel zeigt, dass nicht schon jedes marginale öffentliche Interesse der Einwilligung entgegenstehen muss.[304] Vielmehr findet an dieser Stelle eine Abwägung mit der grundrechtlich geschützten Einwilligungsfreiheit statt.[305] Da diese Freiheit vorliegend in Art. 2 Abs. 1 GG

---

[298] Meyer/Borgs-Meyer, § 54, Rn 52; Schimpf, Vertrag, S. 205.

[299] Stern, Staatsrecht III/2, § 86, S. 922; Schimpf, Vertrag, S. 202.

[300] Göldner, JZ 1976, 352 (356).

[301] Malacrida, Grundrechtsverzicht, S. 149; Wilde, Verzicht, S. 40; Baldus, Jura 1988, 573 (575); Sachs, VerwArch 76 (1985), 398 (410, 425); Pietzcker, Der Staat 1978, 527 (535).

[302] Illian, Verzicht, S. 60; Amelung, Einwilligung, S. 77; ders., Die Zulässigkeit der Einwilligung bei den Amtsdelikten, in: FS Dünnebier, S. 487 (497); vgl. im Strafrecht die fehlende Einwilligungsmöglichkeit des Gefährdeten bei § 315c StGB.

[303] Illian, Verzicht, S. 68.

[304] **So aber noch**: Leippert, Verzicht, S. 88. Seiner Ansicht nach sind subjektive öffentliche Rechte bereits dann unverzichtbar, wenn sie nicht nur Individualinteressen dienen.

[305] Stern, Staatsrecht III/2, § 86, S. 922 f.

verankert ist,[306] hat man jedes öffentliche Interesse in den Abwägungsvorgang einzustellen.[307]

bb) Abwägung bei der Speicherung der DNA

Wo sind bei § 81g StPO und § 2 DNA-IFG öffentliche Interessen zu finden? Zunächst dienen die Voraussetzungen der Normen dem zielgerichteten staatlichen Tätigwerden. Ressourcen wie der Arbeitsaufwand einer Zellentnahme und die Kosten einer Untersuchung[308] sollen nicht ohne Konzept verschwendet werden. Teure und zeitaufwändige Speicherungen, die nicht den Zielvorgaben des Gesetzgebers entsprechen, sollen folglich unterbleiben. Auch ist denkbar, die Datenbank möglichst überschaubar halten zu wollen, um effizient arbeiten zu können und vor allem bei den erst in einigen Jahren erstmals anstehenden Löschungsüberprüfungen den Arbeitsaufwand in Grenzen halten zu können. Dann wird neben dem Aktenstudium eine Überprüfung der Lebensführung der gespeicherten Person seit der Speicherung erforderlich sein. An den mit der Bewältigung dieser Aufgaben verbundenen Aufwand denkt man derzeit wohl nicht vorrangig, da die erste Gruppe von Überprüfungen erst noch ansteht.

Der Gesetzgeber hat in § 81g StPO detaillierte Regelungen geschaffen, die auch stets an den Forschungsstand angepasst werden. So hat er zuletzt unter anderem eine Studie der Universität Göttingen zur Rückfälligkeit von exhibitionistischen Straftätern zum Anlass genommen, eine DNA-Analyse bei Straftaten gegen die sexuelle Selbstbestimmung auch dann zu ermöglichen, wenn die Anlasstat nicht von erheblicher Bedeutung ist.[309] Diese fein justierten Stellschrauben sollen nicht nur für einen angemessenen Ausgleich zwischen den Grundrechten der Betroffenen und dem Interesse an effektiver Kriminalitätsbekämpfung sorgen.[310] Sie dienen zugleich der zielgerichteten Verwendung staatlicher Mittel.

Die dargestellte Funktion der Normen ist abzuwägen gegen die Einwilligungsfreiheit des Einzelnen. Dabei ist die Gewichtung der Einwilligungsfreiheit von der Motivation des Betroffenen abhängig.[311] Es ist zu untersuchen, ob die Einwilligung als Folgenabwägung im Sinne der Verhältnismäßigkeit den Weg zum geringeren Übel bereiten soll (eingriffsmildernde Einwilligung) oder nur aus

---

306 Siehe oben, B. III. 1.

307 Anders aufgrund der Verankerung der Freiheit im Allgemeinen Persönlichkeitsrecht: Spieß, Grundrechtsverzicht, S. 151.

308 Hombert, Massentest, S. 191, nennt als Kosten eines Tests je nach Qualität 100 – 500 €.

309 BtDrs 15/350, S. 3, 11.

310 Diesbezüglich wird im Fortlauf der Arbeit das Recht auf informationelle Selbstbestimmung als Schranke der Einwilligungsfreiheit noch isoliert untersucht, siehe unten, B. III. 2. h).

311 Quaritsch, Der Verzicht im Verwaltungsrecht und auf Grundrechte, in: FS Martens, S. 407 (410); zum Beurteilungskriterium Motivation siehe auch schon oben, B. III. 1. b).

möglicher Resignation und dem Interesse an der Verkürzung des Verfahrens gegeben wird. Jedenfalls wenn die Verfahrensverkürzung das einzige erkennbare Motiv des Einwilligenden ist, kommt der Einwilligungsfreiheit ein vergleichsweise geringes Gewicht zu.

Zu welcher Kategorie gehört die Einwilligung in Eingriffe gemäß §§ 81g StPO, 2 DNA-IFG? Welche autonome Motivation haben die Betroffenen, in Eingriffe dieser Art einzuwilligen? Auf den ersten Blick ist nicht ersichtlich, warum jemand die eigene DNA für eine lange, unbestimmte Zeit in einer Datenbank gespeichert sehen wollen sollte. Handfeste Vorteile wie etwa die Abwendung eines schon bestehenden Verdachtes oder die Zusage von Vergünstigungen im Strafvollzug bestehen nicht.

Dennoch gibt es im Schrifttum Ansätze, die hohe Zahl der Einwilligungserklärungen mit einem Eigeninteresse der Betroffenen zu erklären: die Speicherung diene der Resozialisierung.[312] Ein zukünftig bestehender Verdacht, etwa der einer Vergewaltigung, kann durch den Abgleich der DNA des Spermas mit den Profilen aus der Datenbank für die in die Datenbank eingestellten Personen frühzeitig ausgeräumt werden. Die Alternative bei einem konkreten Verdacht wäre, dass dann eben später eine Abgabe der DNA erfolgen müsste, die mit den Tatortspuren abzugleichen wäre. Zudem würde bis dahin ein Ermittlungsverfahren eingeleitet und es würden möglicherweise weitere Ermittlungsmaßnahmen durchgeführt.

Beeinträchtigt dieses Alternativszenario tatsächlich wesentlich die Resozialisierung? Von Seiten der Polizei oder der Staatsanwaltschaft könnte der Einzelne in einem solchen Fall massive falsche Anschuldigungen zu erwarten haben, die ihn zurück in einst gewohntes, mittlerweile aber verdrängtes oder verarbeitetes Rollenverhalten versetzen. Doch auch wenn der Betroffene sich Fragen, etwa nach seinem Alibi für eine bestimmte Zeitspanne, nicht mehr gefallen lassen möchte, so kann er doch die Beantwortung der Fragen mit dem freundlichen Hinweis verweigern, er stehe gerne für einen entlastenden DNA-Test zur Verfügung. Sobald der Verdacht so konkret ist, dass Anschuldigungen und andere Belästigungen des Strafverfahrens wirklich denkbar sind, kann ein Test der DNA gemäß §§ 81a Abs. 1, 81e Abs. 1 S. 1 StPO, der auch ohne anschließende Speicherung in der Datenbank möglich ist, Klarheit schaffen. Diesen kann der Einzelne auch anbieten, sobald er vom laufenden Ermittlungsverfahren informiert wird. Zwar ist einzuräumen, dass der Betroffene zuvor etwa heimlichen Ermittlungsmaßnahmen ausgesetzt sein kann. Allerdings hat der Gesetzgeber in den Materialien zu § 81 e StPO klargestellt, dass für die (einmalige) Untersuchung der DNA

---

[312] Sprenger/Fischer, NJW 1999, 1830 (1832, Fn 34): der Einzelne könnte für die Zukunft falsche Beschuldigungen ausschließen wollen. Auf die Entlastungsfunktion des Identifizierungsmusters weist auch hin: ThürOLG, StV 2001, 5 (6).

gemäß dieser Norm ausdrücklich keine besondere Einsatzschwelle überschritten sein muss: „Gerade die Möglichkeit, einen Beschuldigten mit Hilfe molekulargenetischer Untersuchungen sicher auszuschließen, kann es sachgerecht erscheinen lassen, diese Methoden in einem frühen Stadium des Ermittlungsverfahrens vor Ausschöpfung sonstiger Erkenntnismöglichkeiten anzuwenden, um so auf möglicherweise eingriffsintensivere Maßnahmen verzichten zu können."[313]

Womöglich will aber der Betroffene seinem Umfeld durch die freiwillige Speicherung signalisieren, dass er „kein Problem" damit hat, in der Datenbank zu stehen, weil er seine kriminelle Karriere als definitiv beendet ansieht und sich von Serientätern distanzieren will.[314] Doch werden in der Datenbank nur Menschen gespeichert, bei denen die Strafverfolgungsbehörden das Vorliegen einer Wiederholungsgefahr bejaht haben. Ein Eintrag der eigenen Daten in dieser Datenbank hat daher eher stigmatisierende Wirkung, als dass er entlastet.[315] Das durch die Einwilligung an das Umfeld gesandte Signal wäre folglich kontraproduktiv und der Resozialisierung nicht förderlich.

Ein im konkreten Verdachtsfall mangels Speicherung in der Datenbank erforderlicher Test könnte allerdings der Resozialisierung dadurch schaden, dass das Umfeld, welches sich der Betroffene neu aufgebaut hat, davon erfährt.[316] Es stellt sich allerdings die Frage, wie das geschehen soll. Löst man sich einmal von der jedenfalls für die Vielzahl der Fälle unrealistischen Vorstellung, dass ein Beschuldigter mit Blaulicht und Sirenen zur Entnahme seiner DNA auf das Polizeipräsidium gebracht wird, so bleibt vielleicht ein an den Einzelnen adressierter Brief, in dem dieser gebeten wird, seine DNA untersuchen zu lassen. Dieser ist durch das Briefgeheimnis gegen ein allzu neugieriges Umfeld geschützt. Wenn jemand auch einer anderen Person die Öffnung seiner Post gestattet, so ist das seine Entscheidung. Selbst wenn man dennoch insbesondere mit Blick auf ein härteres Vorgehen der Ermittlungsbehörden in den selteneren Fällen von Mord und sexuellem Missbrauch betont, es bleibe ein Risiko, dass die Reputation des Einzelnen in seiner Umgebung Schaden nehmen könne, wenn er zum DNA-Test gebeten wird, dann sollte man die Kehrseite der Speicherung nicht außer Acht lassen.

---

313 BtDrs 13/667, S. 6 f.; vgl. SK-Rogall, § 81e, Rn 6.

314 Kamann, StV 1999, 10.

315 Kamann, StV 1999, 10: „Die Körperzellentnahme wird gleichwohl als Zeichen eines allerletzten sozialen Abstiegs verstanden."; vgl. BVerwGE 26, 169 (171), das in der – *insoweit* vergleichbaren – erkennungsdienstlichen Behandlung gemäß § 81b Alt. 2 StPO eine Gefährdung für den „guten Ruf" des Betroffenen erblickt.

316 Fluck, NJW 2001, 2292 (2293), befürchtet, der neue Partner oder die Nachbarschaft könnten vom Vorleben erfahren, wenn ein Betroffener von der Polizei vorgeladen oder aufgesucht werde; **aA**: LR-Krause, § 81g, Rn 6; ders., DNA-Identitätsfeststellung gemäß § 81g StPO, § 2 DNA-IFG, in: FS Rieß, S. 261 (264): er führt aus, die „potentiell entlastende Wirkung" sei als „faktischer Reflex der Speicherung" ohne Relevanz.

Ergäben sich aus der Aufnahme in die Datenbank nämlich keine Gefahren für den Einzelnen und für den Rechtsstaat, so könnte man bedenkenlos für eine Datenbank plädieren, in der alle Bundesbürger gespeichert sind. Denn sie alle können potenziell zu Verdächtigen im Strafverfahren werden[317] und durch einen Abgleich der DNA schnell entlastet werden, so dass eine Speicherung ihnen allen eigentlich dienlich sein müsste. Brauchen wir also eine Gendatenbank für alle Bundesbürger, wie es in Island und Estland der Fall ist?[318] Diese nur „vordergründig plausible“[319] Argumentation übersieht neben verfassungsrechtlichen Bedenken[320] jedoch, dass eine Speicherung eines Tages dem Missbrauch womöglich krimineller, undemokratischer Machthaber ausgesetzt sein könnte.[321] Sie könnte einen ersten Schritt in einen Überwachungsstaat darstellen,[322] in dem problemlos auch Bewegungsabläufe politischer Gegner anhand ihrer DNA-Spuren nachgezeichnet werden können – von der möglichen missbräuchlichen vollständigen Untersuchung auch der codierenden Abschnitte der DNA und damit auch sensibler Persönlichkeitsmerkmale des Betroffenen einmal ganz zu schweigen.

Hombert sieht die Missbrauchsgefahr als gering an und verweist auf Verwertungsverbote als Abschreckung für übereifrige Ermittlungsbeamte.[323] Die Rechtsprechung nimmt jedenfalls bei aus den Grundrechten folgenden Verwertungsverboten jedoch in der Regel eine Abwägung der betroffenen Grundrechte mit dem Strafverfolgungsinteresse vor,[324] wobei letzteres zumindest bei schweren Straftaten zumeist überwiegt.[325] Da nach der Rechtsprechung des Bundesverfas-

---

317 Die Wahrscheinlichkeit ist für den „Normalbürger“ gar nicht so viel größer als bei den vorbestraften Personen, bei denen ein Richter das Vorliegen der Speicherungs-Voraussetzungen (unter anderem Negativprognose) verneinen würde.

318 Schulz, Krim. Journal 2001, 166 (168); ders., DuD 2001, 12 ff. allerdings mit dem Hinweis auf S. 18, dass die isländische Datenbank nicht für Zwecke der Strafverfolgung genutzt werden darf.

319 Lisken, KJ 25 (1992), 472 (478).

320 Hombert, Massentest, S. 187 ff., weist darauf hin, dass der Mensch, von dem das Grundgesetz ausgeht, ein unbescholtener Bürger ist. Nicht jedermann darf daher als potenzieller Rechtsbrecher behandelt werden. Datensammelung auf Vorrat sei zudem ein Verstoß gegen die Vorgaben des Volkszählungsurteils. Selbst Befürworter einer massiven Ausweitung der DNA-Kartei halten eine anlassunabhängige Erfassung für verfassungsrechtlich bedenklich: Wagner, ZRP 2004, 14 (15).

321 Lisken, KJ 25 (1992), 472 (478), warnt vor Sicherheit um jeden Preis und weist darauf hin, dass kriminellen Machthabern, die es in Zukunft einmal geben mag, mit einer solchen Datenbank ein machtvolles Unterdrückungsinstrument zur Verfügung stünde.

322 Antonow, JR 2005, 99 (102).

323 Hombert, Massentest, S. 61.

324 Fezer, Strafprozessrecht, Fall 16, Rn 19 m.w.N., allerdings mit dem Hinweis in Rn 20, dass die Abwägungslehre lediglich als methodischer Ansatz verfolgt wird; ders., Beweisverwertungsverbote, S. 14 f.; anders verhält es sich wohlgemerkt mit gesetzlich geregelten Verwertungsverboten wie § 136a StPO: hier darf nicht abgewogen werden.

325 Fezer, Beweisverwertungsverbote, S. 6.

sungsgerichtes nicht einmal Tagebuchaufzeichnungen dem nicht abwägbaren Kernbereich der Persönlichkeit unterfallen,[326] lässt sich eine solche Abwägung auch bei den codierenden Gendaten jedenfalls nicht sicher ausschließen. Das Bundesverfassungsgericht hat zu der Untersuchung der nicht-codierenden Daten ausgeführt: „Der (...) Kernbereich (...) ist nicht betroffen. Dies gilt jedenfalls, solange sich die Eingriffsermächtigung nur auf den nicht-codierenden (...) Teil der DNA bezieht."[327] Damit ist nicht gesagt, dass der Kernbereich im Umkehrschluss bei der Untersuchung der codierenden Daten stets betroffen ist. Auch die Fernwirkung eines Erhebungs- oder Verwertungsverbotes wird in der Regel abgelehnt.[328] Zur Annäherung an die materielle Wahrheit und Gerechtigkeit wird auch eine Gesetzesverletzung in Kauf genommen.[329] Die Folge der fehlenden dogmatischen Fundierung ist Rechtsunsicherheit.[330] *Dallmeyer* resümiert: „Entscheidend ist das Ergebnis und so entscheidet man im Ergebnis „von Fall zu Fall"".[331] Gerade angesichts der Möglichkeit, durch eine verbotene Beweiserhebung auch Hinweise zu erhalten, die aufgrund fehlender Fernwirkung verwertbar sind, ist nicht zu erwarten, dass Ermittlungsbeamte sich durch eventuelle Verwertungsprobleme vollständig von der fraglichen Ermittlungsmethode abhalten lassen. Zumindest bei Kapitalverbrechen dürften sie sich Chancen ausrechnen, mit ihren Erkenntnissen oder jedenfalls den daraus gewonnenen neuen Quellen zu einer Verurteilung beizutragen. Außerdem könnte die dargestellte Missbrauchsgefahr ohnehin in ein Szenario münden, in dem Verwertungsverbote – und überhaupt eine unabhängige Justiz – der Vergangenheit angehören.

Nun würde *Hombert* entgegnen, dass Missbrauchsgefahren nicht zur Verhinderung einer sinnvollen Untersuchungsmethode führen dürfen, sondern dass Missbrauch eben zu verhindern ist.[332] Es fragt sich allerdings, ob das immer möglich ist. Soweit darauf verwiesen wird, dass bei den Blutentnahmen im Rahmen einer Alkoholkontrolle derzeit Blutproben genommen werden, die ebenfalls Genmaterial enthalten, ohne dass es bisher zu Missbrauchsfällen gekommen sei,[333] lässt dieser Einwand zwei Punkte unberücksichtigt. Zum einen wird bei den Blutentnahmen im Rahmen einer Alkoholkontrolle das Genmaterial in der Regel nicht lange aufgehoben, während bei der molekulargenetischen Untersuchung die DNA zum Zwecke späterer Kontrolluntersuchungen tiefgefroren und für eine

---

326 BVerfGE 80, 367 (373 ff.).
327 BVerfGE 103, 21 (31).
328 Fezer, Strafprozessrecht, Fall 16, Rn 49 m.w.N.
329 Dallmeyer, Beweisführung, S. 233.
330 Fezer, Strafprozessrecht, Fall 16, Rn 21.
331 Dallmeyer, Beweisführung, S. 234.
332 Hombert, Massentest, S. 62.
333 Bosbach und Götzer im Plenarprotokoll der 154. Sitzung des Deutschen Bundestages vom 27.01.2005, zu finden ist das Protokoll im Internet unter folgender Adresse: *http://www.bundestag.de/bic/plenarprotokolle/pp/154/index.html.*

lange Dauer gelagert wird.[334] Der zeitliche Spielraum für einen Missbrauch ist daher unbegrenzt. Eine Untersuchung des codierenden Materials kann nicht ausgeschlossen werden.[335] Auch wenn von Seiten der Polizei betont wird, es bestehe kein Interesse an einer solchen Untersuchung,[336] so bleibt doch die Gefahr bestehen, dass eine Untersuchung in einem Einzelfall doch einmal interessant wird oder dass sich Dritte des Genmaterials bemächtigen Zum anderen ist das bisherige Ausbleiben von Missbrauchsfällen allgemein kein allzu schlagkräftiges Argument: es geht in solchen Fragen regelmäßig darum, Gefährdungslagen zu erkennen, bevor sich eine Gefahr realisiert.

Zudem sollte nicht in Vergessenheit geraten, dass die massenhafte Speicherung auch die Gefahr birgt, zu Unrecht verdächtigt zu werden. Dass es in der Datenbank zu Übereinstimmungen kommt, die auf einen nur vermeintlichen Täter hinweisen, entspricht nicht nur einem theoretischen Risiko.[337] So kann sich der Verdächtige zu einem anderen Zeitpunkt am Tatort aufgehalten haben oder seine DNA könnte durch Zwischenträger dorthin gelangt sein. Bei der Speicherung in der Datenbank hat man sich daher die Frage zu stellen: „Wem muten wir bei einer falschen Spur zu, dass er im Rechtsstaat faktisch seine Unschuld beweisen muss?“[338] Das LG München hat einen Mann wegen Vergewaltigung verurteilt, obwohl bei der Frau männliches Sperma gefunden wurde, das nicht mit seinem Gentyp übereinstimmte. Eine mögliche Erklärung dafür, dass dieser Umstand den Täter nicht entlasten konnte, wurde in der Urteilsbegründung wie folgt angegeben: der Mann könnte mit einer anderen Frau Verkehr gehabt haben, die wiederum mit einem anderen Mann Verkehr gehabt haben könnte. Dessen DNA könnte also durch den Vergewaltiger als Zwischenträger weitergegeben worden sein.[339] Ältere Beispiele benennen Probleme fehlender Aussagekraft der DNA

---

334 Diese – im Hinblick auf § 81g Abs. 2 StPO etwas überraschende (vgl. auch Antonow, JR 2005, 99 (100)) – Auskunft verdanke ich einem Gespräch mit Herrn Bratzke vom Zentrum für Rechtsmedizin in Frankfurt. Die Dauer der Aufbewahrung beträgt zwei Jahre.

335 So auch der Bundesbeauftragte für Datenschutz Peter Schaar, in: „Zurückhaltung ist geboten“, Debattenbeitrag in: Neues Deutschland vom 04.02.2005.

336 So der Bundesvorsitzende der Gewerkschaft der Polizei Konrad Freiberg, in: „DNA-Probe muss Normalität werden“, Debattenbeitrag in: Neues Deutschland vom 04.02.2005.

337 Ausführlich dazu: Krehl/Kolz, StV 2004, 447 (450); vgl. auch den Hinweis von Krawczyk/Schmidtke, DNA-Fingerprinting, S. 129, eine positive Identifikation sei nicht notwendig ein Schuldbeweis. Die Autoren weisen zudem auf S. 128 auf Missbrauchsgefahren durch Staat und Private hin; vgl. hierzu auch den 20. Tätigkeitsbericht des Bundesbeauftragten für den Datenschutz, S. 95, zu finden im Internet unter folgender Adresse : *http://www.bundesdatenschutzbeauftragter.de*.

338 Diese Formulierung stammt von Volker Beck in der Sendung „Sabine Christiansen“ vom 23.01.2005.

339 Taz vom 09.03. 2004, S. 7; das Phänomen „Fertilisation durch den Vorgänger“ wird in der Wissenschaft skeptisch beurteilt: der in der Vorhaut haften bleibende Samen eines anderen Mannes hätte in der Evolution dazu geführt, dass die Vorhaut längst ausgestorben wäre, taz vom 02.02.2005, S. 14. Dennoch handelt es sich um ein plastisches Beispiel für falsche DNA-Spuren.

etwa aufgrund von Inzest.[340] Angesichts solch massiver Bedenken spricht sich, soweit ersichtlich, derzeit niemand für die Einrichtung einer Datenbank für alle Bürger aus.[341] Vor allem ist der potenzielle Schaden für die Resozialisierung bei einer durch eine Übereinstimmung der Gendaten erfolgenden falschen Verdächtigung weit größer als es die Nebenwirkungen anderer Ermittlungshandlungen sein können.

Wie angesichts solcher Risiken ernsthaft begründet werden soll, die Speicherung der DNA diene der Resozialisierung eher, als dass sie ihr schade, ist nicht ersichtlich.

Dass die Betroffenen aus der anders gelagerten Motivation einwilligen, dem Staat bei der Aufklärung künftiger Straftaten per Ausschlussverfahren behilflich zu sein, ist fernliegend und kann ohne nähere Anhaltspunkte jedenfalls im Regelfall nicht angenommen werden. Daher kann in der Regel als einziger Zweck der Einwilligung in eine Speicherung der DNA die Beschleunigung des Verfahrens angenommen werden. Es handelt sich folglich nicht um eine eingriffmildernde Einwilligung. Die Einwilligung in die Speicherung der DNA hat daher ein geringes Gewicht in der Abwägung.

Bei der Speicherung der DNA sollen die gesetzlichen Voraussetzungen, wie bereits oben dargestellt, lediglich zu Gunsten der Finanzen und der Kapazität des Staates ein zielorientiertes Vorgehen sichern und sind daher nicht sehr hoch zu gewichten. Aber auch den nur der Beschleunigung des Verfahrens dienenden Einwilligungen kommt nur ein geringes Gewicht zu. Man könnte die widerstreitenden Belange als etwa gleichwertig einstufen. Dabei darf man nicht übersehen, dass auch Einwilligungen letztlich den Finanzen und der Kapazität des Staates dienen, indem das Erfordernis der Prüfung durch die vielbeschäftigten Ermittlungsrichter entfällt. Der gegen diese Feststellung vorgebrachte Einwand, der Richter müsse ohnehin den Sachverständigen bestimmen und könne daher nicht entlastet werden,[342] verkennt, dass die Beauftragung des Sachverständigen auch vom Staatsanwalt vorgenommen werden kann. Selbst wenn man das nicht für möglich hält, ist diese Beauftragung jedoch wesentlich unkomplizierter und we-

---

340 Ellermann/Opolka-Deutsch, Genomanalyse, S. 78 (82, mit Hinweis auf eine Ausgabe des Spiegel in Fn 12 auf S. 91).

341 Dies war auch das Ergebnis der Sendung „Sabine Christiansen“ vom 23.01.2005: Bayerns Innenminister Günther Beckstein und der Bundesvorsitzende der Gewerkschaft der Polizei Konrad Freiberg befürworteten zwar beide die Angleichung an die Regeln für den großen Erkennungsdienst gemäß § 81b StPO, verwahrten sich aber gegen die Vermutung, sie wollten jeden Bürger erfasst sehen. Freiberg: „Keiner will, dass man alle Menschen speichert.“ (vgl. auch: „DNA-Probe muss Normalität werden“, Debattenbeitrag in: Neues Deutschland vom 04.02.2005); Beckstein: „Dem unschuldigen Bürger will ich es (den „genetischen Fingerabdruck“, d. Verf.) nicht abnehmen. Wer das sagt, ist ein Verleumder.“

342 Graalmann-Scheerer, JR 1999, 453 (455).

niger arbeitsaufwändig als die sonst erforderliche Erstellung der Negativprognose.[343] Folglich wird der Richter entlastet. Es existiert gar die These, dass ohne Einwilligungen das gesamte politische System überanstrengt wäre.[344] So können Einwilligungen durchaus auch im öffentlichen Interesse erfolgen.[345] In der hier vorzunehmenden Abwägung, bei der auf der Gegenseite lediglich Effektivitätsinteressen stehen,[346] streitet dieser Gesichtspunkt letztlich für die Wirksamkeit von Einwilligungen. Da die anderen sich gegenüberstehenden Belange etwa gleichwertig sind, entscheidet dieses Argument gar die Abwägung.

cc) Andere vom Vorrang umfasste Schutzgüter

Es könnten indes auch andere öffentliche Interessen hinter den genannten Normen stehen. Auch das durch die Begrenzungen der Normen geschützte Recht auf informationelle Selbstbestimmung könnte der Einwilligung entgegen stehen. Ob rein personale Rechtsgüter, die durch eine Norm geschützt werden, unproblematisch eine Einwilligung zulassen,[347] ist aber ebenso gesondert zu klären wie ein am Bestand dieses Grundrechtes möglicherweise bestehendes öffentliches Interesse.[348]

g) Der Verhältnismäßigkeitsgrundsatz als Schranke

Aus dem Rechtsstaatsprinzip gemäß Art. 20 Abs. 3 GG folgt der Grundsatz der Verhältnismäßigkeit.[349] Seine Anforderungen sind das Vorliegen eines legitimen Zweckes für die Maßnahme, sowie ihre Geeignetheit, Erforderlichkeit und Angemessenheit (oder Proportionalität).[350] Fehlt eine dieser Voraussetzungen, so ist ein Grundrechtseingriff unverhältnismäßig und damit verfassungswidrig. An der Verhältnismäßigkeit besteht auch ein öffentliches Interesse, denn der an seine eigenen Regeln gebundene Rechtsstaat will unverhältnismäßige Entscheidungen stets vermeiden. Die Bedeutung dieses Grundsatzes bei der Einwilligung wird als gering angesehen.[351] Die Voraussetzungen der Verhältnismäßigkeit seien wesentlich aus der Sicht des Einzelnen zu bestimmen.[352] Wenn dieser einwil-

343 Vath, Fingerabdruck, S. 98.
344 Amelung, Einwilligung, S. 10, (m.w.N. in Fn 4).
345 Brüggemann, Verzicht, S. 23.
346 Wie ausgeführt, wurden das Recht auf informationelle Selbstbestimmung und der Richtervorbehalt zunächst noch ausgeklammert.
347 So: Stern, Staatsrecht III/2, § 86, S. 911.
348 Siehe unten, B. III. 2. h).
349 Sachs-Sachs, Art. 20, Rn 146 m.w.N.; Sturm, Probleme eines Verzichts auf Grundrechte, in: FS Geiger, S. 173 (186).
350 Sachs-Sachs, Art. 20, Rn 149 ff. m.w.N.
351 Stern, Staatsrecht III/2, § 86, S. 921; vgl. aber auch Bleckmann, JZ 1988, 57 (62).
352 SK-Rogall, § 81a, Rn 17; Amelung, Einwilligung, S. 62; vgl.: Hombert, Massentest, S. 143, der für eine restriktive Auslegung des Grundsatzes der Verhältnismäßigkeit eintritt.

lige, könne man ihm wohl kaum unterstellen, er finde die Maßnahme etwa unangemessen.[353]

Für die Voraussetzung der Angemessenheit trifft zu, dass die subjektive Einschätzung des Betroffenen, die Maßnahme sei angemessen, ihre positive Beurteilung indiziert. Typischerweise erfolgt die Prüfung der Angemessenheit durch eine Abwägung des Nutzens für den verfolgten Zweck einerseits und der Nachteile für den Einzelnen durch die Grundrechtsbeeinträchtigung andererseits. Willigt der Einzelne ein, so signalisiert er, dass aus seiner Sicht seine persönlichen Nachteile nicht schwerwiegend genug sind, um die Vorteile aufzuwiegen. Insofern erscheint es denklogisch schwierig, einen Eingriff, in den der Betroffene eingewilligt hat, als unangemessen zu bezeichnen.

Gleiches gilt für die Kategorie Erforderlichkeit. Mit einer Einwilligung gibt der Einzelne zu erkennen, dass die Maßnahme für ihn das mildeste Mittel darstellt.[354] So legitimiert das Prinzip der Erforderlichkeit auch eingriffsmildernde Einwilligungen, die ausgesprochen werden, um nicht einen noch härteren staatlichen Eingriff hinnehmen zu müssen. Es geht dann um Einwilligungen in das „Wie“, nicht in das „Ob“ des Eingriffes.[355]

Die anderen Voraussetzungen der Verhältnismäßigkeit sind jedoch objektiverer Natur, da bei ihnen eben nicht die Nachteile für den Einzelnen in die Bewertung einfließen, sondern im Gegenteil der Zweck des Staatshandelns und seine Realisierbarkeit auf dem Prüfstand stehen. So ist eine Maßnahme ohne legitimen Zweck willkürlich, woran auch die Einwilligung des Betroffenen nichts ändern kann.[356] Auch eine zur Erreichung des Zweckes ungeeignete Maßnahme wird nicht dadurch geeignet, dass der Einzelne in sie einwilligt.[357] Denn der Wunsch des Betroffenen, die Maßnahme möge zur Zweckerreichung geeignet sein, ändert nichts daran, dass die Maßnahme objektiv das Ziel nicht fördern kann.

Der Verhältnismäßigkeitsgrundsatz kann in Fällen des Fehlens einer der ersten beiden Voraussetzungen folglich trotz vorliegender Einwilligung die Verfassungswidrigkeit des Eingriffes begründen und stellt daher eine Schranke der Einwilligungsfreiheit dar.[358]

---

353 Sprenger/Fischer, NJW 1999, 1830 (1832).

354 Amelung, StV 1985, 257 (259).

355 Hombert, Massentest, S. 136, stellt eingriffsmildernde Einwilligungen gesetzesvertretenden Einwilligungen gegenüber. Erstere beeinflussen das „Wie“, letztere das „Ob“ des Eingriffs; Eppelt, Grundrechtsverzicht, S. 55; Amelung, Einwilligung, S. 105.

356 Malacrida, Grundrechtsverzicht, S. 128.

357 Hombert, Massentest, S. 141; offenbar **aA**: SK-Rogall, § 81a, Rn 17.

358 Eppelt, Grundrechtsverzicht, S. 194; wohl ebenso: Sturm, Probleme eines Verzichts auf Grundrechte, in: FS Geiger, S. 173 (186 f.). Nur bei ungleicher Verhandlungsmacht: Bleckmann, JZ 1988, 57 (60, 62) **aA**: Spieß, Grundrechtsverzicht, S. 155, der das Prinzip mehr als Abwägungsmedium denn als Schranke ansieht.

Gerade hinsichtlich Zweck und Geeignetheit der Maßnahme gibt es einen großen Beurteilungsspielraum der jeweils handelnden Organe. Nur bei offensichtlicher Ungeeignetheit ist eine Maßnahme im verfassungsrechtlichen Sinne ungeeignet. Daher ist der eingangs erwähnten Einschätzung, die praktische Bedeutung des Verhältnismäßigkeitsgrundsatzes als Schranke der Einwilligungsfreiheit sei gering, grundsätzlich beizupflichten.

Für die Fälle, die konkret § 81g StPO oder § 2 DNA-IFG betreffen, lässt sich ein legitimer Zweck mit der künftigen Aufklärung von Straftaten allerdings nicht stets bejahen. Zweck der Normen ist grundsätzlich die antizipierte Repression.[359] Es geht um die Vorratsbeschaffung von Daten, um künftige Straftaten schnell und effizient aufklären zu können. Ein solcher Aufklärungsbedarf besteht allerdings lediglich in solchen Fällen, in denen eine Negativprognose erstellt wird. Wo es an der Wiederholungsgefahr im Einzelfall fehlt, entfällt der Zweck der vorbeugenden Verbrechensbekämpfung. Zwar könnte man anführen, dass jeder Eintrag in der Datei die Möglichkeit auf Treffer bei späteren Suchen erhöht. Doch mit dieser Logik ließe sich auch der Aufbau einer sämtliche Bürger umfassenden Datenbank rechtfertigen.[360] Zu der erkennungsdienstlichen Behandlung gemäß § 81b Alt. 2 StPO schrieb schon *Gusy*: „Je größer die Zahl der vorhandenen erkennungsdienstlichen Datensätze, desto größer ist demnach die Chance, dass in späteren Ermittlungsverfahren daraus Rückschlüsse erlangt werden können. (...) Den höchsten Aussagewert hätte ein Erkennungsdienst, in welchem Daten über sämtliche Personen gespeichert sind, die sich im Inland aufhalten."[361] Je mehr Speicherungen vorgenommen werden, desto mehr Treffer dürften künftig vorliegen. Ein solches Projekt kommt aber, wie dargestellt,[362] nicht in Frage und ist gemäß § 81g StPO auch nicht gesetzgeberisch als Zweck der Maßnahme vorgesehen. Es kann durchaus ein Zweck sein, so viele Daten wie möglich in die Datenbank aufzunehmen; nur wäre dies eben kein legitimer Zweck.

Auch § 81b Alt. 2 StPO, der Maßnahmen zum Zwecke der erkennungsdienstlichen Behandlung ohne das explizite Erfordernis einer Negativprognose ermöglicht, hat nicht den Zweck, so viele Daten wie möglich zu sammeln.[363] Die Durchführung der erkennungsdienstlichen Behandlung und die spätere Aufbe-

---

359 Volk, NStZ 1999, 165 (167); siehe zu § 81b StPO auch schon Gusy, VerwArch 84 (1993), 441 (449).

360 Vgl. Hilger, Vor(feld)ermittlungen / Datenübermittlungen, in: FG Hilger, S. 11 (29): „Dieser (legitime) Zweck (der vorsorgenden Bereitstellung sächlicher Hilfsmittel) würde am besten gefördert, wenn solche Daten von der gesamten Bevölkerung vorlägen."; vgl. auch Antonow, JR 2005, 99: „Die Wahrscheinlichkeit eines Treffers hängt dabei von der Größe und damit Vollständigkeit der Datenbank ab.".

361 Gusy, VerwArch 84 (1993), 441 (451 f.).

362 Siehe oben, B. III. 2. f) bb).

363 **Vgl. aber**: Gusy, VerwArch 84 (1993), 441 (451 f.), der davon ausgeht, der Zweck sei eine „möglichst umfassende und vollständige Erfassung".

wahrung der Unterlagen sind nicht unbeschränkt zulässig. Nach dem Menschenbild des Grundgesetzes ist nicht jeder Mensch ein potenzieller Rechtsbrecher. So darf nicht jeder, der sich „irgendwie verdächtig gemacht hat", erkennungsdienstlich behandelt werden. Eine solche Praxis „widerspräche den Prinzipien des freiheitlichen Rechtsstaates."[364] Auch bei § 81b Alt. 2 StPO ist die Maßnahme ohne Anhaltspunkte für spätere strafrechtliche Taten nicht gerechtfertigt.[365] Es muss Anhaltspunkte für die Annahme geben, der Betroffene sei künftig „mit guten Gründen" in den Kreis der Verdächtigen einzubeziehen.[366] Tatsachen und konkrete Hinweise müssen die Prognose absichern.[367] Die Anordnung zur erkennungsdienstlichen Untersuchung darf nicht an beliebige Tatsachen anknüpfen.[368] Abzustellen ist, ähnlich wie bei der Gefahrprognose gemäß § 81g Abs. 1 StPO, auf die begangenen Taten, die seitdem vergangene Zeit sowie auf sonstige kriminalistische Erkenntnisse.[369] Wenngleich beklagt wird, der Begriff der „Wiederholungsgefahr" werde in diesem Zusammenhang zu weit ausgedehnt,[370] so wird doch deutlich, dass ohne eine solche Gefahr jedenfalls eine erkennungsdienstliche Behandlung nicht zu rechtfertigen ist. Dementsprechend werden nur 12 bis 14 % aller Beschuldigten erkennungsdienstlich behandelt.[371]

Der Zweck der antizipierten Repression ist vorliegend besonders eng begrenzt auf die Speicherung der DNA der Personen, bei denen tatsächlich die Gefahr besteht, dass gegen sie erneut ein Verfahren wegen einer Tat gemäß § 81g Abs. 1 StPO zu führen sein wird. Wo eine Negativprognose nicht vorliegt, besteht mithin kein legitimer Zweck für die Speicherung der Daten. Die molekulargenetische Untersuchung und Speicherung ist dann trotz des Vorliegens einer Einwilligung unverhältnismäßig.

Die Einwilligungsfreiheit ist dann gegen die Durchführung eines unverhältnismäßigen Eingriffes abzuwägen. Wie dargestellt,[372] hat die rein verfahrensverkürzende Einwilligung ein geringes Gewicht in der Abwägung. Vor allem in der vorliegenden Konstellation wird bei einer solchen Einwilligung von den Betrof-

---

364 BVerwGE 26, 169 (170 f.); VGH München, NJW 1984, 2235 (2237); OVG NW, DÖV 1983, 603 (604); VG Freiburg, NJW 1980, 901 (902); vgl. Apel/Eisenhardt, StV 2006 (erscheint demnächst) , S. 1 f. des Umdrucks.

365 BVerwGE 26, 169 (171); vgl. den 20. Tätigkeitsbericht des Bundesbeauftragten für den Datenschutz, S. 97, zu finden unter: *http://www.bundesdatenschutzbeauftragter.de.*

366 BVerwGE 66, 193 (199); 202 (205); BVerwG, NJW 1989, 2640; VGH Mannheim, NJW 1987, 2762 und 3022.

367 VGH München, NJW 1984, 2235 (2237); HessVGH, ESVGH 33, 83 (84).

368 BVerwG, DÖV 1990, 117.

369 BVerwGE 26, 169 (172).

370 Gusy, VerwArch 84 (1993), 441 (455).

371 Übereinstimmend: Bosbach und Zypries im Plenarprotokoll der 154. Sitzung des Deutschen Bundestages vom 27.01.2005, zu finden im Internet unter folgender Adresse: *http://www.bundestag.de/bic/plenarprotokolle/pp/154/index.html*;

372 Siehe oben, B. III. 2. f) bb).

fenen faktisch verlangt, dass sie sich selbst eine Gefahrprognose stellen, also den Behörden mitteilen, dass sie von sich erwarten, zukünftig wieder Straftaten zu begehen. Eine solche Eigenprognose kann ein Einzelner nicht widerspruchsfrei leisten: wer tatsächlich weitere Straftaten begehen will, wird dem Staat nicht bei der eigenen Überführung helfen wollen. Und wer den Vorsatz gefasst hat, sich künftig zu bessern, kann sich selbst keine Negativprognose erstellen.[373] Dagegen ist das öffentliche Interesse daran, dass der Rechtsstaat keine Maßnahmen ohne legitimen Zweck vornimmt, hoch zu veranschlagen. Es ist gerade das Kennzeichen eines Rechtsstaates, dass Handlungen und insbesondere Eingriffe in Grundrechte der Bürger nur zur Verfolgung eines legitimen Zweckes und unter Beachtung der übrigen Voraussetzungen der Verhältnismäßigkeit erfolgen dürfen. Dieser zweite Aspekt setzt sich somit in der Abwägung durch. Der Möglichkeit zur Einwilligung sind in diesen Fällen folglich Grenzen gesetzt.[374]

Die Frage der Geeignetheit stellt sich bezüglich der Anlasstat bei Fallgruppen wie der Betäubungsmittelkriminalität oder den Delikten, die sich den Gesetzgebungsmaterialien entnehmen lassen: §§ 154, 183 und 187 StGB.[375] Wenn sich die gestellte Negativprognose darauf beschränkt, dass erneut lediglich Taten wie die genannten Anlasstaten zu befürchten sind, ist schwer erkennbar, wie die Speicherung der Gendaten zur Aufklärung künftiger Taten dieser Art dienen soll. Einige Gerichte haben darüber hinaus Speicherungen der DNA etwa bei der Betäubungsmittelkriminalität mit dem Hinweis abgelehnt, die Überführung auf diesem wie auch auf bestimmten anderen Gebieten erfolge nur äußerst selten über Identifizierungsmaterial. Die Speicherung der Daten sei daher ungeeignet oder nicht erforderlich zur künftigen Aufklärung von Straftaten.[376] Dem ist für den Bereich der Betäubungsmittelkriminalität entgegengehalten worden, dass Konstellationen denkbar sind, in denen etwa ein Versteck von Betäubungsmitteln auf Spuren untersucht wird. Dass bisher die Überführung meist anders erfolge, liege auch daran, dass die Datenbank zuvor noch nicht richtig aufgebaut gewesen sei.[377] Schon solche nicht völlig abwegigen Argumente bewirken, dass eine offensichtliche Ungeeignetheit der Maßnahme nicht in Frage kommt. Für Aussage- und Beleidigungsdelikte bleibt aber festzustellen, dass die Speicherung der DNA des Täters zur Zweckerreichung ungeeignet ist. Dabei ist, wie

373 Roßnagel-Dembowski, Datenschutzrecht, 8.1, Rn 43; Waizfeld/Kühn, DuD 2001, 444; Rinio, JR 2001, 168 f.; 7. Tätigkeitsbericht des Landesbeauftragten für den Datenschutz Brandenburg 1998, 4.1.3 (siehe *www.lda.brandenburg.de*).

374 Ebenso Vath, Fingerabdruck, S. 100; Busch, StraFo 2002, 46 (49) mit Hinweis auf die Ablehnung unverhältnismäßiger Maßnahmen durch den Richter bei §§ 81a, 114 ff. StPO.

375 BtDrs 13/10791, S. 5; vgl. König, Kriminalistik 1999, 325 (326).

376 LG Zweibrücken, StV 2003, 155; AG Kaiserslautern, StV 2000, 72 f.; LG Koblenz, StV 1999, 141; ebenso: Rittershaus, StV 2000, 609 (610); für den Anstifter mit der gleichen Argumentation: LG Berlin, StV 1999, 590; nach „Art des Delikts" differenzierend und auf den Meineid hinweisend: ThürOLG, StV 1999, 640 f.; gegen die Geeignetheit bei der Hehlerei: OLG Köln, StV 2004, 640.

377 LG Waldshut-Tiengen, StV 2001, 10 f.; ebenso: Fluck, Kriminalistik 2000, 479 (482).

eben dargestellt, auf die künftig erwartete Tat, nicht aber auf die begangene Anlasstat abzustellen:[378] wenn der Anfall von Spurenmaterial bei der späteren Begehung einer anderen Tat erwartet wird, ist die Maßnahme jedenfalls nicht deshalb ungeeignet, weil es sich bei der Anlasstat um ein Aussagedelikt handelt.[379]

h) Die Grundrechte als Schranke

Willigt der Betroffene in Eingriffe in bestimmte Grundrechte ein, so verwirklicht er damit nicht nur seine grundrechtlich geschützte Freiheit zur Einwilligung, sondern ermöglicht auch einen Eingriff in seine Grundrechte, der ohne diese Einwilligung gegebenenfalls nicht oder nur aufgrund einer Anordnung durch den Ermittlungsrichter möglich wäre. Wenn man davon ausgeht, dass Grundrechte rein subjektive Funktionen haben, ergibt sich aus dieser Folge keine Beschränkung der Einwilligungsfreiheit. Schließlich wurde bereits festgestellt, dass der Mensch lediglich in besonderen Fallkonstellationen vor sich selbst zu schützen ist.[380] Anders liegt der Fall, wenn man zu der Ansicht gelangt, dass Grundrechte nur oder zumindest auch objektive Funktionen haben und daher aus sich heraus unverfügbar sind. Die Freiheitsrechte, so wird gewarnt, gerieten dann allerdings von der Wohltat zur Plage. Sie würden sich als „Danaergeschenk" erweisen.[381] Die Behauptung, an Grundrechten hänge ein öffentliches Interesse,[382] lässt sich mit dem sparsamen Wortlaut oder der Systematik der Grundrechtsnormen alleine nicht belegen. Ebenso steht es mit der Feststellung, jedes Freiheitsrecht enthalte eine Rechtspflicht zum richtigen Gebrauch.[383] Man nähert sich der Frage nach der Schrankenfunktion der Grundrechte somit am besten durch eine Positionierung auf dem Feld der Grundrechtsdogmatik und der Grundrechtstheorien.[384]

aa) Grundrechte als negative Kompetenznormen

Teils werden Grundrechte als negative Kompetenznormen für den Staat angesehen. Grundrechtsteil und „organisatorischer Teil" der Verfassung könnten nicht

---

378 SK-Rogall, § 81g, Rn 39.

379 Messer/Siebenbürger, in: Vordermayer/von Heintschel-Heinegg, Handbuch für den Staatsanwalt, S. 109 f.

380 Siehe oben, B. III. 2. a).

381 Sternberg-Lieben, Einwilligung, S. 23; Arzt, Willensmängel, S. 42.

382 BVerwGE 14, 21 (25); Häberle, Öffentliches Interesse, S. 355 f., 710; ders., AöR 95 (1970), 86 (112); Nebendahl/Rönnau, NVwZ 1988, 873 (876); Bussfeld, DÖV 1976, 765 (771); Sturm, Probleme eines Verzichts auf Grundrechte, in: FS Geiger, S. 173 (197); **aA**, wenngleich auch Ausnahmen anerkennend: Sternberg-Lieben, Einwilligung, S. 42 ff.

383 Imboden-Geiger, S. 9 (19); kritisch dazu u.a. Hombert, Massentest, S. 135.

384 Eppelt, Grundrechtsverzicht, S. 92; Spieß, Grundrechtsverzicht, S. 192; Koch, Verzicht, S. 62, 77; Donner/Simon, DÖV 1990, 907 (916); Pietzcker, Der Staat 1978, 527 (540); Bussfeld, DÖV 1976, 765 (769).

voneinander getrennt werden.[385] Diese staatsorganisationsrechtliche Einordnung der Grundrechte wirft die Frage auf, ob der Einzelne mit seiner Einwilligung in die Organisation des Staates eingreifen kann.[386] Der Mensch ist jedoch nicht um des Staates willen da – umgekehrt dient der Staat wie auch seine Organisation dem Menschen, so dass die Staatsorganisation als Selbstzweck keine Grundrechtsbeschränkung wie die der Einwilligungsfreiheit zu rechtfertigen vermag.[387] Der Hinweis auf die Funktion der Grundrechte als negative Kompetenznormen deckt sich zudem im Ergebnis mit der Frage, ob die speziellen Gesetzesvorbehalte eine Schranke der Einwilligungsfreiheit darstellen. Diese wurde bereits verneint.[388]

bb) Die liberale Grundrechtstheorie

Diese Theorie sieht die Grundrechte als Freiheitsrechte des Einzelnen gegenüber dem Staat an, die durch den Staat nicht erst konstituiert werden, sondern diesem vorausliegen.[389] Hinter dieser Ansicht steckt ein Ausgrenzungsdenken: es geht um die Schaffung von Reservaten bürgerlichen Beliebens ohne staatlichen Zugriff.[390] Öffentliche Wirkungen der Grundrechte mag es geben – sie werden zugunsten der Freiheitsgewährleistung aber nicht bei der Bestimmung der Grenzen der Grundrechte beachtet.[391] Freiheit ist danach Freiheit wovon und nicht Freiheit wozu.[392] Da die tatsächliche Realisierung der Freiheit der individuellen oder gesellschaftlichen Initiative vorbehalten bleibt, wird dieser Theorie eine Blindheit gegenüber den sozialen Voraussetzungen vorgeworfen. Freiheitssicherung müsse heute auch gegenüber gesellschaftlicher Macht erfolgen.[393]

Nach dieser Theorie ist es allein dem Einzelnen überlassen, durch eine Einwilligung über grundrechtliche Schutzpositionen zu verfügen.[394] Die Grundrechte sind keine Schranke der Einwilligungsfreiheit.

---

385 Müller/Pieroth, Freiheitsrechte, S. 35.

386 Müller/Pieroth, Freiheitsrechte, S. 36; Sturm, Probleme eines Verzichts auf Grundrechte, in: FS Geiger, S. 173 (192).

387 BVerfGE 21, 362 (372): „Auch die Ordnung innerhalb der Staatsorganisation (...) muss auf diesen Mittelpunkt (der sich frei entfaltenden Persönlichkeit) ausgerichtet sein."; Eppelt, Grundrechtsverzicht, S. 93 f.; Koch, Verzicht, S. 71 f.; Amelung, Einwilligung, S. 48; Nawiasky, Grundgedanken, S. 18.

388 Siehe oben, B. III. 2. e) bb).

389 Böckenförde, NJW 1974, 1529 (1530).

390 Sturm, Probleme eines Verzichts auf Grundrechte, in: FS Geiger, S. 173 (193).

391 Böckenförde, NJW 1974, 1529 (1531).

392 Bethge, JA 1985, 249 (252 m.w.N. in Fn 56).

393 Eppelt, Grundrechtsverzicht, S. 62 f.; Spieß, Grundrechtsverzicht, S. 78; Koch, Verzicht, S. 80; Böckenförde, NJW 1974, 1529 (1531 f.).

394 Spieß, Grundrechtsverzicht, S. 192; Wilde, Verzicht, S. 83; Bussfeld, DÖV 1976, 765 (771).

cc) Die institutionelle Grundrechtstheorie

Diese Theorie misst den Grundrechten, auch den Freiheitsrechten, den Charakter objektiver Ordnungsprinzipien bei. Freiheit ist nach ihr nicht Freiheit schlechthin, sondern auf bestimmte Ziele hinorientierte „objektivierte" Freiheit.[395] Die Hervorhebung von Instituten kann auch der Verstärkung der Geltungskraft der Grundrechte als Individualrechte dienen.[396] Da die Institute zumeist durch Gesetze ausgestaltet werden, besteht aber die Gefahr, dass Grundrechte lediglich im Rahmen der Gesetze Bedeutung erlangen können.[397]

Nach dieser Theorie beschädigt eine Einwilligung in einen Grundrechtseingriff die durch dieses Grundrecht institutionell geschützte Ordnung. Tendenziell steht die Theorie daher der Einwilligung entgegen.[398] Nach ihr können die Grundrechte eine Schranke der Einwilligungsfreiheit darstellen.

dd) Die Werttheorie der Grundrechte

Hier werden Grundrechte als grundlegende Gemeinwerte, als oberste, einer Relativierung entzogene Prinzipien der Rechtsordnung angesehen,[399] die den Charakter objektiver Normen haben. Freiheit ist lediglich Freiheit zur Verwirklichung dieser Werte.[400] Wie bei der institutionellen Theorie kommt es also zu einer Verobjektivierung und inhaltlichen Ausrichtung grundrechtlicher Freiheit.[401] Gibt man der Werttheorie allerdings liberalen Inhalt, soll kein Unterschied zur liberalen Theorie bestehen.[402] Diese Feststellung überzeugt nicht: auch die Versagung einer Freiheitsbetätigung in einem Einzelfall kann in der Summe den Wert der Freiheit stärken. So kann etwa mittelbarer Zwang für Dritte durch eine Präzedenzwirkung der Handlung des Einzelnen vermieden werden. Kritisch wird der Theorie entgegengehalten, dass mangels rationaler Begründung für Werte und eine Wertehierarchie anderweitig getroffenen Abwägungsentscheidungen durch sie nur ein rationaler Schein verliehen wird, ein eigenes rational nachvollziehbares Ergebnis dieser Lehre aber ausbleibe.[403]

---

395 Böckenförde, NJW 1974, 1529 (1532); **aA**: Littwin, Grundrechtsschutz, S. 167.

396 Krebs, Jura 1988, 617 (623).

397 Koch, Verzicht, S. 86 (m.w.N. in Fn 1 und 2).

398 Spieß, Grundrechtsverzicht, S. 200; Bussfeld, DÖV 1976, 765 (771); **aA**: Littwin, Grundrechtsschutz, S. 167.

399 Hesse, EuGRZ 1978, 427 (432).

400 Schimpf, Vertrag, S. 215; Böckenförde, NJW 1974, 1529 (1533).

401 Böckenförde, NJW 1974, 1529 (1533).

402 Hillgruber, Schutz, S. 126 ff., 130: Die Lehre von der „objektiven Werteordnung" bezweckt die „Verstärkung der Geltungskraft der Grundrechte (...) *als subjektive Abwehrrechte.*" (Hervorhebung dort); Alexy, Theorie, S. 512; vgl. auch Vollmer, Genomanalyse, S. 121.

403 Böckenförde, NJW 1974, 1529 (1534).

Die Auswirkungen dieser Theorie sind ähnlich wie die der institutionellen Theorie: eine Einwilligung beschädigt die durch dieses Grundrecht verkörperten Werte. Tendenziell kann die Theorie daher der Einwilligung entgegen stehen.[404] Nach ihr können die Grundrechte eine Schranke der Einwilligungsfreiheit darstellen.

ee) Die demokratisch-funktionale Grundrechtstheorie

Diese Lehre nimmt die öffentliche und politische Funktion der Grundrechte in den Blick. Sie betont den besonderen Rang des politisch motivierten Freiheitsgebrauchs.[405] Demokratische Willensbildung und Staatshervorbringung sind danach die vornehmlichen Ziele der Gewährung grundrechtlicher Freiheiten.[406] Diese haben folglich staatskonstitutive Bedeutung.[407] Auch hier handelt es sich um eine Objektivierung der Rechte. Die Freiheit wird funktionalisiert; sie wird zur „Freiheit um zu".[408] Warnend wird darauf hingewiesen, dass die Demokratie die Autonomie nicht völlig überlagern kann, weil die Abwehrfunktion die primäre Aufgabe der Grundrechte sei.[409] Sonst bestehe die Gefahr der Beschränkung privater Freiheit.[410] Soweit allerdings behauptet wird, die Annahme gemeinwohlerforderlicher Grenzen von Freiheitsrechten greife grundsätzlich in das Gedankengut autoritärer Gesellschaftsauffassungen über,[411] geht diese pauschalisierende Kritik zu weit.

Eine Einwilligung in eine Freiheitsbeschränkung schadet folglich dieser Funktion der Freiheit. Auch die demokratisch-funktionale Grundrechtstheorie führt mithin zu einer Schrankenfunktion der Grundrechte.

ff) Die sozialstaatliche Grundrechtstheorie

Diese Theorie will verhindern, dass grundrechtliche Freiheit mangels Realisierbarkeit zur leeren Form wird, und erweitert daher die Funktion der Grundrechte um die Gewährleistung auch sozialer Freiheit. So vermitteln die Grundrechte auch soziale Leistungsansprüche an den Staat.[412] Sie sind Lebenschance und Garant faktischer, tatsächlicher Freiheit.[413] Ohne soziale Akzentuierung bliebe die

[404] Schimpf, Vertrag, S. 215; **aA**: Littwin, Grundrechtsschutz, S. 233: es sei nur die generelle Entäußerung von Freiheit gemeint, nicht der Einzelfall.
[405] Schmidt, Jura 1983, 169 (171).
[406] Böckenförde, NJW 1974, 1529 (1534).
[407] Sturm, Probleme eines Verzichts auf Grundrechte, in: FS Geiger, S. 173 (194, 196).
[408] Böckenförde, NJW 1974, 1529 (1535).
[409] Eppelt, Grundrechtsverzicht, S. 97 (m.w.N. in Fn 1).
[410] Koch, Verzicht, S. 94; Schmidt, Jura 1983, 169 (180).
[411] Maus-Lenz, S. 203 (218).
[412] Böckenförde, NJW 1974, 1529 (1535 f.).
[413] Braczyk, Rechtsgrund und Grundrecht, S. 148; Alexy, Theorie, S. 511.

Freiheit rein formal.[414] In einer Ungleichheit der Möglichkeiten kann man schließlich auch die Gefahr der Zerstörung allgemeiner Freiheit erblicken.[415] Kritisch angemerkt wird zu dieser Theorie, dass Grundrechte, die Leistungen versprechen, zu bloßen Verfassungsaufträgen werden, was der Geltungskraft der Grundrechte insgesamt schade.[416] Auch könnten verfassungsrechtliche Forderungen so weit gehen, dass sie in den Bereich politischer Entscheidungen einwirken und so die Gewaltenteilung aushebeln.[417]

Eine objektive Funktion, die im Falle der Einwilligung verloren geht und daher der Einwilligung entgegen stehen könnte, fügt die sozialstaatliche Grundrechtstheorie der liberalen Theorie nicht hinzu. Aus ihr lässt sich daher keine Schrankenfunktion der Grundrcchtc ableiten.[418]

gg) Keine Entscheidung für eine Grundrechtstheorie

Das Bundesverfassungsgericht zieht ohne erkennbares System wechselnd verschiedene Grundrechtstheorien heran.[419] So betont es die grundrechtliche Funktion als Abwehrrechte,[420] stellt aber auch fest, dass die Grundrechte zugleich eine objektive Werteordnung, ein Wertsystem, darstellen, in deren Mittelpunkt die Entfaltung der menschlichen Persönlichkeit steht.[421] Bei einigen Grundrechten wie Art. 6 GG wird auch die institutionelle Bedeutung der Norm hervorgehoben.[422] Schon diese Vorgehensweise deutet darauf hin, dass es zumindest nicht ganz leicht ist, sich zu einer Entscheidung für eine der Theorien durchzuringen. Jede der Theorien hat einen bestimmten Aspekt, der hinter ihr steht, und es erscheint unklug, einen Großteil der verschiedenen Aspekte einfach unberücksichtigt zu lassen.[423] Ein Ausschließlichkeitsanspruch einer Theorie würde der verschiedenartigen Funktion der Grundrechte im Verfassungsleben nicht gerecht.[424] Gerade die demokratisch-funktionale und die sozialstaatliche Theorie stellen keinen übergreifenden theoretischen Ansatz dar, sondern sind bezogen auf bestimmte Grundrechtskonflikte eher „Theoriefragment“.[425] Aus diesen Fragmenten und Ansätzen ist ein Prinzipienbündel zu bilden. Auch ein solches Bündel

---

[414] Häberle, Wesensgehaltgarantie, S. 11 f.
[415] Braczyk, Rechtsgrund und Grundrecht, S. 149.
[416] Böckenförde, NJW 1974, 1529 (1536).
[417] Krebs, Jura 1988, 617 (625).
[418] Ebenso: Spieß, Grundrechtsverzicht, S. 197.
[419] Böckenförde, NJW 1974, 1529 (1530, 1536).
[420] BVerfGE 7, 198 (204), Lüth.
[421] Grundlegend: BVerfGE 7, 198 (205), Lüth; seitdem ständige Rechtsprechung: 21, 362 (372); 33, 303 (330); 35, 79 (114); 39, 1 (42 f.), Abtreibung; 49, 89 (141 f.), Kalkar; 50, 290 (337).
[422] BVerfGE 24, 119 (135); 51, 386 (396),
[423] Brugger, JZ 1987, 633 (640).
[424] Sachs, VerwArch 76 (1985), 398 (419); Robbers, JuS 1985, 925 (927).
[425] Schmidt, Jura 1983, 169 (172).

kann eine Grundrechtstheorie sein.[426] Die Grundrechte sind multifunktional,[427] sind janusköpfig, enthalten subjektive und objektive Rechtsgewährungen.[428] Wie will man aber ohne eine Entscheidung vorgehen?

Nicht ratsam wäre es, fallweise zu entscheiden, welcher Theorie man folgt. Hinter allen Grundrechtstheorien steht eine bestimmte Idee der Verfassung. Eine solche Idee würde man allerdings verleugnen, wenn man die Auswahl aus den Theorien in das Belieben des Interpreten stellt.[429] Als anderer Ansatz des Umgangs mit der Janusköpfigkeit der Grundrechte wird vertreten, bei einem gleichzeitigen Vorliegen von objektiven und subjektiven Funktionen erstere stärker zu gewichten und, bezogen auf die hier behandelte Problematik, von einer Schrankenfunktion der Grundrechte für die Einwilligungsfähigkeit auszugehen.[430] Diese Lösung geht also stets von einem Überwiegen der objektiven Komponente aus, unterscheidet sich folglich nicht im Ergebnis von einer Entscheidung für die Werttheorie unter Außerachtlassung der subjektiven Theorien und wird daher zu Recht als „zu grob" bezeichnet,[431] zumal die subjektive Seite die primäre Bedeutung der Grundrechte verkörpert.[432] *Littwin* hat festgestellt, dass im Grundrechtsteil vierunddreißigmal das Wort „Recht" und nur sechsmal das Wort „Pflicht" vorkommt und folgert daraus, dies indiziere, dass es sich in erster Linie um eine Freiheitsordnung handele.[433] Unter Berücksichtigung der wesentlichen, wenngleich nicht ausschließlichen, liberalen Funktion der Grundrechte kommt *Spieß* zur grundsätzlichen Zulässigkeit der Einwilligung. Man müsse aber bei der Reichweite objektive Funktionen berücksichtigen.[434]

hh) Differenzierung je nach beeinträchtigtem Grundrecht

Dies kann angesichts der unterschiedlichen Typen von Grundrechten am sachdienlichsten eine Differenzierung je nach dem beeinträchtigten Grundrecht leisten.[435] Die Dispositionsbefugnis des Einzelnen reicht um so weiter, je stärker das

---

426 Alexy, Theorie, S. 516.
427 Eppelt, Grundrechtsverzicht, S. 114; Stern, Staatsrecht III/2, § 86, S. 896; Littwin, Grundrechtsschutz, S. 1; Pietzcker, Der Staat 1978, 527 (542).
428 Sturm, Probleme eines Verzichts auf Grundrechte, in: FS Geiger, S. 173 (190).
429 Böckenförde, NJW 1974, 1529 (1537); ähnlich kritisch zur beliebigen Wahl der Auslegungsmethode („Todesurteil für jede wissenschaftliche juristische Methodenlehre"): Kaufmann, Rechtsphilosophie, S. 179.
430 So im Ergebnis: Sturm, Probleme eines Verzichts auf Grundrechte, in: FS Geiger, S. 173 (197).
431 Amelung, Einwilligung, S. 23.
432 Eppelt, Grundrechtsverzicht, S. 97 (m.w.N. in Fn 1) und 101 (m.w.N. in Fn 7); Malacrida, Grundrechtsverzicht, S. 72.
433 Littwin, Grundrechtsschutz, S. 110.
434 Spieß, Grundrechtsverzicht, S. 79.
435 Eppelt, Grundrechtsverzicht, S. 114; Hillgruber, Schutz, S. 141; Pietzcker, Der Staat 1978, 527 (542); dagegen differenzierend nach Art der Gefährdung: Bleckmann, JZ 1988,

betroffene Grundrecht autonomiegeprägt und persönlichkeitsbezogen ist.[436] Die Verfügbarkeit richtet sich mithin nach dem Bezug des Grundrechtes zum Dasein der Gemeinschaft.[437] Ist eine objektive Funktion des Grundrechtes erkennbar, so darf diese durch die Verfügung des Einzelnen nicht berührt werden.[438] Differenziert man also zwischen den einzelnen Grundrechten, so wird man beispielsweise schnell erkennen, dass Grundrechte, die wie Art. 5 Abs. 1 GG und Art. 8 Abs. 1 GG häufig in der politischen Auseinandersetzung gebraucht werden, der demokratisch-funktionalen Grundrechtstheorie näher stehen als andere Grundrechte. Welche Theorie bei einem bestimmten Grundrecht wie stark zur Geltung kommt, soll nun exemplarisch für das Recht auf informationelle Selbstbestimmung untersucht werden.

Teils wird vertreten, dass schon der Schutzbereich durch eine freiwillige Herausgabe von Daten nicht betroffen sei.[439] Mehr als die Daten selbst ist nach dieser Argumentation das Entscheidungsrecht der Person über die Herausgabe geschützt. Mangels Eröffnung des Schutzbereiches kann das Grundrecht – und daher auch etwaige objektive Funktionen – dann der Einwilligung keine Grenzen setzen. Wie dargestellt,[440] liegt aber auch bei einer Einwilligung grundsätzlich ein Eingriff vor. Kann es bei dem Recht auf informationelle Selbstbestimmung eine Ausnahme geben? Die Definition des Schutzbereiches kann nicht allein dem einwilligenden Einzelnen überlassen bleiben, denn ansonsten hätte das Grundrecht bezüglich der als vertraulich geschützten Daten bei jedem Grundrechtsträger einen anderen Schutzgehalt.[441] Der Schutzgehalt könnte dennoch stets der gleiche sein: nämlich die Selbstbestimmung über die Herausgabe der Daten. Dann jedoch wäre es denkbar, dass einige Menschen alles von sich preisgeben und andere dadurch mittelbar unter Druck geraten, ebenso zu handeln.[442] Eine wahrhaft freie Entscheidung wäre also nicht mehr möglich, das Grundrecht mangels echter Selbstbestimmung erodiert. Ein gläserner Bürger wäre vorstellbar. Es muss also mehr geschützt sein als die bloße Entscheidungsfreiheit – und zwar auch die Vertraulichkeit der Daten selbst. Daher ist der Schutzbereich bei jeder Herausgabe von Daten betroffen. Folgerichtig greift obige Argumentation, die einen Eingriff auch bei Einwilligung bejaht.[443] In das Recht auf informatio-

---

57 (61); vgl. die Beispiele von Amelung, Die Zulässigkeit der Einwilligung bei den Amtsdelikten, in: FS Dünnebier, S. 487 (492 f.).

436 Sternberg-Lieben, Einwilligung, S. 40; Geddert-Steinacher, Menschenwürde, S. 87.

437 Pieroth/Schlink, Grundrechte, Rn 136 f.; Hombert, Massentest, S. 139; Stern, Staatsrecht III/2, § 86, S. 911 f., 926.

438 Geddert-Steinacher, Menschenwürde, S. 87.

439 Geiger, NVwZ 1989, 35 (37).

440 Siehe oben B. III. 2. e) aa).

441 Isensee, Freiheitsrechte, S. 35, spricht sich mit folgendem Hinweis gegen eine subjektivierende Grundrechtsauslegung aus: „Was der Staat nicht definieren kann, das kann er auch nicht schützen.".

442 Die Gefahr der Ausstrahlungswirkung betont: Spieß, Grundrechtsverzicht, S. 204.

443 Siehe oben B. III. 2. e) aa).

nelle Selbstbestimmung wird daher auch durch solche staatliche Datenerhebung, die sich auf die Einwilligung des Betroffenen stützen kann, eingegriffen.

Im Schrifttum wird dieses Grundrecht dennoch meist als Beispiel für ein Recht herangezogen, das einer Einwilligung nicht entgegensteht, sondern im Gegenteil die Dispositionsfreiheit in sich trage.[444] Das allgemeine Persönlichkeitsrecht, dem es unterfällt, habe lediglich einen geringen Gemeinschaftsbezug.[445] Je persönlichkeitsbezogener der Gegenstand sei, desto mehr verstärke er die Selbstbestimmung und desto weniger könne er mithin einer Einwilligung entgegenstehen.[446] Dazu ist allerdings zu bemerken, dass das Bundesverfassungsgericht im Volkszählungsurteil die Selbstbestimmung als „elementare Funktionsbedingung eines (...) freiheitlichen demokratischen Gemeinwesens" bezeichnet hat. Wer unsicher sei, versuche, nicht – etwa durch Teilnahmen an Versammlungen – aufzufallen. Der Einzelne müsse daher gegen die unbegrenzte Speicherung seiner Daten geschützt werden.[447] Der Verlust an Selbstbestimmung ist folglich immer auch ein Verlust an demokratischer Substanz. Das Recht auf informationelle Selbstbestimmung wird so zur Sicherung der autonomen Handlungsfähigkeit des Betroffenen und ermöglicht damit „die für eine demokratische Gesellschaft unerlässliche Kommunikation".[448] Folglich ist es nicht nur abwehrrechtlich-individualistisch zu sehen; außer im individuellen Interesse des Einzelnen besteht es darüber hinaus zur Sicherung der demokratischen Staatsform und weist damit eine Schutzkomponente auf, die *Schulz* als „institutionell" bezeichnet.[449] Das Grundrecht besteht als „Baustein der demokratischen Gesellschaft"[450] mithin durchaus auch im Interesse der Demokratie, mag seine primäre Zielrichtung auch die Freiheitssicherung des Einzelnen sein.[451]

Neben der liberalen Grundrechtstheorie bestimmt also auch die demokratisch-funktionale Theorie den Inhalt des Rechtes auf informationelle Selbstbestimmung. Die sozialstaatliche Theorie passt dagegen auf dieses persönlichkeitsbezogene Grundrecht ebenso wenig wie die institutionelle Grundrechtstheorie. Die Werttheorie sagt aus, dass eine Einwilligung dann ausgeschlossen sein kann, wenn ihre Außenwirkung das Grundrecht als Wertentscheidung schwächen

---

444 Hombert, Massentest, S. 140; Eppelt, Grundrechtsverzicht, S. 126; Merten, Der Grundrechtsverzicht, in: FS Schmitt Glaeser, S. 53 (58).
445 Ohly, Einwilligung, S. 94; Stern, Staatsrecht III/2, § 86, S. 926; Amelung, Einwilligung, S. 33.
446 Spieß, Grundrechtsverzicht, S. 184; Malacrida, Grundrechtsverzicht, S. 94.
447 BVerfGE 65, 1 (43).
448 Simitis, NJW 1984, 398 (399 f.).
449 Schulz, Krim. Journal 2001, 166 (168); ders., DuD 2001, 12 (17, 19).
450 Schulz, DuD 2001, 12 (19).
451 Anders wohl: Spieß, Grundrechtsverzicht, S. 158: Das Demokratieprinzip schränkt nur ein, wo es darauf ankommt, dass (wie beim Verzicht auf das Recht der geheimen Wahl) alle das Recht beachten.

kann.[452] Die Gefährdung einer objektiven Ordnung durch Ausnahmen kann einer Einwilligung entgegen stehen.[453] Diesbezüglich ist es vorstellbar, dass der auch als Wertgehalt des Rechtes identifizierte Schutz der Vertraulichkeit von Daten durch eine Einwilligung und erst Recht durch eine Masse von Einwilligungen in Mitleidenschaft gezogen wird. Es sind also die von einer objektiven Funktion des Rechtes ausgehenden Theorien (Demokratie und Wert des Rechtes) mit dem liberalen Ansatz der Selbstbestimmung in Einklang zu bringen. Ergibt sich aus den objektiven Funktionen eine Schrankenfunktion des Rechtes für die Einwilligungsfreiheit? Letztere ist grundrechtlich verankert und Ausfluss der Autonomie des Individuums. Auch die objektive Funktion des Rechtes auf informationelle Selbstbestimmung hat aufgrund der Ableitung aus dem Grundrecht Verfassungsrang. Aus diesem Grund ist eine Gewichtung beider Belange vorzunehmen.

Der Wert des Grundrechtes wird schon durch Einwilligungen geringen Ausmaßes beeinträchtigt. Hier ist jedoch zu berücksichtigen, dass von diesem Grundrecht primär die Selbstbestimmung geschützt wird. Letztere zu beschränken, um den Wert des Grundrechtes zu erhalten, wäre paradox. Die Werttheorie liefert daher vorliegend keinen Ansatzpunkt für die Beschränkung der Einwilligungsfreiheit.

Die Wichtigkeit der demokratischen Funktion des Rechtes auf informationelle Selbstbestimmung ergibt sich äußert plastisch nicht zuletzt aus der Schilderung einer auf umfassendem Wissen über den Einzelnen aufgebauten Diktatur durch *Orwell*.[454] Da ein völliger Verlust an Privatheit, ob vom Individuum nun gewollt oder nicht, zu einem staatlichen Machtzuwachs führen kann, der letztendlich den Einzelnen sämtlicher Freiheiten beraubt, jedenfalls aber eine Minderung der Lebendigkeit der Demokratie zur Folge haben kann, ist ein pauschales Überwiegen der Autonomie ausgeschlossen. Freiheit könnte sich auf diese Weise ansonsten selbst vernichten. Jedoch ist ebenfalls zu berücksichtigen, dass eine Gefahr wie die beschriebene vor allem besteht, wenn politisch relevante Fakten preisgegeben werden oder wenn dem Staat tatsächlich ein Persönlichkeitsbild des Betroffenen zur Verfügung steht, welches den Staat zur Kontrolle oder Nötigung der Bürger befähigt. Im Falle der Speicherung der nicht-codierenden DNA ist diese Grenze noch nicht überschritten. Auch ist der autonomen Entscheidung des Einzelnen ein hoher Wert beizumessen. Solange eine freiwillige Entscheidung sichergestellt ist,[455] hat man die Entscheidung grundsätzlich zu respektieren.

---

452 Spieß, Grundrechtsverzicht, S. 112, 213.

453 Quaritsch, Der Verzicht im Verwaltungsrecht und auf Grundrechte, in: FS Martens, S. 407 (410).

454 Orwell, 1984.

455 Dazu unten, C.

Zu beachten ist allerdings, dass praktisch jedes menschliche Verhalten in irgendeiner Weise Auswirkungen auf die Mitmenschen oder die Gemeinschaft haben kann.[456] So könnte der Verzicht auf Verfahrensrechte Präzedenzwirkung haben und auf andere als mittelbarer Zwang wirken.[457] In solchen Fällen sind auch die Grundrechte anderer betroffen und es kommt zur Abwägung zwischen der Einwilligungsfreiheit und dem effektiven Schutz der Grundrechte anderer.

So ist das Recht auf geheime Wahl nicht verzichtbar, weil durch eine offene Wahl auch nur eines Einzelnen andere Wähler unter Druck gesetzt werden könnten, ebenso zu verfahren. Wer seine Wahlentscheidung nicht offenbaren möchte, könnte als jemand angesehen werden, der verbergen möchte, dass er das Regime abwählt. So könnten mittelbar alle Menschen zur Offenlegung gezwungen werden, wenn nur Einzelne den Anfang machen. Das Recht auf geheime Wahl wäre ausgehöhlt.[458] Auch bei dem Wunsch, durch einen Lügendetektor der eigenen Aussage mehr Glaubwürdigkeit zu verleihen, besteht die Gefahr, dass andere, die sich einer solchen Prozedur nicht unterwerfen wollen, an Glaubwürdigkeit verlieren.[459] Kritisch sind Einwilligungen aus diesem Grund auch bei DNA-Massentests zu betrachten. Hier läuft der nicht Einwilligende Gefahr, sich verdächtig zu machen, wenn fast alle anderen als Täter grundsätzlich in Frage kommenden Personen durch ihre Tests als Täter ausgeschlossen sind.[460] Auch hier geht daher von der Einwilligung des Einzelnen eine Druckwirkung auf Dritte aus.[461]

Bei §§ 81g StPO, 2 DNA-IFG ist eine solche Präzedenzwirkung dagegen auf den ersten Blick nicht ersichtlich. Bei dieser Maßnahme droht keine andere Konsequenz, als dass der Richter die Maßnahme später eben doch genehmigt. Der Fall liegt jedoch anders, wenn eine Gruppe von Personen, die in engem Kontakt steht – etwa mehrere Insassen einer Justizvollzugsanstalt – zur Abgabe von Einwilligungen aufgefordert werden. Hier könnte die Einwilligung bereits eines Einzelnen die Übrigen unter den Druck setzen, sich ebenso zu verhalten.

---

456 Hillgruber, Schutz, S. 158.

457 Spieß, Grundrechtsverzicht, S. 207.

458 OVG Lüneburg, DÖV 1964, 355 (356); OVGE Münster 14, 257 (260 f.); OVG Rheinland-Pfalz, AS 394 (397); BayVGH N.F.G. 1953, 186 (199); vgl. BVerfGE 21, 200 (205 f.): selbst bei der Briefwahl ist der Wähler verpflichtet, den Wahlzettel unbeobachtet zu kennzeichnen. Auch eine Wahl durch eine Vertrauensperson ist nur unter engsten Voraussetzungen möglich; Robbers, JuS 1985, 925 (931, Fn 66).

459 BVerfG, NJW 1982, 375; vgl. aber auch die neuere Feststellung, ein Test scheine verfassungsrechtlich nicht mehr von vorneherein ausgeschlossen: BVerfG, JuS 1999, 394; vgl. zudem: BVerfG, StraFo 1998, 16; siehe ferner: Sachs, VerwArch 76 (1985), 398 (421, siehe Fn 95); Amelung StV 1985, 257 (261); Robbers, JuS 1985, 925 (930).

460 BGHSt 49, 56 (60).

461 Satzger, JZ 2001, 639 (647), der diese Annahme mit Zeitungszitaten von Testteilnehmern anschaulich belegt; vgl. die Beschreibung der Drucksituation bei Hombert, Massentest, S. 164 ff.

Dies dürfte nicht nur auf das Bestreben zurückzuführen sein, sich von der untersten Hierarchiestufe, den Sexualtätern, zu distanzieren.[462] Vor allem könnte die Angst, sonst im Vollzug benachteiligt zu werden[463] oder als Querulant dazustehen, zu faktisch unfreiwilligen Einwilligungen führen. Die Abstempelung als Querulant ist insbesondere bei der Verweigerung solcher Einwilligungen zu befürchten, deren einziger Zweck wie bei der Einwilligung in eine Speicherung der DNA in der Beschleunigung des Verfahrens besteht. Denn in derartigen Fällen bleibt es dem Einzelnen verwehrt, die Einwilligungen der anderen mit unterschiedlich gelagerten Interessen zu erklären. Die Verweigerung der Einwilligung wirkt daher um so unplausibler, je mehr andere Betroffene bereits eingewilligt haben. Ohne Bedeutung ist dabei, ob Benachteiligungen im Vollzug tatsächlich zu erwarten sind: die subjektive Sicht des Betroffenen ist entscheidend.[464] Auch wenn diese unfreiwilligen Äußerungen selbstverständlich unwirksam wären,[465] so besteht doch die Gefahr, dass dies nicht erkannt wird und die Einwilligungen als wirksam behandelt werden. Für eine Präzedenzwirkung spricht ferner die staatliche Veranlassung der Einwilligungen.

Es bestehen mithin jedenfalls bei Einwilligungen von Insassen einer Justizvollzugsanstalt in die Speicherung ihrer DNA Gefährdungen für die Grundrechte anderer. Folglich dient das Grundrecht in diesem Zusammenhang überindividuellen Interessen. Es besteht mithin ein öffentliches Interesse an der Aufrechterhaltung des Grundrechtes. Dieses öffentliche Interesse ist gegen die Einwilligungsfreiheit abzuwägen.

ii) Abwägungsvorgang

aaa) Gewicht der Einwilligungsfreiheit

Wie bedeutend ist die Möglichkeit, dass ein Einzelner in einen Eingriff in seine Grundrechte einwilligt? Es geht zunächst ganz allgemein um Schutz für seine autonome Entscheidung. Aufgrund der menschlichen Autonomie ist jede Willensäußerung grundsätzlich beachtlich. Diese Feststellung allein verleiht der Einwilligung allerdings noch kein besonderes Gewicht. Zu fragen ist daher nach den Folgen, die den Einzelnen in dem Fall betreffen, dass seine Einwilligung keine Wirksamkeit entfaltet. Diese Folgen sind für den Fall der molekulargene-

---

[462] Seibel/Gross, StraFo 1999, 117 (119); Kamann, StV 1999, 10.

[463] Seibel/Gross, StraFo 1999, 117 (119): Insassen befürchten gegebenenfalls sowohl den Verlust von Vollzugsvergünstigungen als auch die Gefährdung der Strafaussetzung zur Bewährung nach Verbüßung von zwei Dritteln.

[464] Gutmann, Freiwilligkeit, S. 75; Krehl/Kolz, StV 2004, 447 (454); Golembiewski, NJW 2001, 1036 (1037); Waizfeld/Kühn, DuD 2001, 444 (445); Entschließung zwischen der 58. Konferenz der Datenschutzbeauftragten des Bundes und der Länder vom 07./08. Oktober 1999 (siehe *www.bundesdatenschutzbeauftragter.de*).

[465] Siehe zu den Voraussetzungen unten, C.

tischen Untersuchung und Speicherung überschaubar: er muss ein längeres Verfahren abwarten und dann der richterlichen Entscheidung folgen. Stimmt der Richter dem Eingriff zu, so kommt es zu exakt dem gleichen Eingriff, nur dass auf diesen eine Weile gewartet werden musste. Falls der Richter den Eingriff nicht genehmigt, muss es der Einzelne hinnehmen, dass der Eingriff trotz seiner Einwilligung ausbleibt.

Was dies für den Einzelnen bedeutet, ist anhand der Motive einer Einwilligung zu beurteilen und daher von den unterschiedlichen Arten von Einwilligungen abhängig. Während bei eingriffsmildernden Einwilligungen[466] durch eine solche richterliche Entscheidung dem Einzelnen ein noch härterer Eingriff bevorsteht, also eine zusätzliche Grundrechtsverletzung droht, ist die Situation bei anderen Arten von Einwilligungen weniger prekär. Wenn der Einzelne einwilligt, geschieht dies dann häufig aus dem einzigen Motiv, das Verfahren abzukürzen. Die Einwilligungen erfolgen dann in der Annahme, die Voraussetzungen lägen vor und der Richter werde ohnehin zustimmen. Eine Versagung der Eingriffsgenehmigung durch den Richter ist in diesen Fällen als Wegfall eines unerwünschten Ergebnisses eher eine freudige Überraschung als eine Belastung.

Das Gewicht der Einwilligungsfreiheit hängt folglich von den Motiven und daher von der Art der Einwilligung ab. Eingriffsmildernde Einwilligungen sind Ausdruck einer Folgenabwägung des Betroffenen, der durch die Einwilligung härtere Eingriffe vermeiden will. Diesen Willensäußerungen kommt daher ein besonders hohes Gewicht zu. Dagegen sollen die anderen Einwilligungen lediglich das Verfahren abkürzen. Wie dargestellt,[467] zählt die Einwilligung in die Speicherung der DNA zu dieser zweiten Kategorie, da mangels plausibler Einwilligungsmotive von einer Folgenabwägung des Einzelnen nicht auszugehen ist. Diesen Einwilligungen kommt folglich ein vergleichsweise geringes Gewicht zu.

bbb) Gewicht der Gefährdung der Grundrechte Dritter

Die Einwilligung eines Betroffenen könnte in einer eng verbundenen Gruppe (Haftinsassen) zu faktisch unfreiwilligen Einwilligungen anderer führen, die trotz fehlender Freiwilligkeit als wirksam behandelt werden könnten. Wie stark ist diese Grundrechtsgefährdung anderer zu gewichten? Wer unter mittelbarem Druck in eine Maßnahme einwilligt, sieht sich möglicherweise einem Grundrechtseingriff gegenüber, der ohne diese Einwilligung nicht möglich gewesen wäre. Für diesen Fall, dass die gesetzlichen Voraussetzungen nicht vorliegen und der Eingriff ausschließlich über eine Einwilligung legitimiert werden kann, ist die Einwilligung, was ihre Folgen angeht, gleichbedeutend mit dem Eingriff

[466] Siehe zum Begriff oben, B. III. 2. f) bb) und g).
[467] Siehe oben, B. III. 2. f) bb).

selbst. Denn ohne die Einwilligung käme es zu keinem Eingriff – mit der Einwilligung dagegen schon.

Die Einwilligung kann sich daher, auch wenn sie selbst als Handeln eines Bürgers keinen Grundrechtseingriff darstellt, für Dritte letztlich als Grundrechtseingriff auswirken. Bei der Bestimmung des konkreten Gewichtes ist es von Bedeutung, um welchen Eingriff es sich handelt: je schwerer der Eingriff ist, desto wichtiger ist es, die Betroffenen davor zu schützen, ihn unter Druck erst zu ermöglichen. Die Speicherung der DNA greift in das Recht auf informationelle Selbstbestimmung ein. Es ist hier zu Zwecken der Strafverfolgung[468] stets möglich, über die Identifizierung des Verursachers von Tatortspuren dem Betroffenen seinen Aufenthaltsort zu einer bestimmten Zeit nachzuweisen. Auch der Nachweis von Geschlechtsverkehr ist beispielsweise möglich. Es lassen sich folglich umfassende Erkenntnisse aus der Privat- und Intimsphäre des Einzelnen gewinnen. Dies ist auch Jahre nach der Speicherung noch möglich. Eventuell bleiben die Betroffenen gar für immer in der Datenbank gespeichert: die Überprüfungs- und Löschungsfristen sind äußerst großzügig.[469] Es handelt sich somit um einen Eingriff von erheblichem Gewicht, dem nicht geringe Bedeutung zukommt. Daher ist auch eine faktisch unfreiwillige Einwilligung in einen solchen Eingriff von großer Bedeutung. Der Schutz der Grundrechte anderer ist mithin gewichtiger als die freie Entscheidung des Einzelnen über die Einwilligung in den dargestellten Eingriff.

ccc) Ergebnis

Einwilligungen von Haftinsassen in die Speicherung ihrer DNA sind unwirksam. Dies gilt jedenfalls dann, wenn sie den gesetzlichen Voraussetzungen nicht entsprechen und wenn durch ihr Hinausgehen über das gesetzgeberische Normprogramm andere unter Druck gesetzt werden.

i) Ergebnis zu den Schranken

aa) Allgemeines Ergebnis

Die rein individuelle Ebene, der Schutz des Menschen vor sich selbst, bietet nur äußerst weite Schranken für Extremfälle existenzieller und irreversibler Freiheitsbeschränkung. Die überindividuelle Komponente der unterschiedlichen Verfassungsgüter führt zu unterschiedlichen Ergebnissen: die Menschenwürde steht der Einwilligungsfreiheit nur in Ausnahmefällen entgegen, wenn auf andere Menschen in derselben Lage durch die Einwilligung Druck zu unwürdigem

---

[468] Die Gefahr des Missbrauchs der Daten soll hier ausgeklammert werden.

[469] Errichtungsanordnung zur „DNA-Analyse-Datei", Stand. 23.10.2001, 8.1.-8.5; Details zu den Fristen bei: Krehl/Kolz, StV 2004, 447 (451).

Verhalten entsteht. Die Menschenrechte stehen ebenfalls nur Extremfällen der Einwilligung im Wege und haben daher keine über die der Würde des Menschen hinausgehende Wirkung als Schranken. Eine solche Wirkung hat zwar die Wesensgehaltsgarantie, weil der von ihr geschützte Kernbereich nicht mit dem Würdekern der Grundrechte identisch ist. Die Wirkung ist jedoch ebenfalls gering, weil auch dieser Kernbereich äußerst eng für das jeweilige Grundrecht zu bestimmen ist.

Die speziellen Gesetzesvorbehalte der Grundrechte sind keine Schranken der Einwilligungsfreiheit, weil jene grundrechtlich verankert ist und daher eine praktische Konkordanz möglich ist. Der allgemeine Gesetzesvorbehalt kann dagegen die Freiheit einzuwilligen beschränken, wenn es sich, aufgrund der politischen Dimension oder der Komplexität des Themas, um eine Frage von solcher Bedeutung handelt, dass ein öffentlicher Diskurs erforderlich ist. Der Vorrang des Gesetzes steht der Einwilligung entgegen, wenn der Zweck der umgangenen Norm dies verlangt, wenn die Norm ihrem Sinn nach also nicht disponibel ist, weil hinter ihr öffentliche Interessen stehen, die wichtiger sind als die Einwilligungsfreiheit des Einzelnen.

Der Verhältnismäßigkeitsgrundsatz kann diese lediglich bezüglich der Voraussetzungen legitimer Zweck und Geeignetheit beschränken und hat diesbezüglich aufgrund des großen Beurteilungsspielraumes der handelnden Organe grundsätzlich lediglich geringe praktische Relevanz. Die Grundrechte kommen aufgrund der ihnen von einigen Grundrechtstheorien beigemessenen objektiven Funktionen grundsätzlich als Schranken in Frage. Für jedes Grundrecht ist eine gesonderte Beurteilung erforderlich.

bb) Ergebnis mit Bezug auf die Speicherung der DNA

Der Einwilligung in die Speicherung der DNA gemäß § 81g StPO oder § 2 DNA-IFG steht in mehreren Konstellationen der Grundsatz der Verhältnismäßigkeit entgegen. Fehlt es an einer Wiederholungsgefahr, so erfolgt die Maßnahme ohne legitimen Zweck und ist daher unverhältnismäßig. Ungeeignet und ebenfalls unverhältnismäßig sind die molekulargenetische Untersuchung und die Speicherung bei Aussagedelikten als Anlasstaten, wenn die Gefahrprognose auch für die Zukunft lediglich die Begehung von Aussagedelikten erwarten lässt.

Ansonsten setzen vorliegend weder Menschenwürde, noch Menschenrechte oder Wesensgehalt der Einwilligung Grenzen, da lediglich die nicht-codierenden Daten gespeichert werden und ein Persönlichkeitsbild nicht erstellt wird. Eine Beschränkung durch den allgemeinen Gesetzesvorbehalt scheidet angesichts eines fehlenden Bedürfnisses am öffentlichen Diskurs in dieser Frage aus und für eine Schrankenfunktion des Vorrangs fehlt es an der Wichtigkeit der durch die Normen geschützten öffentlichen Interessen in Relation zur Einwilligungsfreiheit als Verwirklichung von Autonomie. Ebenfalls von den Normen geschützt wird das Recht auf informationelle Selbstbestimmung gemäß Art. 2 Abs. 1 GG i.V.m. Art. 1 Abs. 1 GG, dessen objektive demokratische Funktion vorliegend nicht gewichtig genug ist, um die Freiheit einzuwilligen zu beschränken. Für die Einwilligungen von Haftinsassen ergibt sich jedoch eine Beschränkung der Einwilligungsfreiheit aus der Grundrechtsgefährdung Dritter.

C. Die Voraussetzungen einer wirksamen Einwilligung

I. Grundvoraussetzungen

Wie aber muss eine grundsätzlich zulässige Einwilligung beschaffen sein, um einen staatlichen Grundrechtseingriff legitimieren zu können? Übereinstimmend wird die Freiwilligkeit[470] der Einwilligungserklärung als Wirksamkeitsvoraussetzung genannt.[471] Die rechtfertigende Wirkung der Einwilligung beruht auf dem Recht und der Fähigkeit zur Selbstbestimmung.[472] Die Rechtsordnung will den Berechtigten durch die Einwilligungsmöglichkeit nicht belasten, sondern ihm einen Vorteil gewähren.[473] Daraus folgt, dass eine durch Täuschung, Drohung oder Zwang erwirkte Einwilligung zweifelsohne keine Wirkungen entfaltet,[474] wobei die Abwesenheit von Zwang den deutschen Behörden bereits durch die Datenschutzrichtlinie der EU vorgeschrieben ist,[475] die in der vertikalen Beziehung zwischen dem Bürger und dem Mitgliedstaat Deutschland direkte Wirkung entfaltet. Zwar wird vereinzelt vertreten, eine solche Willenserklärung sei aus Gründen der Rechtssicherheit zunächst wirksam und müsse vom Betroffenen angefochten oder widerrufen werden.[476] Doch ist ein unzulässiger staatlicher Eingriff in Grundrechte zu bedeutend, um seine Unwirksamkeit von einer Anfechtung abhängig zu machen. Der Grundrechtsschutz des Einzelnen wiegt hö-

---

470 Zu historischen und philosophischen Betrachtungen über die Freiwilligkeit ausführlich: Gutmann, Freiwilligkeit, S. 31 ff.

471 BGHZ, NJW 1964, 1177; Starck-Starck, Das Bonner Grundgesetz, Art. 1 Abs. 3, Rn 260; AK-GG-Berkemann, Art. 13, Rn 65; Jarass/Pieroth-Jarass, Vorb. vor Art. 1, Rn 36; Pieroth/Schlink, Grundrechte, Rn 136; Hombert, Massentest, S. 160; Eppelt, Grundrechtsverzicht, S. 38; Illian, Verzicht, S. 103; Stern, Staatsrecht III/2, § 86, S. 913; Malacrida, Grundrechtsverzicht, S. 23; Geddert-Steinacher, Menschenwürde, S. 87 f.; Merten, Der Grundrechtsverzicht, in: FS Schmitt Glaeser, S. 53 (68); Quaritsch, Der Verzicht im Verwaltungsrecht und auf Grundrechte, in: FS Martens, S. 407 (413); Krehl/Kolz, StV 2004, 447 (454); Golembiewski, NJW 2001, 1036 (1037); Donner/Simon, DÖV 1990, 907 (916); Püttner/Brühl, JZ 1987, 529 (530); Robbers, JuS 1985, 925 (926); Gusy, DVBl 1982, 984 (986); Malorny, JA 1974, 475; Renck, JuS 1971, 77 (79)

472 Ohly, Einwilligung, S. 318.

473 So zur strafrechtlichen Einwilligung: Kußmann, Einwilligung, S. 257.

474 BGHZ, NJW 1964, 1177 (1178); Sachs-Sachs, Art. 1, Rn 56; SK-Rogall, § 81a, Rn 18; Simitis-Simitis, BDSG, § 4a, Rn 64; Schaffland/Wiltfang, BDSG, § 4a, Rn 2; Gola/Schomerus, BDSG, § 4a, Rn 7; Ohly, Einwilligung, S. 72; Eppelt, Grundrechtsverzicht, S. 42; Stern, Staatsrecht III/2, § 86, S. 914; Arzt, Willensmängel, S. 8 (m.w.N. in Fn 6), 31; Merten, Der Grundrechtsverzicht, in: FS Schmitt Glaeser, S. 53 (69); Körner, Informierte Einwilligung als Schutzkonzept, in: LA Simitis, S. 131 (140); Krehl/Kolz, StV 2004, 447 (454); Markwardt/Brodersen, NJW 2000, 692 (693); Tünnesen-Harmes, JuS 1994, 142 (145); Jarass, NJW 1989, 857 (860); Geiger, NVwZ 1989, 35 (37); Amelung, StV 1985, 257 (261, 263); Malorny, JA 1974, 475 (476);

475 Art. 2 Buchstabe h); vgl. Roßnagel-Holznagel/Sonntag, Datenschutzrecht, 4.8, Rn 10; Gola, RDV 2002, 109 (110).

476 Illian, Verzicht, S. 106 f.; Wilde, Verzicht, S. 25, 69.

her als das Interesse an der Rechtssicherheit,[477] zumal der drohende Staat als Empfänger der Willenserklärung in keiner Weise schutzwürdig ist.[478] Mithin ist eine unter den Auswirkungen von Täuschung, Drohung oder Zwang abgegebene Willenserklärung von vorne herein unwirksam.

II. Einwilligungen in Haft

Außerdem könnten Einwilligungen in weiteren Fällen unwirksam sein. Die Voraussetzungen der Wirksamkeit können sich nach typischen Gefährdungslagen der Autonomie unterscheiden.[479] Problematisch sind insbesondere die Fälle der Einwilligungen von Haftinsassen.[480] Diese wurden aufgrund der Grundrechtsgefährdungen Dritter bereits für unwirksam erklärt.[481] Unabhängig davon könnten sie aber auch angesichts fehlender Freiwilligkeit unwirksam sein. Autonomie ist zerbrechlich. Das zwischen dem Staat und dem Häftling bestehende Machtgefälle kann zu Furcht führen und die Entscheidungen determinieren.[482] Der Insasse einer Justizvollzugsanstalt ist für sein Wohlergehen in vielerlei Hinsicht auf staatliche Entscheidungen angewiesen. Dies betrifft zunächst die Dauer des Vollzuges: die Strafe kann bei positivem Verlauf der Haft vorzeitig ausgesetzt werden.[483] Außerdem locken Vergünstigungen im Vollzug: im offenen Vollzug der Freigang und ansonsten allgemein die Verbesserung der Haftbedingungen. Das Leben des Häftlings kann durch günstige staatliche Entscheidungen deutlich lebenswerter werden.[484] Die Staatsmacht, Vorteile vorzuenthalten, kann Strafen gleichkommen. Folglich kann auch ein formales Angebot eine Drohung darstellen.[485] Der Staat könnte also seine Überlegenheit ausspielen.[486]

---

[477] Für diese Wertung spricht auch § 136a Abs. 3 S. 2 StPO.

[478] Eppelt, Grundrechtsverzicht, S. 57; Koch, Verzicht, S. 32; Frieß, Verzicht, S. 21; **aA**: Stern, Staatsrecht III/2, § 86, S. 916; Malacrida, Grundrechtsverzicht, S. 34; Bussfeld, DÖV 1976, 765 (768).

[479] Ohly, Einwilligung, S. 105.

[480] LR-Krause, § 81a, Rn 14, spricht von „halbfreiwilligen Einwilligungen"; vgl. auch: Schwabe, Grundrechtsdogmatik, S. 98.

[481] Siehe oben, B. III. 2. h).

[482] Krehl/Kolz, StV 2004, 447 (454); Braum, KritV 86 (2003), 134 (138); Golembiewski, NJW 2001, 1036 (1037); Amelung, StV 1985, 257 (261); Göldner, JZ 1976, 352 (355); 7. Tätigkeitsbericht des Landesbeauftragten für den Datenschutz Brandenburg 1998, 4.1.3 (siehe *www.lda.brandenburg.de*); vgl. auch die Bürgschaftsentscheidung des Bundesverfassungsgerichtes: BVerfGE 89, 214 (232): Das Gericht betont, bei der strukturellen Unterlegenheit einer Seite bestehe die Gefahr von Fremdbestimmung; ähnlich: Eppelt, Grundrechtsverzicht, S. 53; vgl. ferner Simitis-Simitis, BDSG, § 4a, Rn 18.

[483] Vgl. Steven, Blätter für deutsche und internationale Politik 2005, 270 (272).

[484] Bezeichnend zur Sondersituation der Inhaftierten auch der Sachverhalt von BVerfGE 12, 1 (5), wo ein Häftling Mitgefangene zum Austritt aus der Kirche bewegen konnte, indem er ihnen Tabak versprach.

[485] Allgemein zur Unterscheidung von Angebot und Drohung: Gutmann, Freiwilligkeit, S. 87 ff.

Kann es angesichts dieses Abhängigkeitsverhältnisses überhaupt die Möglichkeit einer freiwilligen Einwilligung geben? Der Bundesgerichtshof vertritt die Ansicht, auch ein Häftling könne „unter rechtsstaatlichen Verhältnissen freiwillige Entschlüsse fassen."[487] Auch im Schrifttum wird vertreten, dass die Möglichkeit einer freien Einwilligung auch in der Justizvollzugsanstalt grundsätzlich gegeben sei.[488] Auf der anderen Seite wird erklärt, bei Einwilligungen in Haft gebe es aufgrund des mittelbaren Drucks der Haftsituation „immer Zweifel".[489] Es sei daher ratsam, auf Einwilligungen von Haftinsassen grundsätzlich zu verzichten.[490] Ein Mittelweg will Einwilligungen in Haft lediglich dann ausschließen, wenn es sich um die Zustimmung zu ernsten Gesundheitsschäden oder gar Lebensgefährdungen handelt.[491] Zumindest die Entscheidung der Gefangenen zum Hungerstreik sei unfreiwillig und daher vom Staat nicht zu respektieren. Der Staat habe die Haftsituation herbeigeführt und müsse folglich in besonderer Weise für die Häftlinge Sorge tragen.[492] Teilweise wird auch zwischen Personen im Maßregelvollzug und Strafgefangenen differenziert: nur letztere könnten frei einwilligen.[493]

Die Befürworter der Möglichkeit einer freien Einwilligung gehen dabei offensichtlich unausgesprochen davon aus, dass die Einwilligung tatsächlich nicht an Vollzugslockerungen gekoppelt wird. Wenn eine solche Koppelung erfolgt, ist die Einwilligung jedenfalls unfreiwillig.[494] Allerdings ist zum einen fraglich, ob über eine Koppelung von Sanktionen an die Versagung der Einwilligung nicht zumindest nachgedacht wird. So wurden in Bayern die Vollzugsbediensteten angewiesen, bei einer Verweigerung der Einwilligung Vollzugslockerungen und Hafturlaub besonders sorgfältig zu prüfen.[495] Sofern das Landgericht Hamburg als Gegenargument die „großzügige Handhabung von Vollzugslockerungen" anführt,[496] stimmt gerade der Umstand bedenklich, dass man innerhalb des

---

486 Vgl. Amelung, Die Zulässigkeit der Einwilligung bei den Amtsdelikten, in: FS Dünnebier, S. 487 (488); Forsthoff, DVBl 1957, 724 (725).

487 BGHSt 19, 201 (206).

488 Stern, Staatsrecht III/2, § 86, S. 914; Kußmann, Einwilligung, S. 261 (m.w.N. in Fn 30); Busch, StV 2000, 661 (662).

489 Rinio, JR 2001, 168 (170); noch drastischer: Steven, Blätter für deutsche und internationale Politik 2005, 270 (272): „Von Freiwilligkeit kann (...) im Knast keine Rede sein.".

490 Krehl/Kolz, StV 2004, 447 (454).

491 Quaritsch, Der Verzicht im Verwaltungsrecht und auf Grundrechte, in: FS Martens, S. 407 (412).

492 Dörr, „Big Brother", S. 69 f.; Schiedermair, Hoffnung und Menschenwürde – Das Erbe des Sisyphos, in: FS Stern, S. 63 (80).

493 Sprenger/Fischer, NJW 1999, 1830 (1833).

494 Simitis-Simitis, BDSG, § 4a, Rn 65, 87 f.; Roßnagel-Holznagel/Sonntag, Datenschutzrecht, 4.8, Rn 54; Rackow, DNA-Identitätsfeststellungsgesetz, S. 166; Illian, Verzicht, S. 108; Amelung, Einwilligung, S. 45, 87; Busch, StV 2000, 661 (662); Graalmann-Scheerer, JR 1999, 453 (456).

495 Waizfeld/Kühn, DuD 2001, 444.

496 LG Hamburg, NJW 2000, 2288.

Rahmens der gesetzlichen Vorgaben offensichtlich unterschiedlich – nämlich großzügig und weniger großzügig – verfahren kann. Zum anderen ist das objektive Vorliegen des Einsatzes solcher Druckmittel gar nicht entscheidend. Es genügt, wenn der Einzelne damit rechnet, im Falle des Versagens der Einwilligung Nachteile befürchten zu müssen. Da es sich bei der zu beurteilenden Freiwilligkeit um eine rein subjektive Haltung des Betroffenen handelt, ist dessen subjektive Einschätzung der Lage maßgeblich.[497]

Amelung betont, die Freiwilligkeit sei durch Form- und Verfahrensvorschriften sicherzustellen.[498] Diesem Ansatz folgend, könnte der Staat eine wirksame Einwilligung zu erreichen versuchen, indem er klar und überzeugend darauf hinweist, dass eine Verweigerung der Einwilligung keine negativen Konsequenzen haben werde.[499] Zudem könnte er dem Inhaftierten eine Überlegungsfrist einräumen und ihm, anstatt auf die sofortige Unterschrift zu drängen, Gelegenheit geben, Rücksprache mit seinem Verteidiger zu halten.[500] Vorgeschlagen wird zudem, auch dem einwilligenden Betroffenen in jedem Fall einen Pflichtverteidiger zu bestellen.[501] Derzeit ist nach Maßgabe des Bundesverfassungsgerichtes „von Fall zu Fall" über eine Beiordnung für das Verfahren vor dem Ermittlungsrichter zu entscheiden.[502] Alle diese Vorkehrungen können zwar gewährleisten, dass einige, womöglich gar die Vielzahl der Einwilligungen Inhaftierter, freiwillig erfolgen. Gleichwohl ist es nicht auszuschließen, dass es immer noch Betroffene gibt, die aus Furcht vor Benachteiligungen im Vollzug einwilligen. Zu vielfältig und für den Einzelnen undurchschaubar sind die Möglichkeiten des Staates, auf die Lebensumstände der Haftinsassen einzuwirken, als dass die Versicherung, eine Verweigerung werde keine negativen Konsequenzen haben, tatsächlich jeden Häftling überzeugt. Zudem droht bei Einwilligungen ohne

---

497 Gutmann, Freiwilligkeit, S. 75; Krehl/Kolz, StV 2004, 447 (454); Golembiewski, NJW 2001, 1036 (1037); Waizfeld/Kühn, DuD 2001, 444 (445); Entschließung zwischen der 58. Konferenz der Datenschutzbeauftragten des Bundes und der Länder vom 07./08. Oktober 1999 (siehe *www.bundesdatenschutzbeauftragter.de*).

498 Amelung, Die Zulässigkeit der Einwilligung bei den Amtsdelikten, in: FS Dünnebier, S. 487 (496).

499 Rackow, DNA-Identitätsfeststellungsgesetz, S. 166; Eberle, Zum Verwertungsverbot für rechtswidrig erlangte Informationen im Verwaltungsverfahren, in: GS Martens, S. 351 (364); Busch, StV 2000, 661 (662); Sprenger/Fischer, NJW 1999, 1831 (1833); Eine Information über die Verweigerungsfolgen fordern auch Schaffland/Wiltfang, BDSG, § 4a, Rn 10 sowie Roßnagel-Holznagel/Sonntag, Datenschutzrecht, 4.8, Rn 44, 47: „Ohne diese Informationen ist eine echte Abwägung der Vor- und Nachteile der Einwilligung nicht möglich.".

500 SK-Rogall, § 81a, Rn 18.

501 Endriß/Kinzig, NStZ 2001, 299 (300, mit Verweis auf eine Forderung einer AG des Deutschen Strafverteidigertages in Fn 8); vgl. KMR-Bosch, § 81g, Rn 20: eine wirksame Einwilligung würde Pflichtverteidigung voraussetzen – „eine i.E. unpraktikable Lösung".

502 BVerfGE 103, 21 (40 f.); nach LG Karlsruhe, StV 2001, 390, ist dies dann der Fall, „wenn die Schwierigkeit der Rechtslage dies gebietet."; vgl. SK-Rogall, § 81g, Rn 48: „je nach Sachlage".

erkennbares eigenes Interesse des Betroffenen die Gefahr, als Querulant zu gelten, weil die Einwilligungen der anderen Haftinsassen nicht mit deren unterschiedlich gelagerten Interessen „wegerklärt" werden können.[503] Auch sozialer Zwang kann zur Unfreiwilligkeit der Einwilligung führen.[504] Es bleibt folglich das Risiko einer gewissen Anzahl unfreiwillig erteilter Einwilligungen.

Ein solches Risiko war für den Gesetzgeber bereits ein hinreichender Grund, Einwilligungen auf bestimmten Gebieten generell auszuschließen. Es kann der Zweck einer Norm sein, nicht wirklich gewollte Einwirkungen in disponible Rechtsgüter mit Sicherheit auszuschließen.[505] So sind im Strafrecht Einwilligungen im Bereich des sexuellen Missbrauchs unwirksam. Dies liegt an der unwiderleglichen Vermutung, das Opfer sei zu einer freien Entscheidung nicht in der Lage.[506] Das Einwilligungsverbot für alle dient dann als Schutz vor möglicherweise erzwungenen oder sonst unfreiwillig erfolgten Einwilligungen mancher.[507] Schützen soll es vor Eingriffen, denen eine nur scheinbar selbstbestimmte Einwilligung vorangeht oder wenn heteronome Motive nicht sicher ausgeschlossen werden können.[508] Es ist bereits gerechtfertigt, wenn unfreiwillige Einwilligungen nicht auszuschließen sind. Dies ist vorliegend der Fall. Es ist dem Gesetzgeber daher dringend anzuraten, ein solches Einwilligungsverbot auch hier zu erlassen. Solange dies nicht geschieht, hat sich der Ermittlungsrichter mit der schier unaufklärbaren Frage zu befassen, welche Einwilligung im Einzelfall freiwillig erfolgt.

Ein Vorzug eines generellen Einwilligungsverbotes für Haftinsassen liegt zudem darin, dass es die Effizienz der mit der Datenbank bezweckten antizipierten Repression kaum schmälert. Die Strafverfolgungsbehörden können einfach die Haftentlassung abwarten und dann nach der Entlassung die Einwilligung einholen. Die Fristen in der Datenbank beginnen ohnehin erst mit der Entlassung zu laufen.[509] Bei einem unvorhergesehenen Ausbruch wird sich in der Zelle stets noch genügend Zellmaterial finden lassen, um eine Untersuchung und Speicherung vorzunehmen. Außerdem ist in jedem Fall stets der Ermittlungsrichter nach

---

[503] Siehe oben, B. III. 2. h) hh).

[504] Donner/Simon, DÖV 1990, 907 (916); Püttner/Brühl, JZ 1987, 529 (530); Thieme, DÖV 1956, 521 (524); ebenso übrigens wirtschaftlicher Zwang: Ohly, Einwilligung, S. 72: dies sei ein „Graubereich"; aA sowohl bezüglich wirtschaftlichen als auch bezüglich sozialen Zwangs: Merten, Der Grundrechtsverzicht, in: FS Schmitt Glaeser, S. 53 (69).

[505] Sachs, VerwArch 76 (1985), 398 (410).

[506] Roxin, Über die Einwilligung im Strafrecht, in: Estudos em Homenagem ao Prof. Doutor Eduardo Correia, S. 29.

[507] BVerfG, NJW 1999, 3399 (3402); Ohly, Einwilligung, S. 74 mit Verweis auf § 216 StGB und § 8 Abs. 1 S. 2 TPG; Sachs, JuS 2000, 393 (394); ders., VerwArch 76 (1985), 398 (410); Gutmann, ZRP 1994, 111 (113).

[508] Ohly, Einwilligung, S. 87; Fisahn, ZRP 2001, 49 (54).

[509] Errichtungsanordnung zur „DNA-Analyse-Datei", Stand. 23.10.2001, 8.2.

der Zulässigkeit der Speicherung zu befragen[510] – die Einwilligung entfaltet ihre Wirkung daher lediglich in den vermutlich nicht besonders zahlreichen Fällen, in denen trotz des Nicht-Vorliegens einer Anlasstat gemäß § 81g Abs. 1 StPO eine Negativprognose erstellt werden kann. Und selbst wenn man als großen Vorteil der Einwilligung das Entfallen des richterlichen Genehmigungserfordernisses ansieht, bietet sich den Behörden hier die Möglichkeit, den Ermittlungsrichter eben doch anzurufen. Wo schon bei nicht inhaftierten Betroffenen kein Zeitdruck besteht, weil es nur um die Speicherung für künftige Verfahren geht, gilt dies erst Recht für Haftinsassen.

III. Aufklärung

Die staatlichen Stellen haben es selbst in der Hand, insbesondere den Einwilligungen der nicht inhaftierten Bürger zur Wirksamkeit zu verhelfen, indem sie die Betroffenen umfassend aufklären.[511] Nur wer in Kenntnis der Tragweite seiner Entscheidung einwilligt und dabei die Situation vollständig überschauen und richtig würdigen kann, handelt auch tatsächlich freiwillig.[512] Daher ist eine Belehrung des Einzelnen jedenfalls dann erforderlich, wenn ein Informationsgefälle zwischen dem Staat und ihm besteht.[513] Im Englischen ist dafür die Bezeichnung „informed consent" gebräuchlich.[514] Insbesondere ist der Betroffene klar und unmissverständlich über den Zweck der staatlichen Maßnahme[515] und die Risiken, die mit seiner Einwilligung verbunden sind, aufzuklären.[516] Ihm ist

---

510 Siehe unten, D.

511 BVerfGE 52, 131 (168); BVerwGE 71, 204 (211); Messer/Siebenbürger, in: Vordermayer/von Heintschel-Heinegg, Handbuch für den Staatsanwalt, Kapitel 1, Rn 142; Eppelt, Grundrechtsverzicht, S. 48; Illian, Verzicht, S. 33; Körner, Informierte Einwilligung als Schutzkonzept, in: LA Simitis, S. 131 (142): „Die Aufklärung steht im Vordergrund."; Amelung, Die Zulässigkeit der Einwilligung bei den Amtsdelikten, in: FS Dünnebier, S. 487 (496): „Das angemessene Mittel, um Unsicherheiten über die Freiwilligkeit zu beseitigen, sind (...) Form- und Verfahrensvorschriften."; Nebendahl/Rönnau, NVwZ 1988, 873 (878); Eberbach/Schuler, JZ 1982, 356 (359 f.).

512 BGHSt 12, 379 (383); 19, 201 (205 f.); BGHZ, NJW 1964, 1177; Simitis-Simitis, BDSG, § 4a, Rn 2, 67; Gola/Schomerus, BDSG, § 4a, Rn 7; Ohly, Einwilligung, S. 72; Dörr, „Big Brother", S. 72; Illian, Verzicht, S. 103; Geilen, Einwilligung, S. 85; Merten, Der Grundrechtsverzicht, in: FS Schmitt Glaeser, S. 53 (69 f.); Schiedermair, Hoffnung und Menschenwürde – Das Erbe des Sisyphos, in: FS Stern, S. 63 (80); Quaritsch, Der Verzicht im Verwaltungsrecht und auf Grundrechte, in: FS Martens, S. 407 (413); Schmitt Gläser, ZRP 2000, 395 (399); Amelung, ZStW 104 (1992), 525 (532, 547); Simon, MDR 1991, 5 (13).

513 Rackow, DNA-Identitätsfeststellungsgesetz, S. 138; Fink, AfP 2001, 189 (192); Amelung, StV 1985, 257 (262).

514 Körner, Informierte Einwilligung als Schutzkonzept, in: LA Simitis, S. 131 (132 f.); Eberbach/Schuler, JZ 1982, 356 (360, Fn 55).

515 Simitis-Sokol, BDSG, § 4, Rn 42, 50; Gola/Schomerus, BDSG, § 4, Rn 29 ff.; § 4a, Rn 11; Roßnagel-Holznagel/Sonntag, Datenschutzrecht, 4.8, Rn 44; Schaffland/Wiltfang, BDSG, § 4, Rn 11 ff., § 4a, Rn 10; Gola, RDV 2002, 109 (111).

516 Hintz/Winterberg, ZRP 2001, 293 (295).

folglich klar zu machen, dass der wesentliche Eingriff eben nicht in der Entnahme der Speichelprobe besteht, sondern dass die Verwendungsmöglichkeit des entnommenen Zellmaterials eine deutlich stärkere Belastung darstellt. Gerade weil der körperliche Eingriff vergleichsweise harmlos erscheint, besteht die Gefahr, dass die datenschutzrechtlichen Konsequenzen übersehen werden.[517] Es muss erklärt werden, wie lange die Speicherungsfristen in der Datenbank sind, wie die Sicherungen gegen den Missbrauch der Gendaten aussehen und in welchen Fällen der Einzelne Gefahr läuft, unschuldig verdächtigt zu werden.[518] Vor allem ist der Betroffene darauf aufmerksam zu machen, dass seine Einwilligung in künftigen Strafverfahren selbstbezichtigende Wirkung haben könnte, dass er sich durch sie schon im vorhinein selbst belastet, wozu er angesichts des Grundsatzes „nemo tenetur" nicht verpflichtet ist. Die Verbindung mit diesem verfassungsrechtlichen Grundsatz macht eine besonders sorgfältige Belehrung erforderlich.[519]

Ferner ist der Einwilligende auf gesetzliche Grenzen hinzuweisen, die sich für den Staat im Falle des Fehlens der Einwilligung ergeben.[520] Dies gilt insbesondere für die Einwilligung in die Untersuchung und Speicherung der Gendaten: entweder liegen beim Einwilligenden die gesetzlichen Voraussetzungen ohnehin vor – dann ist seine Zustimmung praktisch wirkungslos, weil nach der hier vertretenen Ansicht der Richter trotz der Einwilligung zustimmen muss.[521] Oder die Voraussetzungen bezüglich der Anlasstat liegen gerade nicht vor. In diesem Fall ist seine Einwilligung praktisch relevant. Hier bedarf es aber auch eines expliziten Hinweises der Behörden, dass die Maßnahme im Falle der Versagung der Einwilligung mangels gesetzlicher Ermächtigung nicht doch noch erfolgen kann.

Außerdem ist es erforderlich, dass der Einzelne weiß, dass er ohne Bedenken „nein" sagen kann.[522] Schon der Wortlaut von § 4 Abs. 3 S. 2, letzter Halbsatz

---

517 Rinio, JR 2001, 168 unter Verweis auf das LG Nürnberg in Fn 8.

518 Ähnlich, teils weniger weitgehend: LG Düsseldorf, NJW 2003, 1883 (1884); Meyer-Goßner, Strafprozessordnung, § 81g, Rn 17; HK-Lemke, § 81g, S. 229; Krehl/Kolz, StV 2004, 447 (454); Markwardt/Brodersen, NJW 2000, 692 (693); Graalmann-Scheerer, JR 1999, 453 (454); vgl. auch die derzeit gültige Errichtungsanordnung für die Datei, Punkt 2.2. (4).

519 Graalmann-Scheerer, Molekulargenetische Untersuchung und Revision, in: FS Rieß, S. 153 (161); dies., JR 1999, 453 (454); Busch, StraFo 2002, 46 (48 f.); ders., StV 2000, 661 f.; Endriß/Kinzig, NStZ 2001, 299 (300); Golembiewski, NJW 2001, 1036 (1038).

520 Hombert, Massentest, S. 159; vgl. Bleckmann, VerwArch 63 (1972), 404 (434).

521 Siehe unten, D.

522 LG Düsseldorf, NJW 2003, 1883 (1884); AG Hamburg, StV 2001, 11 (13); SK-Rogall, § 81a, Rn 18; HK-Lemke, § 81g, S. 229; Simitis-Sokol, BDSG, § 4, Rn 45; Gola/Schomerus, BDSG, § 4, Rn 44; Hombert, Massentest, S. 160; Merten, Der Grundrechtsverzicht, in: FS Schmitt Glaeser, S. 53 (70); Graalmann-Scheerer, JR 1999, 453 (454); Malorny, JA 1974, S. 475 (479); Peters, JR 1969, 232 (233).

BDSG verdeutlicht, dass der Einwilligende Kenntnis von der Freiwilligkeit der Einwilligung haben muss. Es muss also ein Hinweis an den Betroffenen gerichtet werden, mit dem diesem klar und überzeugend aufgezeigt wird, dass eine Verweigerung der Einwilligung keine negativen Konsequenzen haben werde.[523]

Unklarheiten bezüglich der Aufklärung gehen zu Lasten der verarbeitenden Stelle.[524] Bei einer mangelhaften oder gar vollständig unterbliebenen Aufklärung ist die Einwilligung unwirksam. Die aufgrund der Speicherung erlangten Erkenntnisse sind dann nicht verwertbar.

IV. Weitere Voraussetzungen

Die Aufklärung ist dem Betroffen in schriftlicher Form zugänglich zu machen. Ferner muss vorliegend auch die Einwilligung hinreichend bestimmt[525] und schriftlich erfolgen.[526] Die Schriftform erfüllt drei Funktionen. Erstens lässt sich die Einwilligung auf diese Weise im Zweifelsfall später besser beweisen. Zweitens ermöglicht es die Schriftform dem Einzelnen, mit dem Inhalt der Aufklärung besser umzugehen. So kann er mit Personen seines Vertrauens, etwa mit seinem Anwalt, darüber sprechen, kann die Aufklärung vervielfältigen und anderen Menschen zugänglich machen. Zudem hat er die Konsequenzen seiner möglichen Einwilligung stets vor Augen und kann sich zu einem beliebigen Zeitpunkt vergewissern, ob er tatsächlich einwilligen möchte. Drittens schließlich erfüllt die Schriftform eine Warnfunktion.[527] In diesen Fällen geht der Gesetzgeber davon aus, dass der Unterzeichnende vor seiner Unterschrift die Situation besonders gründlich überdenkt und so vor übereilten Entscheidungen geschützt wird.[528] Bevor man etwas unterschreibt, sollte man in der Tat erwägen, ob die Vorteile der Unterschrift die Nachteile überwiegen. Tatsächlich wird ein schriftliches Einverständnis wohl nicht ebenso leichtfertig gegeben wie eine mündliche Zusage.

---

[523] Rackow, DNA-Identitätsfeststellungsgesetz, S. 166; Eberle, Zum Verwertungsverbot für rechtswidrig erlangte Informationen im Verwaltungsverfahren, in: GS Martens, S. 351 (364); Sprenger/Fischer, NJW 1999, 1831 (1833); Eine Information über die Verweigerungsfolgen fordern auch Schaffland/Wiltfang, BDSG, § 4a, Rn 10, sowie Roßnagel-Holznagel/Sonntag, Datenschutzrecht, 4.8, Rn 44, 47: „Ohne diese Informationen ist eine echte Abwägung der Vor- und Nachteile der Einwilligung nicht möglich.".

[524] Roßnagel-Holznagel/Sonntag, Datenschutzrecht, 4.8, Rn 48.

[525] Simitis-Simitis, BDSG, § 4a, Rn 74 f.; Roßnagel-Holznagel/Sonntag, Datenschutzrecht, 4.8, Rn 49; Schaffland/Wiltfang, BDSG, § 4a, Rn 11; Jarass, NJW 1989, 857 (860).

[526] Simitis-Simitis, BDSG, § 4a, Rn 35; Gola/Schomerus, BDSG, § 4a, Rn 13; Roßnagel-Holznagel/Sonntag, Datenschutzrecht, 4.8, Rn 28; Schaffland/Wiltfang, BDSG, § 4a, Rn 9; Gola, RDV 2002, 109 (111); Graalmann-Scheerer, JR 1999, 453 (454).

[527] Dies ist anerkanntermaßen bereits der Sinn von Schriftformerfordernissen im Zivilrecht, vgl. nur § 766 BGB.

[528] Simitis-Simitis, BDSG, § 4a, Rn 35; Roßnagel-Holznagel/Sonntag, Datenschutzrecht, 4.8, Rn 28; Schaffland/Wiltfang, BDSG, § 4a, Rn 9.

Dennoch gibt es sicher zahlreiche Fälle, in denen ein Blatt gedankenlos abgezeichnet wird. Der Staat steht dann in der Verantwortung, zusätzliche Vorkehrungen im Rahmen des „weichen Paternalismus“[529] oder „schwachen Paternalismus“[530] zu treffen, um den Einwilligenden vor übereilten Entscheidungen zu schützen. Zu denken ist zum einen daran, eine obligatorische Beratung vor der Einwilligung vorzusehen.[531] Diese Beratung wäre von einer rechtskundigen Person durchzuführen, möglicherweise von einem Anwalt. So könnte man erwägen, auch dem einwilligenden Betroffenen in jedem Fall einen Pflichtverteidiger zu bestellen.[532] Derzeit ist nach Maßgabe des Bundesverfassungsgerichtes „von Fall zu Fall“ über eine Beiordnung für das Verfahren vor dem Ermittlungsrichter zu entscheiden.[533] Oder man sieht vor, dass die Datenschutzbeauftragten einen Beratungsservice anbieten. Wer sich auf diese Weise hat beraten lassen und dennoch einwilligen will, dürfte vor den Folgen seiner Handlung hinreichend gewarnt sein. Seiner Einwilligung käme Wirksamkeit zu.

Eine andere, weniger aufwändige Lösung wäre die Einrichtung einer Abkühlphase („cooling off“-Periode)[534] als zusätzliche Warnfunktion. Der Betroffene würde danach einwilligen und müsste diese Einwilligung nach einer bestimmten Zeitspanne, etwa zwei Wochen später, bestätigen, um sie wirksam werden zu lassen. So könnte man sicherstellen, dass niemand aus einer bloßen Laune heraus einwilligen möchte.

Am sinnvollsten erscheint angesichts der Intensität der Eingriffe vorliegend eine Kombination der verschiedenen Warnfunktionen. So ist zunächst sicherzustellen, dass die Einwilligung in die Speicherung der Gendaten nur schriftlich erfolgen kann. Zudem muss eine weitere der beiden zusätzlichen Voraussetzungen vorliegen: der Einwilligende muss sich daher entweder beraten lassen oder seine Einwilligung nach einer gewissen Dauer noch einmal bestätigen. Nur so ist sichergestellt, dass es sich tatsächlich um eine informierte, freiwillige Einwilligung handelt.

---

529 Zum Begriff: siehe oben, B. III. 2. a).

530 Vgl. Gutmann/Schroth, Organlebendspende, S. 116.

531 Vgl. das Beratungsmodell beim Schwangerschaftsabbruch.

532 Endriß/Kinzig, NStZ 2001, 299 (300, mit Verweis auf eine Forderung einer AG des Deutschen Strafverteidigertages in Fn 8); vgl. KMR-Bosch, § 81g, Rn 20: eine wirksame Einwilligung würde Pflichtverteidigung voraussetzen – „eine i.E. unpraktikable Lösung“.

533 BVerfGE 103, 21 (40 f.); nach LG Karlsruhe, StV 2001, 390, ist dies dann der Fall, „wenn die Schwierigkeit der Rechtslage dies gebietet.“.

534 Vgl. Gutmann/Schroth, Organlebendspende, S. 116; vgl. zudem den Hinweis von BGHSt 12, 379 (383), der Einwilligende brauche „Zeit zu ruhiger Überlegung“; vgl. auch die Ansicht von LR-Krause, § 81a, Rn 13, dem Einwilligenden müsse „Gelegenheit gegeben werden, sich seine Zustimmung zu überlegen, gegebenenfalls nach Rücksprache mit seinem Verteidiger.“.

Auch die objektiv unvernünftige Einwilligung ist wirksam.[535] Einer Einwilligung in die molekulargenetische Untersuchung und Speicherung kann daher nicht mit dem Argument die Wirksamkeit versagt werden, dass ein Interesse des Einwilligenden nicht ersichtlich ist.[536] Freilich ist der „fürsorgerische Wert" einer Verneinung der Einwilligungsfähigkeit um so geringer, je objektiv vernünftiger die Einwilligung erscheint.[537] Sofern als weitere Voraussetzung einer freiwillig erteilten Einwilligung darüber gestritten wird, ob dem Einzelnen reale Verhaltensalternativen zur Verfügung stehen müssten[538] oder ob dies nicht erforderlich sei,[539] erübrigt sich die Problematisierung dieser Frage in der vorliegenden Konstellation. Denn der Betroffene hat stets die Alternative, seine Einwilligung in die Speicherung seiner Gendaten zu verweigern, ohne Nachteile befürchten zu müssen. Ferner ist es dem Staat durchaus möglich, Einwilligungen staatlich zu veranlassen. Die staatliche Initiative hindert die Wirksamkeit nicht automatisch, da selbst ein starker „Aufforderungscharakter" der Entscheidungssituation der Freiwilligkeit nicht zwingend entgegensteht.[540] Es sind durchaus Fälle denkbar, in denen der Einzelne einen Vorschlag des Staates vernünftig findet und seine Einwilligung aus seinem eigenen wohlverstandenen Interesse heraus erteilt.

V. Das derzeitige Vorgehen der Behörden

Schon die Vielzahl der Einwilligungen, an denen kein erkennbares Interesse besteht, indiziert, dass den aufgestellten Voraussetzungen derzeit nicht genügt wird. Die Belehrung erfolgt durch Formblätter,[541] was wegen der selbstbezichti-

---

535 Für die strafrechtliche Einwilligung: Sternberg-Lieben, Einwilligung, S. 45; vgl. aber auch Amelung, ZStW 104 (1992), 525 (545 ff.), der einfordert, dass auf ein Opfer auch ein Vorteil folgt, diese Einschätzung aber allein den Einwilligenden treffen lassen will. Es gehe um „subjektive, nicht um objektive Rationalität".

536 Gola/Schomerus, BDSG, § 4a, Rn 9.

537 Körner, Informierte Einwilligung als Schutzkonzept, in: LA Simitis, S. 131 (145), fordert „echte Wahlfreiheit"; Amelung, ZStW 104 (1992), 821 (831 f.).

538 BVerfG, NJW 1982, 375; Eppelt, Grundrechtsverzicht, S. 49; Littwin, Grundrechtsschutz, S. 234; Koch, Verzicht, S. 29; Sturm, Probleme eines Verzichts auf Grundrechte, in: FS Geiger, S. 173 (184); Donner/Simon, DÖV 1990, 907 (916); Püttner/Brühl, JZ 1987, 529 (530).

539 Malacrida, Grundrechtsverzicht, S. 24, unter Hinweis auf die lebensrettende Operation; Merten, Der Grundrechtsverzicht, in: FS Schmitt Glaeser, S. 53 (69); jedenfalls eine „ideale Spontaneität" sei zu viel gefordert, meint: Gutmann, Freiwilligkeit, S. 193: „Nicht auf die Gleise zu springen, ist auch freiwillig."; ähnlich: Amelung, Einwilligung, S. 95 f.

540 Gutmann/Schroth: Organlebendspende, S. 114, unter Verweis auf BGHZ 101, 215 (219). Im Urteil wird allerdings gerade der Aufforderungscharakter argumentativ gegen die Wirkung der Einwilligung (kein Unterbrechen der Kausalkette) gewendet. Gleichwohl ist dem Urteilstext im Umkehrschluss tatsächlich zu entnehmen, dass eine freiwillige Einwilligung trotz Aufforderungscharakters möglich ist.

541 Solche Formblätter, wie sie in Bayern verwendet werden, sind abgedruckt bei: Brodersen/Anslinger/Rolf, DNA-Analyse, Rn 86; vgl. auch: Golembiewski, NJW 2001, 1036.

genden Wirkung der Einwilligung zum Teil als nicht ausreichend angesehen wird.[542] Nun spricht prinzipiell nichts gegen die Methode, die Betroffenen anhand von Formblättern zu belehren. Es kommt vielmehr drauf an, welches der Inhalt solcher Blätter ist. Der Inhalt wird freilich auch bemängelt.[543] Gerade weil der körperliche Eingriff vergleichsweise harmlos erscheint, besteht die Gefahr, dass die datenschutzrechtlichen Konsequenzen übersehen werden.[544] Ein Formblatt muss daher den oben genannten Anforderungen an eine ausreichende Aufklärung des Einzelnen genügen und insbesondere – durch grafische Hervorhebung – auf die persönlichen Risiken der selbstbezichtigenden Wirkung für den Einwilligenden aufmerksam machen. Derzeit heißt es in den Formblättern: „Die Verarbeitung schließt u.a. die Datenübermittlung zu Zwecken der Strafverfolgung, der Gefahrenabwehr und der internationalen Rechtshilfe ein."[545] Es ist fraglich, ob der Einzelne daraus ersehen kann, dass er Gefahr läuft, sich in künftigen Strafverfahren selbst zu überführen oder gar falsch verdächtigt zu werden. Eine deutlichere Warnung wäre angebracht. Außerdem sind die Zwecke der Datenverarbeitung nicht abschließend genannt („u.a."). Ferner fehlt ein direkter Hinweis auf die Speicherungsfristen. Zwar wird auf das BKA-Gesetz und „Dateienrichtlinien" hingewiesen – es ist aus dem Formblatt aber nicht allein ersichtlich, dass die Daten über Jahrzehnte gespeichert werden. Dies kann der Einzelne lediglich aus der Errichtungsanordnung erfahren. Selbstverständlich muss das Formblatt auch einen Hinweis auf die gesetzlichen Grenzen enthalten und die Freiwilligkeit der Einwilligung hervorheben. Dies ist bei den bei *Brodersen/Anslinger/Rolf* abgedruckten Exemplaren der Fall.

Auch andere Voraussetzungen werden von der Praxis derzeit nicht erfüllt. Weder ist eine Beratung erforderlich, noch ist eine Abkühlphase vorgesehen, um die Betroffenen vor übereilten Einwilligungen zu schützen. Auch der Richtervorbehalt, der die Autonomie des einwilligenden Einzelnen durch eine Überprüfung des Vorliegens der oben genannten Voraussetzungen effektiv sichern könnte und sollte,[546] wird in der Praxis beim Vorliegen einer Einwilligung umgangen. Das derzeitige Vorgehen der Behörden genügt daher in mehreren Punkten nicht den Anforderungen, die zu erfüllen sind, damit die Freiwilligkeit einer Einwilligung sichergestellt ist. Daher sind Einwilligungen in die molekulargenetische Untersuchung und Speicherung in der Regel unfreiwillig und daher unwirksam.

---

[542] Golembiewski, NJW 2001, 1036 (1037).

[543] Waizfeld/Kühn, DuD 2001, 444 (445); Wollweber, NJW 2001, 2304 (2305) – **aA**: Messer/Siebenbürger, in: Vordermayer/von Heintschel-Heinegg, Handbuch für den Staatsanwalt, Kapitel 1, Rn 142.

[544] Rinio, JR 2001, 168 unter Verweis auf das LG Nürnberg in Fn 8.

[545] Brodersen/Anslinger/Rolf, DNA-Analyse, Rn 86.

[546] Siehe zur Rolle des Richtervorbehaltes unten, D. IV. 4.

VI. Persönliche Dispositionen des Betroffenen

Auch wenn eine ausreichende Aufklärung erfolgt ist und auch die anderen Voraussetzungen einer wirksamen Einwilligung vorliegen, kann nicht jeder einwilligen. Ausgeschlossen ist die Einwilligung mangels Freiwilligkeit auch dann, wenn der Einzelne zu einer freien Entscheidung nicht in der Lage zu sein scheint.

Um zu einer freien Entscheidung fähig zu sein, müsste der Mensch zunächst einmal tatsächlich über einen freien Willen verfügen und Herr über seine Entscheidungen sein. Darüber werden in letzter Zeit wieder[547] verstärkt Diskussionen geführt.[548] *Searle* schildert die Problematik sehr anschaulich. Willensfreiheit ist danach gegeben, wenn manchen Handlungen keine kausal hinreichenden Bedingungen vorausgehen. Die Gegenposition, die davon ausgeht, dass jede Handlung auf neuronale Prozesse zurückzuführen ist, wird als Determinismus bezeichnet. Willensfreiheit und Determinismus schließen einander nach diesen Festlegungen aus.[549] Indeterminismus dagegen macht die Annahme von Willensfreiheit zwar möglich, begründet sie aber noch nicht.[550]

Was spricht dagegen, dass wir durch neurobiologische Vorgänge kausal hinreichend auf unsere Handlungen festgelegt sind? Wir haben stets das Gefühl alternativer Handlungsmöglichkeiten, machen also ständig die „Erfahrung der Lücke". Lücke heißt in diesem Zusammenhang, dass wir jedenfalls keine hinreichenden Kausalbedingungen wahrnehmen, die unsere Handlungen veranlassen. Lücke ist also eine Lücke in der (so von uns wahrgenommenen) Kausalkette unseres Handelns. Die bewussten Erlebnisse dieser Lücke geben uns das Gefühl menschlicher Freiheit. Die zwischen Deterministen und Verfechtern der Willensfreiheit umstrittene Frage ist nun die, ob es sich bei diesem Gefühl nur um eine Illusion, einen „massiven Trick der Evolution" (hervorgerufen durch einen

---

547 Kempermann, FAZ vom 02.03.2004, S. 37: „Eine nicht mehr ganz taufrische Debatte ist wieder aktuell."; Kulenkampff, 59. Schopenhauer-Jahrbuch (für das Jahr 1978), 15: „Die Frage, ob die Menschen in ihren Handlungen und Entscheidungen frei sind, ist so alt wie die Philosophie."; vgl nur Einsteins Überlegung in: Mein Weltbild, S. 10: „Jeder handelt nicht nur unter äußerem Zwang, sondern auch gemäß innerer Notwendigkeit."

548 Searle, Freiheit und Neurobiologie; Guss, Willensfreiheit; Schiemann, NJW 2004, 2056; diverse Beiträge im Feuilleton der FAZ (04.11.2003 – 17.04.2004 sowie der Beitrag von Habermas vom 15.11.2004, S. 35 f.).

549 Searle, Freiheit und Neurobiologie, S. 22.

550 Guss, Willensfreiheit, S. 76 f., 156.

Zeitvorsprung des Gehirns vor dem Bewusstsein) handelt[551] oder ob eine Lücke real existiert.[552]

Searle stellt die Hypothese auf, dass der Zustand des Bewusstseins durch Neuronen determiniert wird. Dennoch geht er von der Existenz der Willensfreiheit aus. Dies begründet er damit, dass der aktuelle Zustand des Bewusstseins nicht auch den nächsten Zustand determiniert. Es sind rationale Denkprozesse „dazwischen geschaltet", in denen der Mensch seinen freien Willen entfalten kann. Wenn Willensfreiheit nach diesem Modell existiert, dann „als Erscheinung in der Zeit" durch den freien Wechsel von einem determinierten Zustand zum anderen.[553] *Searle* ist aber bezüglich seiner eigenen Hypothese verunsichert, weil er erkennt, dass auch ein freier Wille, eine Lücke, neurobiologisch real sein muss.[554] Als Indizien für eine solche neurobiologische Realität, die er nicht nachweisen kann, zieht *Searle* die erwähnten „Erlebnisse freien Handelns" und den nachgewiesenen Indeterminismus auf Quantenebene heran.[555] Endgültig klären kann er die Frage des freien Willens aber nicht.

Singer dagegen legt sich gegenteilig fest und schließt die Existenz von Entscheidungen, auch von solchen rein rationaler Art, die unabhängig von neuronalen Prozessen zu Stande kommen, aus.[556] Nach seiner Ansicht beruhen unbewusste und bewusste Entscheidungen auf den gleichen neuronalen Prinzipien.[557] *Singer* führt als Beispiel den Tumor an, dessen Feststellung heute schon einen Täter entlastet und stellt fest, dass der gleiche Defekt auch unsichtbare oder jedenfalls weniger auffällige Ursachen haben kann.[558] Seine Folgerung: „Keiner kann anders, als er ist."[559] Freiheit ist eine mit dem Wissen über Gehirne inkompatible kulturelle Konstruktion.[560]

Auch wenn die Thesen der Deterministen bezweifelt werden,[561] so lässt sich doch zumindest nicht ausschließen, dass Menschen determiniert handeln. Wie

551 So: Singer, FAZ vom 08.01.2004, S. 33; ders. betont allerdings in: Ein neues Menschenbild?, S. 32, „Illusion" sei nicht das passende Wort; Lüderssen, FAZ vom 04.11.2003, S. 33.

552 Searle, Freiheit und Neurobiologie, S. 20, 40 ff.; im Ergebnis ebenso: Guss, Willensfreiheit, S. 86 ff.

553 Searle, Freiheit und Neurobiologie, S. 45.

554 Searle, Freiheit und Neurobiologie, S. 37, 56.

555 Searle, Freiheit und Neurobiologie, S. 57.

556 Singer, FAZ vom 08.01.2004, S. 33; ebenso: Schiemann, NJW 2004, 2056 (2057).

557 Singer, Der Beobachter im Gehirn, S. 172.

558 Ebenso: Kempermann, FAZ vom 02.03.2004, S. 37.

559 Singer, FAZ vom 08.01.2004, S. 33.

560 Singer, Ein neues Menschenbild?, S. 13.

561 Guss, Willensfreiheit, S. 76, hält die Beweislast des Deterministen für „nicht zu tragen"; Kaiser, FAZ vom 17.04.2004, S. 35: „Aus dem deterministischen Weltbild spricht ein erkenntnistheoretisch naiver Empirismus."; Höffe, FAZ vom 11.02.2004, S. 33: „Manche

soll man mit diesem Befund umgehen? Mit dem bloßen Hinweis, der Determinismus sei in der neueren Philosophie „auf dem Rückzug“[562], kann man dieser Argumentation nicht mehr entgegen treten; einerseits wegen der Unwissenschaftlichkeit einer solchen Aussage, die sich lediglich nach der Mehrheit richtet – andererseits aber auch wegen der sich ändernden Kräfteverhältnisse in den letzten Jahren. Allerdings kann man den Streit über die Determiniertheit menschlicher Entscheidungen dennoch dahin stehen lassen, wenn man zu der Erkenntnis gelangt, dass man zumindest die Fiktion des freien Willens als Konsenskonstruktion aufrecht erhalten muss.[563]

Lüderssen beispielsweise will an der ohne einen freien Willen eigentlich nicht denkbaren strafrechtlichen Kategorie Schuld auf alle Fälle festhalten, weil so Schutz vor willkürlichen Urteilen erreicht wird.[564] Mit *Singer* fordert auch die Gallionsfigur der Deterministen, dass die Gesellschaft nicht davon ablassen dürfe, Verhalten zu bewerten. Auch wenn Entscheidungen determiniert sind, könne man durch Erziehung, Belohnung und Sanktionen den Entscheidungsvorgang beeinflussen und unerwünschte Entscheidungen unwahrscheinlicher machen.[565] Ebenso legt die Feststellung von *Schiemann*, dass selbst in einen determinierten Entscheidungsprozess bewusste Motive einbezogen werden,[566] die Folgerung nahe, dass die Gesellschaft sich nicht aus der Beeinflussung des Menschen zurückziehen sollte.[567] Warum sollte sich die Rechtsordnung durch Freiheitsgewähr und Zurechnung nicht unter die Einflüsse einreihen, die den Menschen gegebenenfalls determinieren?

Die Rechtsordnung ist mithin der Praktikabilität wegen auf ein Konstrukt des freien Willens angewiesen. Auch gegebenenfalls determinierte Entschlüsse beruhen auf (determinierenden) Motiven. Diese Motive sind Ausdruck gesellschaftlicher Realität und verdienen es daher, durch Freiheitsgewähr geschützt zu

---

Hirnforscher nehmen Deutungen vor, die (...) nicht unstrittig gedeckt sind.“; Buchheim, FAZ vom 19.01.2004, S. 27; Wingert, FAZ vom 12.01.2004, S. 25: „Die Belege reichen nicht aus. (...) Es gibt keine neurophysiologischen Äquivalente für Gründe.“; vgl. auch Mosbacher, JR 2005, 61: „Welchen Sinn sollen Demokratie und Privatautonomie haben, wenn der Mensch in jeder Beziehung nur als willenloser Automat gelten kann?“.

562 Ohly, Einwilligung, S. 71.

563 Eppelt, Grundrechtsverzicht, S. 40; Malacrida, Grundrechtsverzicht, S. 28; ein Konstrukt sieht auch Kempermann, FAZ vom 02.03.2004, S. 37, im freien Willen; **krit.**: Guss, Willensfreiheit, S. 31, 155, hält eine Fiktion der Willensfreiheit für unbefriedigend. Sein Argument „Recht muss fundiert sein!“ erhellt jedoch alleine noch nicht, was tatsächlich gegen eine solche Fiktion sprechen sollte. Vgl. auch Hillenkamp, JZ 2005, 313 (320): „An eine Illusion *kann* ein Strafrecht nicht knüpfen.“ (Hervorhebung dort).

564 Lüderssen, FAZ vom 04.11.2003, S. 33; vgl. Hillenkamp, JZ 2005, 313 ff.

565 Singer, Ein neues Menschenbild?, S 33 f.; ders., FAZ vom 08.01.2004, S. 33; **aA**: Kaiser, FAZ vom 17.04.2004, S. 35, der Sanktionen trotz festgestelltem Determinismus als „unlogisch“ bezeichnet.

566 Schiemann, NJW 2004, 2056 (2057).

567 Schiemann, NJW 2004, 2056 (2059).

werden. Davon abgesehen, empfindet sich der Mensch zumindest als frei und nimmt Einschränkungen seiner Freiheit als Einbuße an Lebensqualität wahr. Es ist ihm nicht gleichgültig, ob ihn der Staat oder womöglich die eigenen Motive determinieren. Folglich ist davon auszugehen, dass von einer Selbstbestimmung des Einzelnen, die als Grundlage einer jeden Einwilligung unentbehrlich ist, zumindest ausgegangen werden darf und muss – unabhängig davon, ob der Mensch in seinen Entscheidungen nun frei ist oder nicht.

Grundsätzlich ist der Mensch mithin zu freien, selbstbestimmten Entscheidungen in der Lage. Freilich gibt es Ausnahmen von diesem Grundsatz. Wenn dem Menschen die Fähigkeit zur Selbstbestimmung fehlt, ist er ausnahmsweise vor sich selbst und seinen „Entscheidungen" zu schützen.[568]

Minderjährige etwa sind gemäß § 106 BGB in ihrer Geschäftsfähigkeit beschränkt, weil ihnen eine verantwortliche freie Entscheidung nicht in gleicher Weise zuzutrauen ist wie Volljährigen. Sollte, wer sich geschäftlich nicht voll binden kann, in einen staatlichen Grundrechtseingriff mit jahrzehntelangen Folgen einwilligen können? Der Bereich der Fähigkeit, wirksam einzuwilligen, kann über den der Geschäftsfähigkeit durchaus hinausgehen.[569] Die Einwilligungsfähigkeit Minderjähriger wird teilweise generell ab einem Alter von 14 Jahren bejaht,[570] teilweise aber auch grundsätzlich verneint.[571] Eine Lösung im amerikanischen Recht sieht vor, dass die Einwilligungsfähigkeit bis zum siebten Lebensjahr stets fehlt, bis zum vierzehnten Lebensjahr gemäß einer widerleglichen Vermutung fehlt und bis zum achtzehnten Lebensjahr gemäß einer widerleglichen Vermutung gegeben ist.[572] Vorwiegend wird sie jedoch weniger von pauschalen Altersgrenzen, als vielmehr von der individuellen Einsichtsfähigkeit, der Urteilskraft und der Reife des Jugendlichen abhängig gemacht.[573] Im Zweifelsfall verhindert ein Mitentscheidungsrecht der gesetzlichen Vertreter insbesondere bei schweren Eingriffen voreilige Entscheidungen des Minderjährigen.[574] Die Einwilligungsfähigkeit von Kindern, die verneint wird,[575] kommt in

---

[568] Hillgruber, Schutz, S. 135.

[569] Amelung, ZStW 104 (1992), 525 (529).

[570] Roßnagel-Holznagel/Sonntag, Datenschutzrecht, 4.8, Rn 22 mit Verweis auf behördliche Äußerungen in Fn 46.

[571] Sprenger/Fischer, NJW 1999, 1830 (1833); für die strafrechtliche Einwilligung: Sternberg-Lieben, Einwilligung, S. 45.

[572] Ohly, Einwilligung, S. 320 f.

[573] BGHSt 12, 379 (382); BGHZ, 29, 33 (36); OLG Karlsruhe, FamRZ 1983, 742 (743); Reipschläger, Einwilligung, S. 41 (m.w.N. in Fn 142); Ohly, Einwilligung, S. 325; Amelung, ZStW 104 (1992), 821 (829); Eppelt, Grundrechtsverzicht, S. 43, ist der Ansicht, für die Reife gelte das Kriterium der Grundrechtsmündigkeit.

[574] Ohly, Einwilligung, S. 321, 323.

[575] Sternberg-Lieben, Einwilligung, S. 45.

der vorliegenden Konstellation ohnehin nicht in Frage: mangels Strafmündigkeit der Kinder kann es nicht zu dem Verdacht einer Anlasstat kommen.[576]

Während die Einwilligungsfähigkeit Erwachsener in der Regel unproblematisch zu bejahen ist,[577] können jedenfalls psychisch kranke Menschen nicht einwilligen. Bei ihnen ist die Fähigkeit zur Selbstbestimmung beeinträchtigt.[578] Schwierig sind Grenzfälle zu beurteilen. Hier sind, neben der natürlichen Einsichts- und Urteilsfähigkeit,[579] die intellektuellen Kapazitäten bzw. die Verstandesreife des Einzelnen zu berücksichtigen.[580]

---

576 Beachte aber, dass erkennungsdienstliche Maßnahmen auch gegen Strafunmündige durchgeführt werden können: VG Freiburg, NJW 1980, 901; Gusy, VerwArch 84 (1993), 441 (448); in Hessen ist die Speicherung der Gendaten von Kindern seit 2005 polizeirechtlich möglich; Apel/Eisenhardt, StV 2006 (erscheint demnächst) , S. 1 des Umdrucks.

577 Ohly, Einwilligung, S. 294.

578 BVerfGE 58, 208 (225); BGH, NJW 1964, 1177 (1178); Sternberg-Lieben, Einwilligung, S. 45; Amelung, ZStW 104 (1992), 821 (824, 829); Roßnagel-Holznagel/Sonntag, Datenschutzrecht, 4.8, Rn 21: „Je sensibler die Daten, um so eher ist auf die Einwilligungsfähigkeit abzustellen.".

579 BGHZ, NJW 1964, 1177 (1178); Sachs-Sachs, vor Art. 1, Rn 56; Gola/Schomerus, BDSG, § 4, Rn 10; Schaffland/Wiltfang, BDSG, § 4a, Rn 21; Amelung, ZStW 104 (1992), 525 (532, 542).

580 HK-Lemke, § 81g, Rn 17; Hombert, Massentest, S. 159; Amelung, ZStW 104 (1992), 525 (532, 553).

D. Die Wirkungen der Einwilligung

Neben der Frage, ob und inwieweit die Einwilligung insbesondere in der hier dargestellten Konstellation widerruflich ist,[581] ist vor allem zu klären, ob von der Einwilligung eine so starke Wirkung ausgeht, dass sie das Erfordernis richterlicher Genehmigung entfallen lässt.

I. Der Begriff des Richtervorbehaltes

Unter Richtervorbehalt ist zunächst ganz wörtlich zu verstehen, dass eine bestimmte Handlung dem Richter vorbehalten ist. Steht eine Maßnahme unter Richtervorbehalt, so ist es die Genehmigung dieser Handlung, die dem Richter vorbehalten ist. Das bedeutet, dass die Maßnahme ohne richterliche Genehmigung grundsätzlich nicht durchgeführt werden darf. Folglich ist dem zuständigen Richter die Kompetenz zugewiesen, über die Legitimität einer Maßnahme zu entscheiden. Es handelt sich um ein „Richtermitwirkungsgebot".[582] Der Richtervorbehalt wird aus diesem Grunde teils als Kompetenzzuweisung an ein weisungsunabhängiges und eigenverantwortliches Staatsorgan definiert.[583] Nach *Rabe von Kühlewein* handelt es sich um Kompetenzregelungen, nach denen bei Eingriffen in subjektive Rechte im gesetzlichen Regelfall ein[584] Richter ausschließlich und obligatorisch zuständig ist.[585] Die Rechtsprechung bezeichnet diese Institution als vorbeugende Kontrolle durch eine neutrale, unabhängige Instanz.[586]

Was ist die Aufgabe des Richters? Die richterliche Zustimmung ist eine eigene Entscheidung über die Zulässigkeit eines Eingriffes und geht damit über eine bloße Vollzugsermächtigung hinaus.[587] Der Richtervorbehalt ist eingebettet in ein System der Grundrechtssicherung, wobei der Richter als Rechtsschutz- und Eingriffsrichter fungiert, also eine Doppelfunktion innehat.[588] Der Richtervorbehalt soll garantieren, dass der Richter nicht nur das letzte, sondern ebenfalls bereits das erste Wort hat.[589]

---

[581] Siehe unten, D. V.
[582] Lisken/Denninger, Handbuch des Polizeirechts, Kap. K Rn 48.
[583] Lisken, NJW 1982, 1269; ders., DRiZ 1979, 277.
[584] Beachte aber die Möglichkeit der Anordnung durch drei Richter, Art. 13 Abs. 3 S. 3 GG.
[585] Rabe von Kühlewein, Richtervorbehalt, S. 23 ff.
[586] BVerfGE 103, 142 (151); 107, 299 (325); jüngst: BVerfGE 109, 279 (357 f.).
[587] Rabe von Kühlewein, Richtervorbehalt, S. 88.
[588] Lin, Richtervorbehalt, S. 244 f.; Hantel, Freiheitsentziehung, S. 21; Krüger, DRiZ 04, 247 (248).
[589] Gutachten der Großen Strafrechtskommission des Deutschen Richterbundes zum Thema „Die Tätigkeit des Ermittlungsrichters im Ermittlungsverfahren" von 2003, S. 19.

II. Die Historie des Richtervorbehaltes

Um besser nachvollziehen zu können, mit welcher Institution man es beim Richtervorbehalt zu tun hat, empfiehlt sich ein Blick auf seine lange zurück reichenden Wurzeln. Bereits im römischen Recht gab es Richtervorbehalte, die allerdings mangels Gewaltenteilung nicht dem Individualschutz, sondern der Bekräftigung des Gewaltmonopols dienten.[590] Im 13. und 14. Jahrhundert erreichten Privilegierte die Zusicherung, nur durch besondere Organe verhaftet zu werden.[591] Richtervorbehalte gab es auch zu Zeiten des Inquisitionsprozesses. Diese waren allerdings wegen der Machtkonzentration beim Richter gerade nicht freiheitsschützend, sondern verstärkten im Gegenteil dessen beherrschende Rolle. Als Mittel der Sicherung persönlicher Freiheit konnte der Richtervorbehalt nur dienen, wenn er im Gegensatz zu den Befugnissen anderer Organe herrschaftliche Willkür verhinderte.[592] Eine solche Bedeutung war folglich nur mit der Durchsetzung der Gewaltenteilung zu erlangen.

Das Bestreben nach Durchsetzung der Gewaltenteilung stand somit auch hinter den in der Paulskirchenverfassung von 1849 eingeführten Richtervorbehalten, die in der richterlichen Unabhängigkeit ein Mittel gegen die Willkürlichkeit hoheitlicher Maßnahmen sahen.[593] Später wurden in Habeas-Corpus-Gesetzen alle Freiheitsentziehungen der nachträglichen[594] gerichtlichen Kontrolle unterworfen. Die Polizei protestierte bereits damals aus Sorge um die Effektivität der Kriminalitätsbekämpfung gegen dieses Vorgehen.[595] Auch in der RStPO von 1877 fanden sich mehrere Richtervorbehalte.[596] Zu dieser Zeit war der genehmigende Richter noch Untersuchungsrichter. Man schuf dieses Amt aus Misstrauen gegen die erst neu gegründete Staatsanwaltschaft. Es war Aufgabe des Untersuchungsrichters, Ermittlungen eigenverantwortlich durchzuführen und die gesamte Voruntersuchung zu leiten. Immer wieder wurde als Kritik an dieser Aufgabenverteilung vorgetragen, sie sei ein Überrest des Inquisitionsprozesses, in dem Richter und Ankläger nicht voneinander getrennt waren. 1974 wurde das Amt des Untersuchungsrichters schließlich abgeschafft, weil der Gesetzgeber eine

---

590 Ollinger, Richtervorbehalt, S. 38 ff. m.w.N.

591 Ollinger, Richtervorbehalt, S. 65.

592 Ollinger, Richtervorbehalt, S. 181 f.

593 Detailliert: Rabe von Kühlewein, Richtervorbehalt, S. 37 ff.; Aschmann, Richtervorbehalt, S.37 f.; Ollinger, Richtervorbehalt, S. 376 f.

594 Daher handelt es sich hier zwar um eine verwandte Konstellation, aber nicht um Richtervorbehalte, vgl. Ollinger, Richtervorbehalt, S. 210. Ollinger zeichnet zudem die Entwicklung von „habeas corpus" in England nach, S. 200 f.

595 Müller, AnwBl 1992, 349 (350). Ähnliche Bedenken bezüglich der Paulskirchenverfassung schildert Rabe von Kühlewein, Richtervorbehalt, S.43.

596 Gutachten der Großen Strafrechtskommission des Deutschen Richterbundes zum Thema „Die Tätigkeit des Ermittlungsrichters im Ermittlungsverfahren" von 2003, S. 62 f.; Rabe von Kühlewein, Richtervorbehalt, S. 43 ff.; Hilger, Über den „Richtervorbehalt" im Ermittlungsverfahren, in: GS Meyer, S. 209 (213).

stärkere Trennung für sinnvoll erachtete und das Misstrauen gegenüber der Staatsanwaltschaft als nicht mehr gerechtfertigt ansah. Seitdem gibt es neben dem Staatsanwalt nur noch das Amt des Ermittlungsrichters, der lediglich die gesetzliche Zulässigkeit einer Maßnahme prüft und ansonsten an Anträge durch die Staatsanwaltschaft gebunden ist.[597]

Unterdessen hatte die Willkür der Verhaftungen im Nationalsozialismus ihre Spuren im Grundgesetz hinterlassen und führte zu dem umfassenden Richtervorbehalt bei Freiheitsentziehungen gemäß Art. 104 Abs. 2, 3 GG.[598] Auch bei anderen Maßnahmen schien der Richter nach 1945 als Garant zur Verhinderung einer willkürlichen Handhabung von Eingriffsmaßnahmen.[599] Bis 1990, so die Erkenntnis der Großen Strafrechtskommission des Deutschen Richterbundes,[600] wurden Richtervorbehalte einfachgesetzlich aus zwei Gründen eingeführt. Einerseits war mit den technischen Entwicklungen, durch die immer neue spezielle Zwangseingriffe möglich wurden, Schritt zu halten; für die neuerdings möglichen Eingriffe waren Richtervorbehalte einzuführen, wenn man den Rechtsschutzstandard der Strafprozessordnung nicht faktisch verändern wollte. Andererseits sollte der Richtervorbehalt zu Lasten von Eingriffsbefugnissen der Strafverfolgungsorgane gestärkt werden. Heute ist der Richtervorbehalt in einer Vielzahl von konkreten Ermittlungsmaßnahmen vertreten und mithin eher die Regel als die Ausnahme.[601] Jedenfalls der Gesetzgeber der Strafprozessordnung setzt offensichtlich erhebliche Hoffnungen in diese Institution, die sich großer Konjunktur erfreut.[602]

III. Die Funktionen des Richtervorbehaltes

Der Richtervorbehalt ist Ausdruck des gesetzgeberischen Willens, die Genehmigung einer Maßnahme einem Richter vorzubehalten. Damit hat er wie alle anderen Umsetzungen des Willens des Gesetzgebers teil am Vorrang des Gesetzes. Daher ist es für die Frage nach den Wirkungen der Einwilligung ohne Be-

---

[597] Nack, Die Telekommunikationsüberwachung in der strafverfahrensrechtlichen Praxis, Umdruck, S. 16 f.

[598] Ausführlich zu Entstehung von Art. 104 GG: Aschmann, Richtervorbehalt, S. 39.

[599] Rabe von Kühlewein, Richtervorbehalt, S. 420.

[600] Gutachten der Großen Strafrechtskommission des Deutschen Richterbundes zum Thema „Die Tätigkeit des Ermittlungsrichters im Ermittlungsverfahren" von 2003, S. 62.

[601] Gutachten der Großen Strafrechtskommission des Deutschen Richterbundes zum Thema „Die Tätigkeit des Ermittlungsrichters im Ermittlungsverfahren" von 2003, S. 65 ff., mit einer Auflistung der Einzelmaßnahmen; vom „klassischen Regelungsmodell" der StPO sprechen Rieß/Thym, GA 1981, 189 (192); vgl. auch Bachmann, Rechtsschutz, S. 64 ff.; vgl. die Aufzählung einiger Richtervorbehalte bei Schnarr, NStZ 1991, 209 (Fn 9 und 10).

[602] Gusy, JZ 1998, 167 f.; beachte aber auch den neuerdings stattfindenden Abbau von Richtervorbehalten zugunsten von Behördenleitervorbehalten im Polizeirecht.

lang,[603] ob die einfach-gesetzlichen Richtervorbehalte verfassungsrechtlich geboten sind oder nicht.[604]

Zunächst ist zu untersuchen, ob es ein öffentliches Interesse am Bestand des Richtervorbehaltes gibt, ob diese Institution also (auch) überindividuellen Interessen dient. Diese Frage ist im Schrifttum soweit ersichtlich noch nicht erschöpfend behandelt worden. Die Befassung beschränkt sich auf die pauschale Feststellung, der Richtervorbehalt diene überindividuellen Interessen,[605] oder er tue dies eben nicht.[606] Um zu ergründen, welche dieser Behauptungen richtig ist, werden nachfolgend die Funktionen des Richtervorbehaltes untersucht.[607]

1. Sicherung eines ordnungsgemäßen Verfahrens

Der Richtervorbehalt dient der Sicherung eines Verfahrens, das samt seiner Garantien so abläuft, wie es der Gesetzgeber vorgesehen hat. Das Genehmigungserfordernis des Richters bietet Gewähr für bestimmte Verfahrensstandards. So bestehen für richterliche Beschlüsse Begründungsanforderungen[608] und in manchen Fällen wird der Betroffene vor der richterlichen Entscheidung angehört.[609]

---

603 Gleichwohl erschiene eine Umgehung der verfassungsrechtlich vorgesehenen Richtervorbehalte besonders problematisch.

604 Diese Frage würde erst mit einer Gesetzesänderung relevant, siehe unten, F.

605 KMR-Bosch, § 81g, Rn 20, meint, der Gesetzgeber habe „sich bewusst im überindividuellen Interesse einer möglichst unabhängigen Kontrolle gentechnischer Untersuchungen für den Richtervorbehalt entschieden."; Busch, NJW 2002, 1754 (1756) spricht von der „absoluten Bedeutung" des Richtervorbehaltes. Krause, DNA-Identitätsfeststellung gemäß § 81g StPO, § 2 DNA-IFG, in: FS Rieß, S. 261 (283) stellt fest, dass „die im Rahmen der Negativprognose zu treffenden Feststellungen nicht der Dispositionsbefugnis des Einzelnen unterfallen." Waizfeld/Kühn, DuD 2001, 444 (445) nennen den Richtervorbehalt eine „zwingende Norm, die der Verfügung der Verwaltung und des Betroffenen entzogen sein sollte." Er gewährleiste „absoluten gesetzlichen Schutz".

606 SK-Rogall, § 81f, Rn 7, § 81g, Rn 43 sieht „weder Anhaltspunkt noch Notwendigkeit für eine derart weitreichende Wirkung des Richtervorbehaltes". Brodersen/Anslinger/Rolf, DNA-Analyse, S. 33: „Der Richtervorbehalt (...) ist nicht dahingehend zu verstehen, dass er dem Schutz überindividueller Interessen dienen soll."; Rackow, DNA-Identitätsfeststellungsgesetz, S. 136: „Überindividuelle Interessen (...) sind nicht ersichtlich.".

607 Dabei ist nicht nach den Gründen, weshalb es Richtervorbehalte gibt, zu fragen. Die besondere Schwere eines Eingriffes wird von Nelles, Kompetenzen, S. 46 f., etwa als mögliche *Funktion* diskutiert, ist aber lediglich ein möglicher *Grund* für Richtervorbehalte. Eine Funktion muss dagegen beschreiben, was der Richtervorbehalt leisten soll.

608 BGHSt 42, 103 ff.; Lin, Richtervorbehalt, S. 270; zu den Begründungsanforderungen bei § 81g StPO: SK-Rogall, § 81g, Rn 46; zu den Begründungsanforderungen im verwaltungsgerichtlichen Verfahren: Haueisen, DVBl 1962, 881 (885); zum Zusammenhang von Begründungspflicht und rechtlichem Gehör: BVerfGE 54, 86 (91 f.); 63, 80 (87 f.); 83, 24 (35); 86, 133 (145 f.).

609 ZB bei § 81g StPO: SK-Rogall, § 81g, Rn 47; Pfeiffer, § 81g, Rn 6; Vath, Fingerabdruck, S. 93 f.; Krause, DNA-Identitätsfeststellung gemäß § 81g StPO, § 2 DNA-IFG, in: FS

Dies alles kann aber kein Selbstzweck sein, sondern muss einen bestimmten Sinn haben. Dieser Sinn ist nachfolgend zu ermitteln – er ist die eigentliche Funktion des Richtervorbehaltes. Allein der Hinweis auf die Sicherung des Verfahrens verleiht dieser Institution aber noch nicht die Relevanz, die Wirkungen der Einwilligung auch in Fällen zu beschränken, in denen diese grundsätzlich zulässig und wirksam ist. Denn solange eine öffentliche Funktion des Verfahrens nicht herausgearbeitet ist, ist davon auszugehen, dass es nur im individuellen Interesse besteht. Wenn dann dieses Interesse im Einzelfall bei der Einwilligung wegfällt, stellt ein Verfahren ohne öffentliche Funktion nur eine leere Förmlichkeit dar.[610]

2. Sicherung der Grundrechte

Was ist nun der Sinn eines ordnungsgemäßen Verfahrens? Verfahrensrechte sind dort besonders wichtig, wo wegen faktischer Macht des Staates die Gefahr willkürlicher Entscheidungen besteht.[611] *Hesse* hat schon vor fast 30 Jahren ausgeführt, dass Organisation und Verfahren oft die einzigen Mittel sind, mit denen man ein grundrechtsgerechtes Ergebnis herbeiführen kann.[612] Das Bundesverfassungsgericht hat in neueren Entscheidungen speziell zum Richtervorbehalt betont, dieser berücksichtige das Interesse der Betroffenen an effektivem Grundrechtsschutz. Er bestehe insbesondere auch im Interesse der Beteiligten und diene der verstärkten Sicherung der Grundrechte.[613] In der Entscheidung zum „Großen Lauschangriff" betonte das Gericht jüngst: „Das Grundgesetz geht davon aus, dass Richter auf Grund ihrer persönlichen und sachlichen Unabhängigkeit und ihrer ausschließlichen Bindung an das Gesetz (Art. 97 GG) die Rechte der Betroffenen im Einzelfall am besten und sichersten wahren können."[614] Der Eingriff soll messbar und kontrollierbar bleiben.[615] Im Schrifttum wird ergänzt,

---

Rieß, S. 261 (285 f.) Wollweber, NJW 2002, 1771; Fluck, NJW 01, 2292 (2294); Graalmann-Scheerer, Kriminalistik 2000, 328 (331); auch Messer/Siebenbürger, in: Vordermayer/von Heintschel-Heinegg, Handbuch für den Staatsanwalt, Kapitel 1, Rn 139, sind der Ansicht, die Gewährung rechtlichen Gehörs könne „nicht schaden". Gleichzeitig weisen sie jedoch darauf hin, dass lediglich etwa die Hälfte der Richter rechtliches Gehör gewährt. **Gegen** die Erforderlichkeit einer Anhörung: Meyer-Goßner, § 81g, Rn 15; KK-Senge, § 81f Rn 2; ders., NJW 1997, 2409 (2411).

610 Illian, Verzicht, S. 217; **aA**: Wilde, Verzicht, S. 163 f., 169. Er ist der Ansicht, ein Verfahren und die von ihm gewährten prozessualen Rechte dienten stets zumindest auch der Rechtssicherheit und bestünden daher immer auch im öffentlichen Interesse.

611 Braczyk, Rechtsgrund, S. 154; mit Bezug auf den Richtervorbehalt in Art 104 Abs. 2 GG: Schreiber/Paul, StV 1983, 30 (31).

612 Hesse, EuGRZ 1978, 427 (434 f.); vgl. Denninger, KJ 18 (1985), 215 (236).

613 BVerfGE 9, 89 (97); 103, 21 (31); 103, 142 (151 f.); 105, 239 (248); 107, 299 (325).

614 BVerfGE 21, 139 (145 f.); 103, 142 (151 f.); 107, 299 (325); 109, 279 (358).

615 BVerfGE 42, 212 (220); jüngst: BVerfGE 109, 279 (357 f.); Gutachten der Großen Strafrechtskommission des Deutschen Richterbundes zum Thema „Die Tätigkeit des Ermittlungsrichters im Ermittlungsverfahren" von 2003, S. 22; Lin, Richtervorbehalt, S. 221, m.w.N. in Fn 34.

dass vor allem irreparable Folgen einer unrechtmäßigen Handlung durch die präventive Kontrolle so weit wie möglich ausgeschlossen werden sollen.[616]

Zwar ist auch die Staatsanwaltschaft, deren Arbeit sich an den Kriterien Wahrheit und Gerechtigkeit orientiert,[617] der Objektivität verpflichtet und juristisch ausreichend kompetent,[618] doch steht sie institutionell auf der Gegenseite des Angeklagten und seines Verteidigers. Aus ihrer funktionsbedingten Arbeitsweise entspringt die Gefahr einseitiger Entscheidungen.[619] Der Richter nimmt dagegen aufgrund der Trennung von Anklagebehörde und Gericht im deutschen Strafprozess eine neutrale Stellung ein und ist daher viel weniger versucht, unter Ermöglichung der größtmöglichen Effektivität der Ermittlungen die Grundrechte des Betroffenen beiseite zu schieben.[620] Aus der Unabhängigkeit und gesicherten Neutralität des Richters folgt die Vermutung einer besonderen Gewähr für die Richtigkeit der Entscheidungen.[621] Diese Instanz verfügt über eine besondere Kompetenz, die sie zur Entscheidung über die Rechtmäßigkeit sensibler Eingriffe in herausgehobenem Maße befähigt.[622]

Als besonderer Aspekt des Schutzes Einzelner wird häufig herausgehoben, die Betroffenen heimlicher oder überraschender Maßnahmen seien besonders schutzbedürftig, weil sie zuvor nicht angehört werden können. Der Richtervorbehalt stelle also insoweit eine Kompensation rechtlichen Gehörs dar.[623] Vereinzelt wird betont, dass eine solche Kompensation des rechtlichen Gehörs nicht erfolgen kann. Sinn der Richtereinholung sei es gerade, die Garantien des rich-

---

616 Lin, Richtervorbehalt, S. 245; Hantel, Freiheitsentziehung, S. 21; Lorenz, Rechtsschutz, S. 142; Gusy, JZ 1998, 167 (169); Hilger, Über verfassungs- und strafverfahrensrechtliche Probleme bei gesetzlichen Regelungen grundrechtsrelevanter strafprozessualer Ermittlungsmaßnahmen, in: FS Salger, S. 319 (327 f.); ders., Über den „Richtervorbehalt" im Ermittlungsverfahren, in: GS Meyer, S. 209 (216).

617 Roxin, Strafverfahrensrecht, § 8, Rn 8 f.; Krüger, DRiZ 2004, 247 (250).

618 Bachmann, Rechtschutz, S. 72.

619 Lin, Richtervorbehalt, S. 243; **aA**: Krüger, DRiZ 2004, 247 (250).

620 BVerfGE 103, 142 (151); 109, 279 (358); Lin, Richtervorbehalt, S. 243.

621 Appel, Verfassung, S. 548.

622 Rabe von Kühlewein, Richtervorbehalt, S. 421.

623 BVerfGE 9, 89 (97 f.); 109, 279 (359); Aschmann, S. 135 f.; Nelles, Kompetenzen, S. 51 ff.; Amelung, Rechtsschutz, S. 62; Welp, Zwangsbefugnisse, S. 14 ff.; Kintzi, DRiZ 2004, 83; Gusy, GA 2003, 672 (674); ders., JZ 1998, 167 (169); Volk, NStZ 2002, 561 (562); Asbrock, ZRP 1998, 17 mit Zweifeln in Fn 1; ders., KritV 80 (1997), 255 (256, mit Zweifeln in Fn 2); Geppert, DRiZ 1992, 405 (406, 409); Müller, AnwBl 1992, 349; Lisken/Mokros, NVwZ 1991, 609 (610); Schnarr, NStZ 1991, 209 (210); Hilger, JR 1990, 485 f; ders., Über den „Richtervorbehalt" im Ermittlungsverfahren, in: GS Meyer, S. 209 (224); Amelung, ZZP 88 (1975), 74 (80); ähnlich auch Neuhaus, Die strafprozessuale Überwachung der Telekommunikation (§§ 100a, 100b, 101 StPO), in: FS Rieß, S. 375 (393).

terlichen Verfahrens zur Anwendung zu bringen, anstatt sie zu ersetzen.[624] Fehlendes rechtliches Gehör ist jedoch ungeachtet dieser Meinungsverschiedenheiten zweifellos ein Grund, weshalb man die Grundrechte des Einzelnen besonders sorgsam zu schützen hat.[625] Es kann, wie oben dargestellt,[626] angesichts von Maßnahmen wie § 81g StPO, bei denen rechtliches Gehör gewährt wird, aber nicht der einzige Grund sein. Auch bei Maßnahmen, bei denen der Betroffene zuvor angehört wird, kann das Bedürfnis nach der Entscheidung durch eine neutrale und unabhängige Instanz bestehen. Dies kann etwa der Fall sein, wenn für die Entscheidung ein erheblicher Spielraum besteht; etwa wenn wie im Vorfeld der molekulargenetischen Untersuchung eine Prognose über die Wiederholungsgefahr zu treffen ist.

So verhindert die Kompetenzzuweisung an den Richter auch in Fällen, in denen eine Anhörung erfolgt, eine Übervorteilung des Einzelnen. Dessen Grundrechte sollen nicht mehr beeinträchtigt werden, als es gesetzlich zulässig ist. Es soll garantiert werden, dass alle Maßnahmen erforderlich und angemessen sind. Der Richtervorbehalt ist durch seine Vorgabe „präventiven Rechtsschutzes"[627] folglich Bestandteil des allgemeinen Systems der Grundrechtssicherung.[628] Er nimmt teil am abwehrrechtlichen Charakter des jeweils betroffenen Grundrechtes.[629]

Was folgt daraus für die Fragestellung, ob der Richtervorbehalt überindividuellen Interessen dient? Wenn das Erfordernis der richterlichen Genehmigung die Grundrechte des Einzelnen schützen soll, besteht zumindest die Möglichkeit, dass die Grundrechte ohne den Richtervorbehalt stärker beeinträchtigt werden. Dies geschieht dann aber aufgrund der Einwilligung des Einzelnen. Es wurde bereits festgestellt, dass auch die Grundrechte selbst die Einwilligungsfreiheit des Einzelnen nur in bestimmten Fällen beschränken können.[630] Über diese Fälle

[624] Rabe von Kühlewein, Richtervorbehalt, S. 413; Lin, Richtervorbehalt, S. 273 ff.; Bachmann, Rechtschutz, S. 73.

[625] BVerfGE 9, 89 (97); 109, 279 (359); Lisken, NVwZ 1991, 609 (610); ders., ZRP 1980, 145 (147); Hilger, Über den „Richtervorbehalt" im Ermittlungsverfahren, in: GS Meyer, S. 209 (224).

[626] Siehe oben, A.

[627] Hombert, Massentest, S. 134; Hilger, Über verfassungs- und strafverfahrensrechtliche Probleme bei gesetzlichen Regelungen grundrechtsrelevanter strafprozessualer Ermittlungsmaßnahmen, in: FS Salger, S. 319 (327).

[628] Gutachten der Großen Strafrechtskommission des Deutschen Richterbundes zum Thema „Die Tätigkeit des Ermittlungsrichters im Ermittlungsverfahren" von 2003, S. 18; ähnlich: Lin, Richtervorbehalt, S. 246; Hantel, Freiheitsentziehung, S. 22; Amelung, Der strafprozessuale Eingriff in ein Grundrechtsgut als Staatsakt, in: FS Badura, S. 1 (15); Gusy, GA 2003, 672; Rabe von Kühlewein, GA 2002, 637 (643); Lisken, StV 1997, 396 (397); Lüdemann, DÖV 1996, 870 (872); Schnarr, NStZ 1991, 209 (210).

[629] Rabe von Kühlewein, Richtervorbehalt, S. 415.

[630] Siehe oben, B. III. 2. h).

hinaus scheint der Richtervorbehalt bezüglich seiner Funktion der Grundrechtssicherung der Wirkung der Einwilligung nicht entgegenzustehen. Wer eigentlich unzulässige Grundrechtseingriffe mit seiner Einwilligung legitimieren kann, ohne die Grundrechte Dritter zu gefährden, der kann grundsätzlich auch auf die verfahrensrechtlichen Vorkehrungen zum Schutz vor solchen Eingriffen verzichten.

3. Sicherung des Grundsatzes der Verhältnismäßigkeit

Wie dargestellt,[631] erfolgen molekulargenetische Untersuchungen und Speicherungen in der Datenbank in Fällen, in denen keine Wiederholungsgefahr vorliegt, ohne legitimen Zweck und sind daher unverhältnismäßig. Die gleichen Maßnahmen sind ungeeignet und daher ebenfalls unverhältnismäßig, wenn als Anlasstat lediglich ein Aussagedelikt vorliegt und befürchtet wird, es könnte erneut zu einem solchen Aussagedelikt kommen. Auch eine freiwillige, aufgeklärte Einwilligung ändert nichts an der Unverhältnismäßigkeit der Maßnahme.

Die Voraussetzung der Verhältnismäßigkeit besteht auch im öffentlichen Interesse des an seine eigenen Regeln gebundenen Rechtsstaates. Es ist die Aufgabe des Richtervorbehaltes, die Verhältnismäßigkeit der Grundrechtseingriffe sicherzustellen. Der Ermittlungsrichter hat zu klären, ob die Maßnahme verhältnismäßig ist. Da die Voraussetzungen für Untersuchung und Speicherung kaum je offensichtlich auf der Hand liegen werden, besteht – unabhängig davon, ob der Richter das Vorliegen einer Wiederholungsgefahr später bejaht – regelmäßig ein Bedarf zur Klärung insbesondere der Frage, ob eine Negativprognose erstellt wird oder nicht. Daher besteht der Richtervorbehalt bezüglich der Wahrung der Verhältnismäßigkeit stets im öffentlichen Interesse.

4. Gewaltenteilung

Das Bundesverfassungsgericht hat vor wenigen Jahren ausgeführt, der Richtervorbehalt solle „*insbesondere auch* für eine gebührende Berücksichtigung der Interessen der Beteiligten sorgen" (Hervorhebung des Verfassers).[632] Diese Formulierung legt nahe, dass noch andere Funktionen des Richtervorbehaltes zumindest als möglich angesehen werden.

Möglicherweise geht es bei dem Erfordernis der richterlichen Genehmigung nicht nur um die Sicherung der Grundrechte des Einzelnen und des Grundsatzes der Verhältnismäßigkeit, sondern auch um Machtbegrenzung. Der Richter legitimiert mit seinen Entscheidungen nicht lediglich Grundrechtseingriffe, sondern übt zugleich eine gewisse Kontrolle aus, indem er unrechtmäßige Eingriffe nicht

---

[631] Siehe oben, B. III. 2. g).
[632] BVerfGE 103, 142 (151).

zulässt. Wo ein Richtervorbehalt vorgesehen ist, können Polizei und Staatsanwaltschaft nicht mehr frei über die von ihnen ausgehenden Grundrechtseingriffe entscheiden. Ihre Macht wird folglich begrenzt.[633] Das Bundesverfassungsgericht bezeichnet den genehmigenden Richter als Kontrollorgan der Strafverfolgungsbehörden.[634]

Nun ist auch die Funktion „Machtbegrenzung" ebenso wie die Funktion „Verfahrensrechte" allein grundsätzlich nicht geeignet, die Einwilligungsfreiheit zu beschränken, wenn sie ein Selbstzweck ist. Zu fragen ist daher nach den Gründen für die Kontrolle der Behörden durch den Ermittlungsrichter. Einerseits dient diese Kontrolle, wie dargestellt,[635] der Grundrechtssicherung, indem eine neutrale und unabhängige Instanz eine besondere Richtigkeitsgewähr der Entscheidungen bietet. Auf der anderen Seite könnte das Interesse dahinter stehen, die Gewalten des Staates wirkungsvoll zu teilen.[636] Dazu müsste die Aufgabe des genehmigenden Richters aber der Judikative zuzurechnen sein. Ist sie nämlich selbst eine Exekutivtätigkeit, so dient ihre Machtbegrenzungsfunktion gegenüber den der Exekutive zuzurechnenden Behörden nur der systemimmanenten Kontrolle innerhalb einer Staatsgewalt, wie sie etwa auch durch den Behördenleiter erfolgen könnte; nicht aber der Gewaltenteilung, welche durch diverse grundgesetzliche Regelungen eine so starke Stellung innehat.[637] Folglich muss im Rahmen dieser Arbeit eine Einordnung der richterlichen Aufgabe zu einer der beiden Staatsgewalten erfolgen.[638]

Dass es Abgrenzungskriterien zwischen den Staatsgewalten geben muss, ergibt sich aus Art. 19 Abs. 4 GG: wenn Exekutive und Judikative „dasselbe machen", ist die Überprüfung durch die Dritte Gewalt wenig sinnvoll.[639] Ob die Genehmigungstätigkeit des Richters der Staatsgewalt der Rechtsprechung zuzurechnen ist oder aber zum Aufgabenbereich der Exekutive gehört, ist umstritten.[640] Einerseits wird ein formelles Rechtsprechungsorgan tätig; andererseits dient seine Tä-

---

633 Lin, Richtervorbehalt, S. 234, 254; Hantel, Freiheitsentziehung, S. 23; Asbrock, KritV 80 (1997), 255 (256) unter nicht näher bestimmtem Verweis auf Amelung.

634 BVerfG, StV 2000, 465; Maunz/Dürig-Herzog, Art. 92, Rn 39: „Das Wesensmerkmal des Richtervorbehaltes ist die präventive Kontrolle der anderen Staatsorgane durch die Gerichtsbarkeit."

635 Siehe oben, D. III. 2.

636 Ob hinter diesem Interesse wiederum mehr als nur das Interesse an der Freiheitssicherung steht, wird noch zu prüfen sein. Siehe unten, D. III. 4. i).

637 Vgl. nur Art. 79 Abs. 3 i.V.m. Art. 20 GG.

638 Auch die Staatsanwaltschaft muss natürlich einer Staatsgewalt zugeordnet werden. Diese Zuordnung erfolgt weiter unten.

639 Smid, Rechtsprechung, S. 47.

640 Nachweise bei: Rabe von Kühlewein, Richtervorbehalt, S. 110 (Fn 6 und 7).

tigkeit häufig der Erfüllung von Verwaltungsaufgaben und wurde früher schon durch die Verwaltung ausgeübt.[641]

a) Schnelle Einordnung der Entscheidungen bei Richtervorbehalten durch einen logischen Schluss

Die Zuordnung der bei Richtervorbehalten zu treffenden Entscheidungen zur Dritten Gewalt könnte zunächst über einen logischen Schluss erfolgen, falls Art. 92 GG die Zuweisung von exekutiven Aufgaben an Richter verhindert. Sollte dies der Fall sein, bestünde die Konsequenz nämlich darin, dass entweder alle im geltenden Recht vorgesehenen Richtervorbehalte der Judikative zuzurechnen oder aber diese Regelungen sämtlich als verfassungswidrig anzusehen wären. Da jedoch in Art. 13 Abs. 2, 3, 4 und Art. 104 Abs. 2, 3 GG Richtervorbehalte verfassungsrechtlich vorgesehen sind und daher das richterliche Genehmigungserfordernis offensichtlich verfassungsrechtlich legitimiert ist, bliebe als einzige Lösung, die Entscheidungen bei Richtervorbehalten der Judikative zuzuordnen – falls die Verfassungsnorm tatsächlich die Befassung von Richtern mit Exekutivaufgaben untersagt. Doch Art. 92 GG verbietet nicht, dass Richter auch Tätigkeiten der Exekutive übernehmen.[642] Es gibt kein dem Richtermonopol entsprechendes „Beamtenmonopol" für die Verwaltung.[643] Richtervorbehalte können daher nach diesem Ansatz nicht einfach der rechtsprechenden Gewalt zugeordnet werden.

b) Formelle Ansätze zur Bestimmung der rechtsprechenden Gewalt

Mangels der Möglichkeit einer Zuordnung über einen logischen Schluss wird eine Beschäftigung mit dem Rechtsprechungsbegriff erforderlich. Ausgangspunkt für die Bestimmung der Rechtsprechung könnte Art. 92 GG sein, in dem es heißt: „Die rechtsprechende Gewalt ist den Richtern anvertraut." Schließlich setzt diese Formulierung voraus, dass es überhaupt Rechtsprechung gibt.[644]

---

[641] Rabe von Kühlewein, Richtervorbehalt, S. 109; ders., GA 2002, 637 (642); vgl. Enzian, JR 1975, 277 (281); Gerber, DÖV 1952, 387 (389).

[642] BVerfGE 22, 49 (78): „Nicht alles, was zu den Aufgaben der Gerichte gehört, ist materielle Rechtsprechung."; BVerfGE 21, 139 (144); 25, 336 (346); 64, 175 (179); 76, 100 (106); Sachs-Detterbeck, Art. 92, Rn 13; von Münch/Kunig-Meyer, Art. 92, Rn 8; AK-GG-Wassermann, Art. 92, Rn 39; Maunz/Dürig-Herzog, Art. 92, Rn 33, 51 ff.; Lin, Richtervorbehalt, S. 228; Smid, Rechtsprechung, S. 60; Achterberg, Der Begriff „Rechtsprechung im materiellen Sinne", in: FS Menger, S. 125 (127 f.); Gusy, JZ 1998, 167 (170); Lisken/Mokros, NVwZ 1991, 609 (610); Bettermann, AöR 92 (1967), 496 (505); vgl. Lorenz, Rechtsschutz, S. 196 ff.: nach seiner Ansicht wird die Tätigkeit durch die Zuweisung an den Richter allerdings Rechtsprechung.

[643] Bernhard, DRiZ 1981, 361 (367); Vosskuhle, Rechtsschutz, S. 54 ff., spricht deshalb von der Rechtsprechung als „semipermeabler Membran".

[644] Smid, Rechtsprechung, S. 46.

Was hat man unter der rechtsprechenden Gewalt zu verstehen? Ist alles rechtsprechende Gewalt, was den Richtern anvertraut ist?[645] Dann wären Richtervorbehalte der Judikative zuzurechnen. Diesem formellen Ansatz zur Bestimmung von Judikativtätigkeit fehlt es jedoch an einer verfassungsrechtlichen Absicherung der Bestimmung der Rechtsprechungsaufgaben. Er würde Art. 92 GG unter einen einfachen Gesetzesvorbehalt stellen.[646] Der Gesetzgeber könnte eine Tätigkeit durch die Zuweisung an einen Richter der Judikative zuordnen. Umgekehrt wäre es auch möglich, der Rechtsprechung Aufgaben durch bloße Zuständigkeitsregelungen zu entziehen, ja die Dritte Gewalt gar faktisch abzuschaffen, indem ihr keine wesentlichen Tätigkeiten mehr überlassen bleiben. Eine Norm wie Art. 92 GG kann daher keine globale Weiterverweisung auf einfaches Gesetzesrecht sein.[647] Zudem hätte Art. 92 GG in diesem Fall lediglich eine deklaratorische Funktion des Inhaltes: was die Richter tun, ist Rechtsprechung. Tatsächlich legt Art. 92 GG aber umgekehrt ein Rechtsprechungsmonopol der Richter („Richtermonopol“[648]) für die rechtsprechende Gewalt fest: rechtsprechende Tätigkeit wird lediglich von den Richtern ausgeübt. Wenn sich die Bestimmung der Rechtsprechung nun in der Feststellung erschöpfte, rechtsprechende Gewalt sei, was die Richter tun, hätte der Artikel überhaupt keinen Inhalt mehr.[649] Er würde lediglich aussagen: „Die von Richtern ausgeübte Gewalt ist den Richtern anvertraut.“[650] Die Entscheidungen bei Richtervorbehalten sind mithin jedenfalls auf diesem Wege nicht der Judikative zuzuordnen.

c) Materielle Ansätze zur Bestimmung der rechtsprechenden Gewalt

Möglicherweise könnte eine Zuordnung erfolgen, wenn man den Rechtsprechungsbegriff materiell bestimmt und die Entscheidungen unter die materielle Definition subsumiert. Manche Ansätze gehen davon aus, dass sich aus Art. 92 GG sowie aus den anderen Normen des Grundgesetzes Hinweise auf eine mate-

[645] So etwa: Gossrau, NJW 1958, 929 (930 f.).

[646] BK-Achterberg, Art. 92, Rn 46; Achterberg-Achterberg, Rechtsprechungslehre, S. 3 (5); Rabe von Kühlewein, Richtervorbehalt, S. 117; Vosskuhle, Rechtsschutz, S. 70; Wolf ZZP 99 (1986), 361 (366 f.); Bernhard, DRiZ 1981, 361 (363).

[647] Maunz/Dürig-Herzog, Art. 92, Rn 30; vgl. Arndt, Rechtsprechende Gewalt und Strafkompetenz, in: FG C. Schmid, S. 5 (6, 9).

[648] BK-Achterberg, Art. 92, Rn 57, 115; Smid, Rechtsprechung, S. 60 f.; Wolf, Gerichtsverfassungsrecht, S. 29; Bettermann, Verwaltungsakt und Richterspruch, in: GS Jellinek, S. 361; Bernhard, DRiZ 1981, 361 (366); Arndt, Rechtsprechende Gewalt und Strafkompetenz, in: FG C. Schmid, S. 5 (7); Gaul, Rpfleger 1971, 41 (45); Cordier, NJW 1967, 2141 (2142); Baur, AcP 153 (1954), 293 (397).

[649] Gar von Tautologie sprechen: AK-GG-Wassermann, Art. 92, Rn 27, BK-Achterberg, Art. 92, Rn 65; ders., Der Begriff „Rechtsprechung im materiellen Sinne“, in: FS Menger, S. 125 (127 f.); Achterberg-Achterberg, Rechtsprechungslehre, S. 3 (5); Vosskuhle, Rechtsschutz, S. 70; Bettermann, AöR 92 (1967), 496 (497); **aA** unter Verweis auf die anders gelagerte Aufgabe von Art. 92 GG, der Rechtsprechung als eigener Gewalt eine gewisse Wertigkeit zu verleihen: Lorenz, Rechtsschutz, S. 199 ff.

[650] Möllinger, AöR 80 (1955/56), 276 (286).

rielle Bestimmung der rechtsprechenden Gewalt ergeben. Die Übereinstimmung der verschiedenen Ansätze endet allerdings bereits mit dieser Feststellung.[651]

An Definitionsversuchen für die Rechtsprechung im Schrifttum herrscht kein Mangel. Teils wird auf die Rechtskraftfähigkeit einer Entscheidung als Kriterium für rechtsprechende Tätigkeit abgestellt.[652] Doch auch Verwaltungsakte können bestandskräftig werden und so nahezu die gleichen Wirkungen entfalten. In Ausnahmefällen können sie gar rechtskräftig werden, während es umgekehrt Gerichtsbeschlüsse gibt, deren Rechtskraftfähigkeit zweifelhaft ist.[653] Auch ist nicht geklärt, in welchen Fällen denn die Ausstattung einer Entscheidung mit Rechtskraft erforderlich ist.[654] Der Gesetzgeber könnte so durch die beliebige Ausstattung einer Entscheidung mit dieser Eigenschaft den Bereich der Rechtsprechung bestimmen.[655] So lässt sich aus diesem Ansatz nicht wirklich eine Erkenntnis gewinnen.

Ein anderer Versuch definiert Rechtsprechung als den (rechtskraftfähigen) Ausspruch dessen, was rechtens ist.[656] Doch beim Erlass eines Verwaltungsaktes ist ebenfalls eine Rechtsfeststellung zu treffen, da auch die Verwaltung gemäß Art. 20 Abs. 3 GG an Gesetze gebunden ist.[657]

Die Definition, Rechtsprechung sei Streitentscheidung durch einen unbeteiligten Dritten,[658] hat den Nachteil, nicht den gesamten Bereich der Rechtsprechung

---

651 Lin, Richtervorbehalt, S. 228: „Der Begriff „materielle Rechtsprechung" ist lebhaft umstritten."

652 Arndt, Rechtsprechende Gewalt und Strafkompetenz, in: FG C. Schmid, S. 5 (15); Bettermann, Die freiwillige Gerichtsbarkeit im Spannungsfeld zwischen Verwaltung und Rechtsprechung, in: FS Lent, S. 17 (28); ders., AöR 92 (1967), 496 (497 f.); vgl. auch ders., Verwaltungsakt und Richterspruch, in: GS Jellinek, S. 361 (382 ff.): er betont, die Beurteilung dieser Frage hänge vom Verständnis ab, das man von Rechtskraft habe.

653 BK-Achterberg, Art. 92, Rn 108; ders., Der Begriff „Rechtsprechung im materiellen Sinne", in: FS Menger, S. 125 (135 f.); Achterberg-Achterberg, Rechtsprechungslehre, S. 3 (6 f.); vgl. auch Rabe von Kühlewein, Richtervorbehalt, S. 124 unter Hinweis auf Beispielsnormen in Fn 92; Vosskuhle, Rechtsschutz, S. 78; Wolf, ZZP 99 (1986), 361 (368 f.); beachte aber auch den Hinweis von Haueisen, DVBl 1962, 881 (884), die Bindungswirkung eines Verwaltungsaktes und die Rechtskraft eines Urteils seien wesensverschieden.

654 BVerfGE 22, 49 (75).

655 Vosskuhle, Rechtsschutz, S. 77.

656 Hantel, Freiheitsentziehung, S. 21; Flume, Steuerwesen und Rechtsordnung, in: FS Smend, S. 59 (79); Bettermann, AöR 92 (1967), 496 (505).

657 BVerfGE 22, 49 (76); AK-GG-Wassermann, Art. 92, Rn 30; BK-Achterberg, Art. 92, Rn 107; Maunz/Dürig-Herzog, Art. 92, Rn 30; Rabe von Kühlewein, Richtervorbehalt, S. 123; Aschmann, Richtervorbehalt, S. 46 f.; Vosskuhle, Rechtsschutz, S. 81; Wolf, Gerichtsverfassungsrecht, S. 12; ders., ZZP 99 (1986), 361 (367);.**aA**: Bettermann, AöR 92 (1967), 496 (498).

658 BK-Achterberg, Art. 92, Rn 110 mit dem unzutreffenden und etwas konstruiert wirkenden Hinweis, streitende Parteien ließen sich überall finden. Vgl. auch Friesenhahn, Über Beg-

abzudecken. So wird unter anderem bei den Normenkontrollen, die gemäß Art. 93 Abs. 1 Nr. 2 und Art. 100 Abs. 1 GG ohne jeden Zweifel der Rechtsprechung angehören, gerade kein Streit entschieden.[659] Auch in Strafsachen oder bei der Formulierung von Gestaltungsurteilen wird kein Streit entschieden.[660] Die rechtsprechende Gewalt ist nicht nur eine rechtsstreitentscheidende, sondern auch eine rechtsschützende und rechtskontrollierende Gewalt.[661] Allein das Abstellen auf die „Kontrolle der Exekutive", die Gewährung von Rechtsschutz,[662] würde wiederum die Zivilgerichtsbarkeit nicht erfassen.[663]

d) Funktionelle Ansätze zur Bestimmung der rechtsprechenden Gewalt

Angesichts der wichtigen Rolle des Verfahrens ist der formelle Ansatz, der alleine auf den Richter abstellt, bereits in mehreren funktionsorientierten Ansätzen zur Bestimmung des Gebietes der Rechtsprechung um zusätzliche Kriterien erweitert worden. Es wird nach der Funktion gefragt, die Rechtsprechung im Rechtsstaat erfüllen soll. Daraus wird abgeleitet, unter welchen Voraussetzungen eine Entscheidung diese Funktion erfüllt. Liegen alle Voraussetzungen vor, handelt es sich um Rechtsprechung. Im Folgenden werden zunächst einige Ansätze vorgestellt, bevor es zu einer Auflistung der Voraussetzungen kommt, die nach diesem Lösungsversuch erfüllt sein müssen, damit es sich bei den Entscheidungen des eingriffsgenehmigenden Richters um Rechtsprechung handelt.

aa) Der Ansatz von Wolf

Nach einer Lösung erfüllt die Rechtsprechung in erster Linie die Funktion, eine verbindliche Rechtskontrolle unter höchstmöglichen Richtigkeitsgarantien zu gewähren.[664] Diese Richtigkeitsgarantien sind zu erreichen durch Verfahrensgarantien, Neutralität und Unabhängigkeit des Richters sowie die fehlende Abän-

---

riff und Arten der Rechtsprechung, in: FS Thoma, S. 21 (27 f.); Möllinger, AöR 80 (1955/56), 276 (290).

[659] BVerfGE 22, 49 (76); AK-GG-Wassermann, Art. 92, Rn 30; Maunz/Dürig-Herzog, Art. 92, Rn 31; Rabe von Kühlewein, Richtervorbehalt, S. 121; Aschmann, Richtervorbehalt, S. 48; Vosskuhle, Rechtsschutz, S. 73; Bettermann, Verwaltungsakt und Richterspruch, in: GS Jellinek, S. 361 (370); vgl.: Berlit, NdsVBl 1995, 197 (199).

[660] Wolf, Gerichtsverfassungsrecht, S. 11; ders. mit Hinweis auf 104 Abs. 2 GG, in: ZZP 99 (1986), 361 (368); Benda, DRiZ 1975, 166; Flume, Steuerwesen und Rechtsordnung, in: FS Smend, S. 59 (79); Arndt, Rechtsprechende Gewalt und Strafkompetenz, in: FG C. Schmid, S. 5 (11); ders., NJW 1959, 605; Niese, ZStW 70 (1958), 337 (352 f.); Bachof, VVDStRL 14 (1956), 174 (178); Baur, DNotZ 1955, 507 (510 ff.); vgl. auch Smid, Rechtsprechung, S. 96, 181 ff., 196 ff.

[661] Bettermann, AöR 92 (1967), 496 (498 f.).

[662] Bettermann, Verwaltungsakt und Richterspruch, in: GS Jellinek, S. 361 (370 f.); Benda, DRiZ 1975, 166.

[663] Smid, Rechtsprechung, S. 80.

[664] Wolf, Gerichtsverfassungsrecht, S. 13; ders., ZZP 99 (1986), 361 (371).

derbarkeit der Entscheidung durch andere Staatsgewalten.[665] Die Judikative muss bei Rechtsverletzungen mithin das „letzte Wort“ haben. Ferner ist zur Gewährung effektiven Rechtsschutzes auch eine frühzeitige Rechtserkenntnis wünschenswert. Ein Monopol auch des ersten Wortes besteht aber nicht generell,[666] sondern nur dann, wenn wegen der Schutzwürdigkeit der Rechte frühzeitig Bedarf für besondere Richtigkeitsgarantien besteht.[667] Der Richter soll folglich nur dann das „erste Wort“ haben, wenn das Rechtsschutzinteresse in einer Abwägung mit der Effektivität der Rechtspflege überwiegt.[668] Gerade dieses „bewegliche System“ der generellen Effizienzabwägung wird dem zu flexiblen Modell auch vorgeworfen. Es besteht die Gefahr der Relativierung und Aushöhlung rechtsstaatlicher Sicherheiten.[669] Zudem bleibt die Abgrenzung der Gewalten letztlich im Dunkeln.[670] Der Erkenntnisgewinn des Modells ist jedenfalls für die Frage der Einordnung der Entscheidungen bei Richtervorbehalten gering: es wird lediglich eine äußerst vage Methode zur Ermittlung im Einzelfall vorgeschlagen. Welche Auswirkungen der Ansatz auf die Einordnung der für die molekulargenetische Untersuchung vorgesehenen richterlichen Entscheidung hätte, wäre durch eine Abwägung zwischen Effektivität und Rechtsschutzinteresse erst noch zu ermitteln.

bb) Der Ansatz von Smid

Anders der Ansatz von *Smid*: danach unterscheidet man zwischen Exekutive und Judikative nach dem Sinn ihrer Tätigkeit und der nach diesem Sinn erfolgten Ausgestaltung des Verfahrens.[671] Exekutive ist Zweckverfolgung auf der Basis von Folgenorientierungen unter Berücksichtigung der Erkenntnisse empirischer Wissenschaften.[672] Die Zwecke, denen diese Staatsgewalt folgt, sind politisch vorgegeben.[673] Der Vorbehalt der Nützlichkeit, unter dem sie steht, schließt Unparteilichkeit aus.[674] Rechtsprechung dagegen ist zweckfrei und daher unparteilich. Sie dient allein der Rechtserkenntnis.[675] Dabei ist das rechtliche Gehör ein wichtiges Element der Judikative. Ohne seine Gewährung verliert der Richter seine strukturelle Unparteilichkeit und es handelt sich nicht mehr um Rechtspre-

---

[665] Wolf, Gerichtsverfassungsrecht, S. 13; ders., ZZP 99 (1986), 361 (373 ff.).
[666] Wolf, ZZP 99 (1986), 361 (384 ff.).
[667] Wolf, Gerichtsverfassungsrecht, S. 14, 30; ders., ZZP 99 (1986), 361 (388).
[668] Wolf, ZZP 99 (1986), 361 (389).
[669] Rabe von Kühlewein, Richtervorbehalt, S. 128 f.
[670] Vosskuhle, Rechtsschutz, S. 89.
[671] Smid, Rechtsprechung, S. 244: „Die funktionelle Differenz zwischen Rechtsprechung und Verwaltung findet ihren Niederschlag in der verschiedenartigen rechtlichen Ausgestaltung der Verfahren.“
[672] Smid, Rechtsprechung, S. 167, 175; vgl. Dreier-Schulze-Fielitz, Art. 92, Rn 26.
[673] Smid, Rechtsprechung, S. 168.
[674] Smid, Rechtsprechung, S. 177 f.
[675] Smid, Rechtsprechung, S. 170, 178; Wolf, Gerichtsverfassungsrecht, S. 13; ders., ZZP 99 (1986), 361 (372); vgl. Gaul, Rpfleger 1971, 41 (50).

chung.[676] Dagegen wird eingewandt, dass auch die Verwaltung manchmal allein durch Rechtserkenntnis zu einer Entscheidung kommt. Auch gibt es bei anerkannten Rechtsprechungstätigkeiten Zweckentscheidungen des Richters.[677] Ferner wird kritisiert, dass dieses Modell zu wenig in den verfassungsrechtlichen Rahmen eingepasst sei.[678] Der Grundgedanke des Ansatzes ist dabei durchaus gelungen, doch können durch ihn nicht alle Fälle fehlerfrei zugeordnet werden. Dennoch kann man dieser Lösung entnehmen, dass eine zweckfrei getroffene Entscheidung das Vorliegen einer rechtsprechenden Tätigkeit jedenfalls indiziert. Denn im Zielkonflikt zwischen Effektivität und Richtigkeit muss der rechtsprechende Richter weniger Staatsinteressen berücksichtigen als die zu Kompromissen zwischen Schlagkraft und Richtigkeit[679] gezwungene Verwaltung. Für ihn gibt es grundsätzlich keine Zweckabwägung. Stattdessen gilt: Richtigkeit vor Effektivität. Da die Entscheidungen über die molekulargenetische Untersuchung primär die richtige Anwendung des Gesetzes und die Wahrung des Verhältnismäßigkeitsgrundsatzes gewährleisten sollen, spricht diese Indizwirkung für ihre Zuordnung zur Rechtsprechung.

cc) Der Ansatz von Vosskuhle

Vosskuhle betont in seinem Lösungsversuch die wichtige Rolle des Verfahrens. Nicht die formelle Richterqualität des Funktionärs oder die von ihm zu bewältigende materielle Aufgabe seien für die Zuordnung zur Judikative entscheidend, sondern die Art und Weise der Erledigung.[680] Allerdings will er nicht von einem faktisch bestehenden Verfahren auf die Zuordnung der Tätigkeit zur Rechtsprechung schließen. Im Gegenteil fragt er danach, was für ein Verfahren die Entscheidung ihrer Art nach eigentlich erfordert. Maßgeblicher Orientierungspunkt ist die Effizienz der Staatsorganisation. Es ist zu fragen, in welchem Verfahren sich eine Aufgabe am besten erfüllen lässt. Wo die Entscheidung eine besondere Richtigkeitsvermutung leisten soll, kann die Rechtsprechung mit ihren Verfahrensgarantien dafür am effizientesten Gewähr bieten. Der Gesetzgeber muss daher eine solche Aufgabe der Rechtsprechung zuweisen, will er nicht dem Gebot der Effizienz widersprechen und in Extremfällen gar gegen die Verfassung verstoßen.[681] Es ist lediglich zu prüfen, ob die zu bewältigende Aufgabe wegen eines speziellen Leistungsprofils ein „neutrales Verfahren" erfordert[682] – nicht dagegen, ob sie mit einem solchen Verfahren auch tatsächlich ausgestattet ist. Zudem fragt sich *Vosskuhle*, ob Verfahrensdefizite wirklich dazu führen müssen, dass die Tätigkeit nicht mehr Rechtsprechung ist und den Schutz von Art. 92

676 Smid, Rechtsprechung, S. 344.
677 Rabe von Kühlewein, Richtervorbehalt, S. 132 f.; Vosskuhle, Rechtsschutz, S. 92 f.
678 Rabe von Kühlewein, Richtervorbehalt, S. 133 f.
679 Rabe von Kühlewein, Richtervorbehalt, S. 183; Kopp, Verfassungsrecht, S. 201.
680 Vosskuhle, Rechtsschutz, S. 86, 95.
681 Vosskuhle, Rechtsschutz, S. 138 ff.
682 Vosskuhle, Rechtsschutz, S. 141.

GG verliert.[683] Als Voraussetzung für die Einordnung von Entscheidungen stellt er die Neutralität des Richters als Kennzeichen der Rechtsprechung in den Mittelpunkt.[684] Diese Eigenschaft dient dem Rechtsfrieden und der Rechtsstaatlichkeit.[685] Es gibt an sie den Anspruch der inneren Unparteilichkeit, die durch einen objektiven Konfliktlösungsprozess, also ein faires Verfahren, umgesetzt wird. Außerdem ist nach diesem Ansatz eine Akzeptanz des Richters und seiner Entscheidungen bei den Prozessparteien und der Allgemeinheit erforderlich.[686] So besteht eine besondere Richtigkeitsvermutung für Rechtsprechungsentscheidungen.[687] Der Haken dieser wohl klingenden Definition: wer entscheidet in der Praxis über das Erfordernis eines neutralen Verfahrens? Der Begriff dieses Erfordernisses bleibt konturenlos. So verharrt der Ansatz bei der vagen Beschreibung eines „Sollzustandes“: immer wenn ein neutrales Verfahren erforderlich ist, handelt es sich um Rechtsprechung und das Verfahren soll auch entsprechend eingerichtet werden. Aber wann ist das der Fall? Für die Entscheidungen über die molekulargenetische Untersuchung wie auch für alle anderen Fälle liefert dieser Ansatz allenfalls eine Ausgangsbasis, von der aus man ähnlich wie bei *Wolf* je nach eigenem Standpunkt zu unterschiedlichen Ergebnissen gelangen kann.

dd) Der Ansatz von Rabe von Kühlewein

Im Unterschied zu *Vosskuhle* steht bei dem Ansatz *Rabe von Kühleweins* nicht die normative Frage im Vordergrund, ob ein bestimmtes Verfahren benötigt wird. Stattdessen entscheidet die Feststellung über das faktische Bestehen eines Verfahrens über die Zuordnung zur Rechtsprechung. Zu fragen ist demnach, ob die Entscheidung des Richters rechtsprechungsspezifisch, also im richtigen Verfahren, ergeht. Es geht um eine Legitimation durch Richtigkeit im und durch das Verfahren.[688]

aaa) Voraussetzungen für eine Zuordnung zur Rechtsprechung

Was muss ein solches Verfahren leisten, damit die Entscheidung, in die es mündet, der Judikative zugerechnet werden kann? Für einen Rechtsprechungsakt

---

683 Vosskuhle, Rechtsschutz, S. 94, 142 ff.

684 Vosskuhle, Rechtsschutz, S. 100 ff.; ebenso Rabe von Kühlewein, Richtervorbehalt, S. 164.

685 Rabe von Kühlewein, Richtervorbehalt, S. 179.

686 Vosskuhle, Rechtsschutz, S. 105 ff., 112 ff.; die Rolle des Staates für die innere Unparteilichkeit bei der Auswahl und Ausbildung der Richter betonend: Rabe von Kühlewein, Richtervorbehalt, S. 165 f.

687 Vosskuhle, Rechtsschutz, S. 130.

688 Rabe von Kühlewein, Richtervorbehalt, S. 163.

müssen bestimmte Faktoren vorliegen, die Gewähr für Neutralität des Richters und die Richtigkeit der Entscheidung bieten.[689]

Zunächst muss das Verfahren von einer geeigneten Person mit einer geeigneten institutionellen Stellung geleitet werden. Angesichts des Richtermonopols gemäß Art. 92 GG kommt dafür ausschließlich der Richter in Frage. Dieser muss dazu innerlich neutral sein. Darüber hinaus darf er nicht in Abhängigkeiten geraten, die ihm ein Handeln vorgeben und seine innere Neutralität auf diese Weise wertlos werden lassen. Die richterliche Unabhängigkeit war ein zentrales Anliegen des Verfassungsgebers.[690] Sie ist die notwendige Konsequenz aus dem Ziel der Wahrheitsermittlung und Gerechtigkeitsgewähr[691] und kommt deutlich in Art 97 Abs. 1 GG zum Ausdruck. Der Richter ist aber nicht nur staatsunabhängig[692], sondern auch parteiunabhängig[693] und gesellschaftsunabhängig.[694] Er ist gemäß Art. 97 Abs. 1 GG persönlich und sachlich unabhängig. Dabei ergänzt und garantiert die persönliche die sachliche Unabhängigkeit: für die Stellung des sachlich unabhängigen Richters darf es keine Gefahr geben; auch nicht aus persönlichen Motiven.[695] Infolge seiner Unabhängigkeit dürfen den Richter keine Weisungen erreichen – außer in Gesetzesform.[696] Alle diese Arten von Unabhängigkeit sind wesentlich für die Verwirklichung der erforderlichen Neutralität des Richters,[697] die sich aus Unparteilichkeit und sachlicher Distanz zusammensetzt und folglich nicht deckungsgleich mit der Unabhängigkeit selbst ist.[698]

In diesem Zusammenhang sind auch die Überlegungen von *Gusy* zu sehen, der Rechtsprechung anhand der Kriterien institutionelle Neutralität, personelle Neutralität und verfahrensrechtliche Neutralität definiert und dabei Anforderungen an das Verfahren vor dem Richter formuliert.[699] Ferner muss der verfahrensleitende

---

689 Rabe von Kühlewein, Richtervorbehalt, S. 190.

690 Rabe von Kühlewein, Richtervorbehalt, S. 175 ff. m.w.N.

691 Benda, DRiZ 1975, 166 (167).

692 BK-Achterberg, Art. 92, Rn 270; Rabe von Kühlewein, Richtervorbehalt, S. 195; Lorenz, Rechtsschutz, S. 203 ff.; Bernhard, DRiZ 1981, 361 (368); Friesenhahn, Über Begriff und Arten der Rechtsprechung, in: FS Thoma, S. 32.

693 BK-Achterberg, Art. 92, Rn 270; Rabe von Kühlewein, Richtervorbehalt, S. 192.

694 BK-Achterberg, Art. 92, Rn 270; Rabe von Kühlewein, Richtervorbehalt, S. 199; Vosskuhle, Rechtsschutz, S. 120 f.; Lorenz, Rechtsschutz, S. 206 ff.

695 BK-Achterberg, Art. 92, Rn 273; Vosskuhle, Rechtsschutz, S. 120 f.; Wolf, Gerichtsverfassungsrecht, S. 203.

696 Kirchhof, Der Auftrag des Grundgesetzes an die rechtsprechende Gewalt, in: FS Heidelberg, S. 11 (14).

697 BVerfGE 103, 111 (140); Rabe von Kühlewein, Richtervorbehalt, S. 196; Bettermann/Nipperdey/Scheuner-Bettermann, Grundrechte III/2, S. 527 f.; Wolter, DÖV 1997, 939 (942).

698 Wolf, Gerichtsverfassungsrecht, S. 219, 221; vgl. Jarass/Pieroth-Pieroth, Art. 92, Rn 7; Dreier-Schulze-Fielitz, Art. 92, Rn 51.

699 Gusy, GA 2003, 672 (677); ders., JZ 1998, 167 (170), wo er als weitere Voraussetzung die Letztentscheidungskompetenz des Richters auflistet

Richter gesetzesgebunden sein, damit willkürliche Entscheidungen ausgeschlossen werden. Auch wenn richterliche Rechtsfortbildung im Rechtsstaat des Grundgesetzes eine wichtige und anerkannte Aufgabe der Rechtsprechung ist,[700] bleibt der Richter doch grundsätzlich an Maßstab und Methoden des Rechts gebunden.[701] Eine völlig von den gesetzlichen Grundlagen losgelöste Entscheidung ist nicht denkbar. Folglich erfüllt jeder Richter, sofern innerlich nicht parteilich bzw. befangen, diese Voraussetzungen.

Bliebe es bei dieser Voraussetzung der geeigneten entscheidungsbefugten Person, so käme man zum gleichen Ergebnis wie der zuvor dargestellte formelle Ansatz: alles erfüllt die Funktion von Rechtsprechung (und ist mithin Rechtsprechung), was von einem Richter ausgeübt wird. Der Status oder die Kompetenz des Richters ist aber aufgrund der Vernachlässigung prozessualer Kriterien für die Vertreter des funktionalen Ansatzes noch kein hinreichendes Argument für die Zuordnung einer Tätigkeit zur Rechtsprechung.[702] Die Entscheidung durch einen unabhängigen Richter ist dafür folglich lediglich eine notwendige, nicht aber eine hinreichende Bedingung.[703] Neben den Anforderungen an die Person des verfahrensleitenden Richters muss das Verfahren daher, will der funktionsorientierte Ansatz über den formellen hinausgehen, noch weiteren Anforderungen genügen.

Dabei ist zunächst an eine Voraussetzung zu denken, die sowohl das Verfahren selbst wie auch die Person des Richters betrifft. Der Richter muss sachlich unbeteiligt sein. Das ist nicht gewährleistet, wenn er in einem Verfahren entscheidet, das er selbst initiiert hat. Denn dann hat er über seine eigene Initiative zu entscheiden.[704] Die Passivität bei der Einleitung des Verfahrens wird folgerichtig als „notwendiges Korrelat zur Unparteilichkeit des Richters" bezeichnet.[705] Das Verfahren muss also antragsabhängig sein, um der Rechtsprechung zugerechnet

---

[700] Sachs-Sachs, Art. 20, Rn 120; AK-GG-Wassermann, Art. 92, Rn 17; Dreier-Schulze-Fielitz, Art. 92, Rn 39; Rabe von Kühlewein, Richtervorbehalt, S. 202 f.; Stern, Staatsrecht III/1, § 95, S. 1669; Wolf, Gerichtsverfassungsrecht, S. 37, 179; Kirchhof, Der Auftrag des Grundgesetzes an die rechtsprechende Gewalt, in: FS Heidelberg, S. 11 (15).

[701] Sachs-Sachs, Art. 20, Rn 119; AK-GG-Wassermann, Art. 92, Rn 21; Maunz/Dürig-Herzog, Art. 92, Rn 78; Rabe von Kühlewein, Richtervorbehalt, S. 203; Kirchhof, Der Auftrag des Grundgesetzes an die rechtsprechende Gewalt, in: FS Heidelberg, S. 11.

[702] Smid, Rechtsprechung, S. 97 ff., 108.

[703] Wolter, DÖV 1997, 939 (943).

[704] Von Münch/Kunig-Meyer, Art. 92, Rn 7; Rabe von Kühlewein, Richtervorbehalt, S. 206; Stern, Staatsrecht II, § 43, S. 895; Bettermann, Verwaltungsakt und Richterspruch, in: GS Jellinek, S. 361 (371);: vgl. Flume, Steuerwesen und Rechtsordnung, in: FS Smend, S. 59 (77): „Initiative und Norm sind Gegensätze, die sich ausschließen.".

[705] Bettermann, Verwaltungsakt und Richterspruch, in: GS Jellinek, S. 361 (371 f.); ebenso: Rabe von Kühlewein, Richtervorbehalt, S. 207; ders., GA 2002, 637 (642).

werden zu können.[706] Eine weitere Anforderung an das Verfahren ist die Gewährleistung, dass die Rechtsentscheidung nach ihrer Verkündung durch Stellen außerhalb der Judikative nicht mehr abgeändert werden kann, da sonst die friedensstiftende Funktion der Rechtsprechung nicht erfüllbar ist.[707] Die Judikative ist durch die fehlende Abänderbarkeit ihrer Entscheidungen durch andere Staatsgewalten stärker als die anderen Gewalten gegen Einwirkungen von außerhalb abgeschirmt.[708]

Schließlich muss dem Betroffenen im Verfahren rechtliches Gehör gewährt werden.[709] Der verfassungsrechtlich gemäß Art. 103 Abs. 1 GG gewährleistete Grundsatz rechtlichen Gehörs dient als „prozessuales Urrecht"[710] dem Rechtsstaat und der Menschenwürde[711], nach vereinzelter Ansicht auch dem Rechtsfrieden.[712] Ob es in Ausnahmefällen Rechtsprechung ohne die Gewährung rechtlichen Gehörs geben kann, ist unter den Vertretern eines funktionellen Ansatzes umstritten.[713] Von den Gegnern wird angeführt, jede Ausnahme führe zur strukturellen Parteilichkeit des Richters.[714] Wo die Gewährung rechtlichen Gehörs eingeschränkt wird, geschieht dies aus einem bestimmten Zweck; beispielsweise, weil eine Anhörung vor heimlichen oder überraschenden Maßnahmen den Zweck vereiteln würde. Das Verfahren dient dann auch diesem Zweck und nicht mehr nur der Richtigkeit der Entscheidung. Es ist durchaus legitim und in gewissen Fallkonstellationen schlicht notwendig, das Verfahren auf mehrere Zwecke auszurichten.[715] Nur verdient es eben dann tatsächlich nicht das Etikett „Rechtsprechung"[716] – selbst wenn das Erfordernis der Genehmigung durch den

---

706 Ebenso: Dreier-Schulze-Fielitz, Art. 92, Rn 26; vgl. Berlit, NdsVBl 1995, 197 (198, 200), der das Initiativrecht als „wesentliches Moment" der Verwaltungstätigkeit bezeichnet.

707 Von Münch/Kunig-Meyer, Art. 92, Rn 9; Rabe von Kühlewein, Richtervorbehalt, S. 208; Wolf, Gerichtsverfassungsrecht, S. 14; ders., ZZP 99 (1986), 361 (373 f.); Stern, Staatsrecht II, § 43, S. 896; Wolter, DÖV 1997, 939 (942).

708 BVerfGE 7, 183 (188).

709 Rabe von Kühlewein, Richtervorbehalt, S. 211; ders., GA 2002, 637 (642); Vosskuhle, Rechtsschutz, S. 115: er führt außerdem die Öffentlichkeit des Verfahrens und eine ausreichende Ausbildung der Richter als Voraussetzungen an, S. 123 ff.; Lorenz, Rechtsschutz, S. 230 ff.; Wolter, DÖV 1997, 939 (942).

710 BVerfGE 55, 1 (5 f.); 107, 395 (408).

711 BVerfGE 7, 275 (279); 9, 89 (95); 39, 156 (168); 63, 332 (337); 67, 208 (211); 74, 1 (4 f.); 74, 220 (224); 84, 188 (189 f.); Wolf, Gerichtsverfassungsrecht, S. 271; Lorenz, Rechtsschutz, S. 233; Enzian, JR 1975, 277 (278).

712 Rabe von Kühlewein, Richtervorbehalt, S. 213.

713 Rabe von Kühlewein, Richtervorbehalt, S. 218; Vosskuhle, Rechtsschutz, S. 144 f.; Smid, Rechtsprechung, S. 344.

714 Rabe von Kühlewein, Richtervorbehalt, S. 218.

715 Rabe von Kühlewein, Richtervorbehalt, S. 223.

716 Rabe von Kühlewein, Richtervorbehalt, S. 227; Lisken, StV 1997, 396 (397); Wolter, DÖV 1997, 939 (943); vgl. die Rechtsprechungsdefinition bei: von Münch/Kunig-Meyer, Art. 92, Rn 7.

neutralen und unabhängigen Ermittlungsrichter zu einer höheren Gewichtung der Richtigkeit gegenüber der Effektivität führt.

bbb) Der Rechtsprechungsbegriff dieses Ansatzes

Auf diesem Wege gelangt *Rabe von Kühlewein* zu folgender Definition von Rechtsprechung. Sie ist Rechtsfeststellung in einem besonderen verfassungsrechtlichen Neutralitäts- und Richtigkeitsgarantien entsprechenden Verfahren, das zumindest auch der Richtigkeit der Rechtsentscheidung dient.[717] Der Gesetzgeber hat damit einen großen Spielraum: will er ein Verfahren der Judikative zuweisen, so muss er es nur mit sämtlichen verfassungsrechtlichen Garantien der Rechtsprechung ausstatten. Die Qualifikation einer richterlichen Tätigkeit als Rechtsprechung ist folglich abhängig von der Verfahrensausgestaltung durch den Gesetzgeber.[718] Primär ist bei der Zuordnung einer Maßnahme zur Judikative somit die Funktionsanordnung des Gesetzgebers zu beachten. Sekundär findet die Verwirklichung der verfassungsrechtlichen Mindestgarantien Beachtung. Sie kann zudem als Indiz für die Funktionsanordnung dienen: wenn alle Verfahrensgarantien verwirklicht sind, wollte der Gesetzgeber vermutlich, dass es sich um einen Akt der Rechtsprechung handelt.[719]

ccc) Kritik

Diese Macht des Gesetzgebers zur Abgrenzung der Staatsgewalten ist zugleich ein Kritikpunkt an dem vorgestellten Ansatz.[720] Der Prozessordnungsgesetzgeber könnte den Bereich der Rechtsprechung bestimmen.[721] *Rabe von Kühlewein* erkennt diese Problematik[722] und entgegnet, dieses Problem sei Art. 92 GG immanent, die von ihm vorgeschlagene Lösung könne sozusagen nichts dafür. Als Grenzen des gesetzgeberischen Gestaltungsspielraumes nennt er zudem die allgemeine Justizgewährungspflicht und diverse Rechtsweggarantien und Richtervorbehalte in Einzelnormen des Grundgesetzes.

Ob diese Einzelnormen allerdings tatsächlich der Rechtsprechung zuzurechnen sind, wird vereinzelt bestritten. *Smid* bezweifelt auch die Zugehörigkeit der in diesen Normen genannten Tätigkeiten zur Dritten Gewalt, da diese sonst durch Art. 92 GG bereits den Richtern zugewiesen wären und die Normen somit über-

---

717 Rabe von Kühlewein, Richtervorbehalt, S. 230; ders., GA 2002, 637 (639).

718 Rabe von Kühlewein, Richtervorbehalt, S. 232.

719 Rabe von Kühlewein, Richtervorbehalt, S. 255.

720 Zu den Bedenkenträgern gehört auch Vosskuhle, Rechtsschutz, S. 145, dessen eigener Ansatz dieser Kritik allerdings auch nicht gänzlich entgeht, will er doch nur bei „manifester, offensichtlicher Ineffizienz" einer Aufgabenzuweisung einen Verfassungsverstoß des Gesetzgebers annehmen, S. 141.

721 Achterberg-Achterberg, Rechtsprechungslehre, S. 3 (8).

722 Rabe von Kühlewein, Richtervorbehalt, S. 236.

flüssig wären.[723] Die Notwendigkeit dieser Normen soll sich gerade daraus ergeben, dass die entsprechenden Tätigkeiten, da sie nicht Rechtsprechung seien, nicht schon über Art. 92 GG den Richtern zugewiesen seien. Durch die Einzelnormen werde die Tätigkeit zwar eine richterliche, aber keine rechtsprechende.[724] Doch erscheint der Schluss, der Verfassungsgeber habe durch diese Normen eine bestimmte Aufgabe nicht nur den Richtern, sondern der Staatsgewalt Rechtsprechung zuweisen wollen, plausibler.[725] Es finden sich nämlich Bestimmungen wie Art. 21 Abs. 2 S. 2 GG[726] darunter, die offensichtlich dem Bemühen um eine effektive Teilung der Staatsgewalten entspringen. So dienen diese Normen der Zuweisung von Tätigkeiten, die womöglich sonst teilweise der Exekutive zugehörig wären, an die Judikative und eröffnen gerade den Anwendungsbereich von Art. 92, der freilich bezüglich der Einzelnormen in der Tat lediglich deklaratorische Wirkung hat: die in ihnen beschriebene Tätigkeit ist ohnehin bereits dem Richter zugewiesen.[727]

Außerdem will *Rabe von Kühlewein* die richterliche Zuständigkeit für das Strafrecht aus dem verfassungsrechtlich verankerten Schuldprinzip herleiten.[728] Mit der Einlassung auf dieses materielle Prinzip gibt er allerdings zu einem Teil seinen funktionellen Ansatz dort auf, wo er ihn als unvereinbar mit bestehendem Verfassungsrecht erkennt. Hier schlägt er die Brücke zu einem enumerativen Ansatz, wie ihn auch das Bundesverfassungsgericht verfolgt.[729] Allerdings beschreitet er diesen Weg angesichts seiner expliziten Ablehnung der Rechtsprechung des Bundesverfassungsgerichtes[730] nicht konsequent genug, um den Bedenken der gesetzgeberischen Allmacht wirksam entgegenzutreten. So könnte etwa das Zivilrecht nach seiner Lösung selbst in Kernbereichen der Rechtsprechung entzogen werden. Im Gegenteil rechtfertigt er den nach seinem Modell bestehenden großen Spielraum des Gesetzgebers: dieser sei die demokratischere

---

723 Smid, Rechtsprechung, S. 84 f.; vgl. Friesenhahn, Über Begriff und Arten der Rechtsprechung, in: FS Thoma, S. 55 ff., der etwa die in Art. 93 GG vorgesehene abstrakte Normenkontrolle nicht notwendig der rechtsprechenden Gewalt zurechnen will.

724 Cordier, NJW 1967, 2141 (2142).

725 Achterberg, in der Diskussion zu seinem Vortrag: Achterberg-Achterberg, Rechtsprechungslehre, S. 3 (36): „Der Verfassungsgesetzgeber hat nun einmal gewisse Tätigkeiten in den Bereich der Rechtsprechung verwiesen." Im Ergebnis ebenso: BVerfGE 22, 49 (76 f.); Jarass/Pieroth-Pieroth, Art. 92, Rn 2; Sachs-Detterbeck, Art. 92, Rn 5; Dreier-Schulze-Fielitz, Art. 92, Rn 28, 30; Vosskuhle, Rechtsschutz, S. 67; Lorenz, Rechtsschutz, S. 192; vgl. auch Lüdemann, DÖV 1996, 870 (872): „Die grundrechtlichen Richtervorbehalte (sind) (...) Kernbestand der Rechtsprechung."

726 Danach steht es lediglich dem Bundesverfassungsgericht zu, eine Partei zu verbieten. Die Exekutive vermag dies nicht. Durch diese Anordnung wird gesichert, dass sich die herrschenden Parteien nicht unliebsamer Gegner entledigen können, dass mithin die Demokratie funktionsfähig bleibt – eine klassische Maßnahme der Gewaltenteilung.

727 Sachs-Detterbeck, Art. 92, Rn 9; Dreier-Schulze-Fielitz, Art. 92, Rn 30.

728 Rabe von Kühlewein, Richtervorbehalt, S. 240 ff., 246 f.

729 Siehe unten, D. III. 4. e).

730 Rabe von Kühlewein, Richtervorbehalt, S. 238.

Lösung und führe darüber hinaus zu einer Stärkung des verfassungsrechtlichen Systems der „checks und balances“.[731]

Die Bezeichnung einer derartigen gesetzgeberischen Allmacht als „großer Spielraum“ ist jedoch verniedlichend. Dass Judikative und Exekutive auf diesem Wege effektiv kontrolliert werden, leuchtet ein. Aber welche andere Staatsgewalt kontrolliert den Gesetzgeber, wenn das Bundesverfassungsgericht dazu mangels tauglicher Prüfungsmaßstäbe nicht in der Lage sein sollte? Der Hinweis auf die direkte demokratische Legitimation der Legislative und auf die Kontrolle durch Wähler und Öffentlichkeit vermag das Unbehagen an diesem Ansatz nicht auszuräumen. *Arndt* nennt den bloßen Hinweis auf demokratische Legitimation „obrigkeitsstaatlich gedacht“. Demokratisch sei vielmehr ein vernünftiges Misstrauen.[732] Nun bilden Misstrauen und demokratische Legitimation kein Gegensatzpaar. Es bedarf im demokratischen Rechtsstaat vielmehr beider Komponenten. Die direkte demokratische Legitimation ist sicher ein notwendiges Kriterium für rechtsstaatlich zustande gekommene Entscheidungen, hinreichend ist sie jedoch nicht: wenn immer die Instanz mit der direktesten demokratischen Legitimation eine durch andere Staatsgewalten mangels Prüfungsmaßstäben nicht begrenzbare Macht erhalten soll – wozu benötigt man dann noch die Gewaltenteilung? Es kann der Legislative nicht zustehen, den Handlungsbereich der Judikative im Sinne der Gewaltenteilung in Abwesenheit von durch das Bundesverfassungsgericht überprüfbaren Kriterien praktisch vollständig zu bestimmen.[733]

Es fällt auf, dass sich dieser funktionelle Ansatz und der erste dargestellte Ansatz zur Bestimmung des Gebietes der Rechtsprechung anhand rein formeller Kriterien stark ähneln. Der formelle Ansatz stellt allein auf die Person des Richters ab, die eine Entscheidung trifft. Der funktionelle Ansatz geht darüber in gleicher Zielrichtung hinaus und formuliert zudem Anforderungen an das Verfahren. Aber auch dies ist ein formeller Ansatz, nur dass eben die formellen Anforderungen höher sind, weil sie sich auch auf das Verfahren erstrecken.[734] Der funktionelle Ansatz betrachtet fast ausschließlich formal, ob ein Richter in einem entsprechenden Verfahren zu einer Entscheidung kommt. Daher sieht er sich, wenngleich in seinen Voraussetzungen wesentlich differenzierter, grundsätzlich den gleichen Einwänden ausgesetzt wie der erste dargestellte Ansatz.[735]

---

[731] Rabe von Kühlewein, Richtervorbehalt, S. 253.

[732] Arndt, Rechtsprechende Gewalt und Strafkompetenz, in: FG C. Schmid, S. 5 (7). Diese im Zusammenhang mit dem Richtermonopol gemäß Art. 92 GG getroffenen Aussagen beziehen sich allerdings auf die Exekutive, nicht auf den Gesetzgeber.

[733] Aschmann, Richtervorbehalt, S. 45, 58; BK-Achterberg, Art. 92, Rn 66.

[734] AA anscheinend Hermes mit Hinweis auf den bisher im Schrifttum vorherrschenden Gegensatz zwischen formellen Ansätzen einerseits und materiellen sowie funktionellen Ansätzen andererseits: JZ 2001, 873 (875, Fn 29).

[735] Ebenso: Achterberg, Der Begriff „Rechtsprechung im materiellen Sinne“, in: FS Menger, S. 125 (133).

Dies gilt jedenfalls, solange es ihm nicht gelingt, weite Bereiche der Rechtsprechung – enumerativ oder auf andere Weise – als verfassungsfest zu verankern und der Disposition des Gesetzgebers zu entziehen.

Dagegen wendet *Rabe von Kühlewein* ein, die Anforderungen an das Verfahren würden gerade nicht formell die Rechtsprechungsdefinition bestimmen. Die Verfahrensgewährleistungen würden Rechtsprechung nicht in der Weise konstituieren, wie es nach dem formellen Ansatz die Zuständigkeit des Richters tut. Ihre Verwirklichungen hätten keinen absoluten, sondern nur einen relativen Erkenntniswert.[736] Wenn jedoch im gleichen Zusammenhang festgestellt wird, dass der Gesetzgeber diese Gewährleistungen bei der Schaffung funktioneller Rechtsprechung sämtlich zwingend zu beachten hat,[737] so wird klar, dass sie für den Fall der Zuordnung einer Tätigkeit zu einer anderen Staatsgewalt als der Rechtsprechung eben doch von absolutem Erkenntniswert sind: sind sie nicht verwirklicht, dann ist es eben keine Rechtsprechung. Ausnahmen sind diesbezüglich nicht denkbar, andere Erkenntnisse daher unwichtig. Einzig, wenn alle Verfahrensgarantien erfüllt sind, besteht die Möglichkeit, ein Verfahren dennoch nicht der Rechtsprechung zuzuordnen, wenn die Auslegung ergibt, dass es sich um eine Exekutivtätigkeit handeln soll. Diese Auslegung ist der einzige andere Erkenntniswert, der in Relation zur Verwirklichung der Verfahrensgarantien treten kann. Sie kann zudem, wie gerade dargestellt, nicht die Zugehörigkeit einer Maßnahme zur Rechtsprechung begründen, bei der es an den Verfahrensgarantien fehlt. Insofern haben die Verfahrensgarantien nach diesem Modell eben doch einen nahezu absoluten Erkenntniswert und damit praktisch konstitutive Bedeutung.

e) Die Position des Bundesverfassungsgerichtes: ein weitgehend enumerativer Ansatz

Das Bundesverfassungsgericht geht davon aus, dass außer den in speziellen Verfassungsnormen ausdrücklich genannten Zuständigkeiten der Rechtsprechung noch weitere Gebiete bestehen, die der Judikative zuzurechnen sind, und nennt als Beispiele die traditionellen Kernbereiche des Zivilrechts und des Strafrechts.[738] Dabei geht das Gericht nicht von einem übergreifenden materiellen Ansatz aus, der eine Lösung für die Entscheidung in jedem Einzelfall bietet. Vielmehr wird enumerativ ermittelt, welche Gebiete der Rechtsprechung sicher durch die Verfassung zugeordnet sind.

---

736 Rabe von Kühlewein, Richtervorbehalt, S. 233, 255.

737 Rabe von Kühlewein, Richtervorbehalt, S. 232, 255.

738 BVerfGE 22, 49 (77 f.); vgl. auch BVerfGE 64, 175 (179); 76, 100 (106); krit.: Bettermann, AöR 92 (1967), 496 (499 f.). Die Bezeichnungen dieses Ansatzes variieren: teils wird er auch als materiell (so: Kissel/Mayer, GVG, Einleitung, Rn 145), teils als „formell-inhaltlich“ (so: Lorenz, Rechtsschutz, S. 193 sowie Bernhard, DRiZ 1981, 361 (364)) bezeichnet.

Zwar ist es grundsätzlich nicht zu beanstanden, wenn man die Einzelnormen des Grundgesetzes als lückenhaft ansieht und von der Existenz weiterer Bereiche ausgeht, die der Rechtsprechung zuzuordnen sind. Mit dem Argument der Tradition allein ist aber nicht hinreichend begründbar, wieso die Verfassung ohne explizite Erwähnung von einer Zuordnung bestimmter Materien zur Rechtsprechung ausgeht. Man sollte die historische Komponente der Auslegung des Grundgesetzes durchaus nicht vernachlässigen und auch das vorverfassungsrechtliche Gesamtbild heranziehen.[739] Eine feste Tradition kann danach durchaus erklären, dass der Verfassungsgeber Selbstverständlichkeiten nicht aussprechen wollte – von einer solchen Überlegung kann jedoch lediglich eine (starke) Indizwirkung ausgehen.[740] Denn würde man sich bereits mit dem Hinweis auf die Tradition zufrieden geben, drohte die Zementierung des status quo. Das Grundgesetz würde zu einer unflexiblen, starren Ordnung und liefe Gefahr, neue rechtliche Herausforderungen nicht meistern zu können.[741] Es fehlen Kriterien, welche Teile der Geschichte übertragbar sind.[742] Was „schon immer" so war, muss nicht in alle Ewigkeit so bleiben und könnte durchaus dem Gestaltungsspielraum des Gesetzgebers unterfallen, wenn nicht weitere Indizien hinzukommen.

Achterberg will diesbezüglich einen früher allgemein bestehenden Konsens über die Zugehörigkeit zur Rechtsprechung als ein solches Indiz werten.[743] Ein solcher Konsens verstärkt sicherlich die aus dem Hinweis auf die Tradition hervorgehende bereits ohnehin recht starke Indizwirkung, rechtfertigt alleine jedoch ebenfalls nicht die Zementierung dieser Zugehörigkeit in der Verfassung. Wo das Grundgesetz keine Vorgaben macht, kann eine Festlegung nicht allein durch die vor seiner Verabschiedung bestehende allgemeine Meinung erfolgen.

Ein im Zusammenspiel mit einem allgemeinen Konsens hinreichendes weiteres Indiz ist für das Strafrecht und das Zivilrecht aber wohl die Erwähnung der ordentlichen Gerichtsbarkeit in Art. 95 Abs. 1 GG.[744] Der Begriff „ordentliche Ge-

---

[739] Maunz/Dürig-Herzog, Art. 92, Rn 34; BK-Achterberg, Art. 92, Rn 102; Achterberg, Der Begriff „Rechtsprechung im materiellen Sinne", in: FS Menger, S. 125 (134).

[740] Auch Vosskuhle, Rechtsschutz, S. 141, Fn 488, als Vertreter eines funktionellen Ansatzes sieht die Tradition als Indiz an.

[741] Rabe von Kühlewein, Richtervorbehalt, S. 120; Smid, Rechtsprechung, S. 68, weist auf relativ neue Entwicklungen wie die freiwillige Gerichtsbarkeit und den vorläufigen Rechtsschutz hin; Wolf, ZZP 99 (1986), 361 (369).

[742] Vosskuhle, Rechtsschutz, S. 84, befürchtet aufgrund dieser Tatsache einen einfachen Gesetzesvorbehalt. Die Letztentscheidung bezüglich der Tradition läge jedoch beim Bundesverfassungsgericht, so dass jedenfalls diese Befürchtung unbegründet ist.

[743] BK-Achterberg, Art. 92, Rn 163; ders., Der Begriff „Rechtsprechung im materiellen Sinne", in: FS Menger, S. 125 (135); ebenso: Aschmann, Richtervorbehalt, S. 56.

[744] Lorenz, Rechtsschutz, S. 193; Auch BVerfGE 22, 49 (78) zieht dieses Argument zur Bekräftigung der Argumentation heran. Die Entscheidung ist daher diesbezüglich nicht zu beanstanden. **AA:** Bettermann, AöR 92 (1967), 496 (500); **aA** bezüglich der Herleitung

richtsbarkeit" hat seinen Ursprung in der Historie: in diesen Gerichtszweigen waren die entscheidenden Personen schon immer Richter (und nicht Beamte), deren Unabhängigkeit voll gesichert war.[745] Zu der ordentlichen Gerichtsbarkeit gehören aus historischen und rechtspolitischen Gründen seit jeher das Zivilrecht und das Strafrecht.[746] Zwar sagt die Erwähnung der ordentlichen Gerichtsbarkeit in Art. 95 Abs. 1 GG nichts über den Umfang der ihr zugehörigen Materien Zivilrecht und Strafrecht aus,[747] doch wird man jedenfalls ihre Kernbereiche bestimmen können, ohne allein auf historische Aspekte zurückgreifen zu müssen und somit auch auf diesem Wege Gefahr zu laufen, eine zu starre Ordnung zu schaffen.[748]

Nun wird dem Ansatz der Zuordnung von Strafrecht und Zivilrecht zur Rechtsprechung über Art. 95 Abs. 1 GG entgegengehalten, dass die Vorschrift als reine Organisationsnorm nur bedingte Aussagen zulasse.[749] Aufgabenzuweisungen an Richter sind im Grundgesetz äußerst klar geregelt. Daraus könnte man schließen, dass eine solche Organisationsnorm im Vergleich zu diesen Vorschriften über die Kompetenz des Richters nichts aussagt.[750] Doch dieser Umkehrschluss berücksichtigt nicht die unterschiedlichen Ausgangspositionen: für die Zugehörigkeit der Rechtsprechung spricht bereits das vorverfassungsrechtliche Gesamtbild und ein allgemeiner Konsens. Es ist lediglich ein weiteres Indiz erforderlich. Dieses liefert die Vorschrift durchaus: selbst Gegner der Argumentation der Zuordnung der Rechtsmaterien Zivilrecht und Strafrecht zur Rechtsprechung über Art. 95 Abs. 1 GG müssen eine Indizwirkung der Norm eingestehen.[751] Ein anderes Argument gegen die Aussagekraft der Erwähnung der ordentlichen Gerichtsbarkeit in Art. 95 Abs. 1 GG ist die Feststellung, nicht alles, was die Richter machen, sei zwangsläufig Rechtsprechung.[752] Auch die Gebiete, für die in Art. 95 Abs. 1 GG Gerichtszuständigkeiten vorgesehen sind, gehörten daher nicht zwingend zur rechtsprechenden Gewalt. In der Tat können den Richtern auch andere Aufgaben zugewiesen werden. Aber wie bei den Einzelnormen, deren Zugehörigkeit zur Rechtsprechung ebenfalls teilweise bezweifelt wird,[753] ist zumindest bei einer Zuweisung des Grundgesetzes davon auszugehen, dass

---

des Richtervorbehaltes im Strafrecht aus Art. 92 GG: Rabe von Kühlewein, Richtervorbehalt, S. 244 f.

745 Wolf, Gerichtsverfassungsrecht, S. 91.

746 Friesenhahn, Über Begriff und Arten der Rechtsprechung, in: FS Thoma, S. 43 f.

747 Wolf, Gerichtsverfassungsrecht, S. 22.

748 Lorenz Rechtsschutz, S. 194, stellt fest, jedenfalls eine „Aushöhlung" sei unzulässig.; Wolf, ZZP 99 (1986), 361 (386); vgl. die Versuche zur Kernbereichsbestimmung dess., Gerichtsverfassungsrecht, S. 22 ff.

749 BK-Achterberg, Art. 92, Rn 101.

750 Vosskuhle, Rechtsschutz, S. 71.

751 Vosskuhle, Rechtsschutz, S. 71; BK-Achterberg, Art. 92, Rn 104.

752 BK-Achterberg, Art. 92, Rn 73; ders., Der Begriff „Rechtsprechung im materiellen Sinne", in: FS Menger, S. 125 (130); Bernhard, DRiZ 1981, 361 (362).

753 Siehe oben, D. III. 4. d) dd) ccc).

diese der Ausdifferenzierung der Gewaltenteilung dient und dass die fragliche richterliche Tätigkeit daher eher der Rechtsprechung zuzurechnen sein wird. Die Übernahme von Exekutivaufgaben durch die Richter mag möglich sein, ist aber dennoch eher die Ausnahme als die Regel. Wenn auch nicht allein aus Art. 95 Abs. 1 GG auf die Zugehörigkeit des Gebietes der ordentlichen Gerichtsbarkeit zur Judikative geschlossen werden kann, so bietet die Norm jedenfalls im Zusammenspiel mit den übrigen Hinweisen ein hinreichendes Indiz hierfür.

Der Ansatz der Bundesverfassungsgerichtsentscheidung kann daher durchaus in Teilen überzeugen. Es leuchtet ein, dass sich der Bereich der Rechtsprechung nicht auf die Einzelnormen im Grundgesetz beschränken kann, in denen ein Gebiet der Judikative zugeordnet ist. Es muss noch einen Bereich geben, der über diese Normen hinausgeht und, so wie es oben für die Kernbereiche des Zivil- und Strafrechts auf materiellem Wege gelungen ist, aufgrund eindeutiger Kriterien der Rechtsprechung zugewiesen werden kann.[754] Diese Kriterien gilt es zu finden. Die oben dargestellten formellen und materiellen Definitionsansätze weisen aber allesamt Mängel auf.[755] *Rabe von Kühlewein* führt dies darauf zurück, dass diese Ansätze nur die Addition von Teilaspekten der Rechtsprechung leisten, anstatt sich mit den Funktionen der Rechtsprechung zu beschäftigen und dann weiter zu fragen, bei welchen Entscheidungen diese Funktionen tatsächlich umgesetzt werden.[756]

Das aber leistet das Bundesverfassungsgericht teilweise in einer jüngeren Entscheidung.[757] Außer den durch die Verfassung zugewiesenen Bereichen und den traditionellen Kernbereichen der Rechtsprechung kann danach auch der Gesetzgeber eine nicht zum enumerativ ermittelten Bereich der rechtsprechenden Gewalt gehörende Tätigkeit der Rechtsprechung zuordnen.[758] Dazu muss er eine Aufgabe mit einem entsprechenden Verfahren ausstatten und ihr Rechtswirkungen verleihen, die nur unabhängige Gerichte herbeiführen können. Gemeint ist die Letztverbindlichkeit einer Entscheidung. Dann ist der Gesetzgeber durch das eigene Vorgehen allerdings auch gebunden, diese Tätigkeit durch unabhängige und neutrale Richter ausüben zu lassen.[759] Rechtsprechung ist danach die funktionell letztverbindliche Klärung im Rahmen besonders geregelter Verfahren.[760] Kritisch wird angemerkt, Art. 92 GG werde auf diese Weise zu einer in Teilen

---

754 Wolf, ZZP 99 (1986), 361 (366).

755 Vosskuhle, Rechtsschutz, S. 85: „zu punktuell“; Smid, Rechtsprechung, S. 243: „verkürzend, einseitig“.

756 Rabe von Kühlewein, Richtervorbehalt, S. 125.

757 BVerfGE 103, 111 (136 ff.).

758 BVerfGE 64, 175 (179); 76, 100 (106); 103, 111 (136 ff.).

759 BVerfGE 103, 111 (137 f.); Sachs-Detterbeck, Art. 92, Rn 21; **aA**: Hermes, JZ 2001, 873 (876).

760 BVerfGE 103, 111 (138); vgl. den ähnlichen über 40 Jahre zuvor entwickelten Ansatz, Rechtsprechung sei funktional die Ausstattung mit Rechtskraft, von Arndt, NJW 1959, 605 (606 f.).

normgeprägten Bestimmung.[761] Im Gegenteil ist jedoch hervorzuheben, dass gerade diese Entscheidung des Bundesverfassungsgerichtes dessen Position in die Richtung konkretisiert, dass Art. 92 GG erstmals deutlich betont („Nach Art. 92 GG ist es Aufgabe der Gerichte,...“)[762] eine eigenständige Bedeutung erhält.[763] Waren es sonst die Tradition oder die Einzelnormen des Grundgesetzes, die eine Tätigkeit der Rechtsprechung und zugleich auch aufgrund ihres Wortlautes automatisch dem Richter zugeordnet haben, so handelt es sich nun tatsächlich um die Anwendung des Richtermonopols gemäß Art. 92 GG auf eine als Rechtsprechung identifizierte Aufgabe. Ausdrücklich verlässt das Bundesverfassungsgericht mit dieser Entscheidung („Sachbereich, der nicht schon materiell dem Rechtsprechungsbegriff unterfällt“)[764] einen rein materiellen (bzw. rein enumerativen) Ansatz und greift Gedanken des funktionellen Ansatzes auf. Diese funktionellen Gedanken führen in ihren Auswirkungen interessanter Weise nicht zu einer stärkeren Machtposition des Gesetzgebers, sondern binden diesen im Gegenteil stärker. Das Gericht sucht nach einer Lösung, die das Verharren in einem einzigen Ansatz überwindet.[765]

f) Eigener Ansatz

Anders als die materiellen und enumerativen Ansätze sehen sich der formelle ebenso wie der funktionelle Lösungsversuch *Rabe von Kühleweins* Bedenken hinsichtlich der Effektivität der Gewaltenteilung gegenüber. Der Gesetzgeber kann der Rechtsprechung beliebig Aufgaben zuweisen oder entziehen, indem er entsprechende Zuständigkeitsregelungen schafft. Zudem besteht für ihn die Möglichkeit, die Verfahren, so weit das verfassungsrechtlich möglich ist, nicht sämtlichen Garantien genügen zu lassen und so der Rechtsprechung zu entziehen.[766] Ist das Verfahren erst einmal antragsunabhängig oder wird auf das rechtliche Gehör der Betroffenen verzichtet, so steht es dem Gesetzgeber nach diesem Ansatz offen, die Tätigkeit auch dem zuständigen Richter zu entziehen. Denn wenn die Aufgabe mangels Antragsunabhängigkeit oder Gehör keine Rechtsprechung mehr ist, unterfällt sie auch nicht dem Richtermonopol von Art. 92 GG. Wer also den rein formellen Ansatz, der lediglich darauf abstellt, dass

---

[761] Hermes, JZ 2001, 873 (876).

[762] BVerfGE 103, 111 (137).

[763] Genau diese Bedeutung will wohl auch Rabe von Kühlewein, Richtervorbehalt, S. 233, Art. 92 GG zumessen.

[764] BVerfGE 103, 111 (137).

[765] Ansätze zu einer übergreifenden Lösung finden sich auch bei Vosskuhle, Rechtsschutz, S. 141, der als Vertreter eines funktionellen Ansatzes für die Zuordnung einer Tätigkeit zur Rechtsprechung zumindest als Indiz einbeziehen möchte, ob sich eine entsprechende Aufgabenzuweisung bereits in der Vergangenheit bewährt hat. Diesbezüglich gibt es durchaus Berührungspunkte mit den auf Tradition und Konsens verweisenden Vertretern materieller Ansätze.

[766] Rabe von Kühlewein, Richtervorbehalt, S. 246 f., nennt zwar Grenzen dieses Spielraums. Diese sind jedoch zu weit.

die Entscheidung durch einen Richter getroffen wird, aufgrund der grundsätzlichen Bedenken gegen die Allmacht des Gesetzgebers ablehnt, kann einen rein funktionellen Ansatz ebenso wenig gutheißen.

Während der formelle und der funktionelle Ansatz mithin dem Gesetzgeber zu große Macht einräumen, hat der materielle Ansatz mangels geeigneter übergreifender Kriterien[767] den Nachteil, zu starr und unflexibel zu sein. Es ist zu vermuten, dass der Verfassungsgeber nicht zulassen wollte, dass eine Staatsgewalt den Bereich der übrigen Staatsgewalten nahezu vollständig festlegt. Zudem ist nicht anzunehmen, dass er die Teilung der Gewalten so detailliert festschreiben wollte, dass bei später auftretenden neuen Herausforderungen keine flexible Lösung gefunden werden kann. Keiner dieser Ansätze kann daher in Reinform den Vorstellungen der Verfassung zugrunde liegen. Das Bundesverfassungsgericht, das bisher teilweise einem wohl als enumerativ zu bezeichnenden Ansatz folgt, sieht dieses Problem. Es schlägt dem Gesetzgeber vor, dann eben das materielle Recht zu verändern, wenn eine Tätigkeit der Rechtsprechung entzogen werden soll. So könnte man aus einer Straftat eine Ordnungswidrigkeit machen, die dem strafrechtlichen Richtervorbehalt nicht unterfällt.[768] Umgekehrt könnte der Gesetzgeber auch eine bestimmte Tätigkeit der Rechtsprechung zuweisen, indem er sie einem materiell-rechtlichen Gebiet zuordnet, das gemäß der Verfassung zur Rechtsprechung gehört. Diese Flexibilität durch die Hintertür vermag jedoch das Problem eines rein materiellen Ansatzes nicht zu kompensieren. Ein Hin- und Herschieben von Maßnahmen zwischen unterschiedlichen materiellen Rechtsgebieten ist nur in engen Grenzen möglich und reicht daher nicht aus, um auf neue Herausforderungen des Rechts dem mutmaßlichen Willen des Verfassungsgebers entsprechend reagieren zu können.

Die materiellen und rein enumerativen Ansätze sind folglich trotz dieses Auswegs zu unflexibel, die formellen und funktionellen Lösungsversuche gerade im Gegenteil zu flexibel und unbestimmt. Was spricht eigentlich gegen eine Verknüpfung mehrerer Ansätze, um die jeweiligen Vorteile besser zur Geltung kommen und die Nachteile in den Hintergrund treten zu lassen?

Es ist richtig, dass der Judikative durch die Regelungen der Verfassung ein bestimmter Bereich enumerativ fest zugewiesen ist. Dazu zählen die Einzelnormen des Grundgesetzes ebenso wie zumindest letztinstanzliche Entscheidungen auf den in Art. 95 Abs. 1 GG genannten und dadurch sowie durch die Tradition und einen allgemeinen Konsens der Judikative zugehörigen Gebieten. *Wolf* führt aus, dass sich dieser „Organgarantie" nicht entnehmen lasse, inwieweit andere Kompetenzträger vorgeschaltet werden dürfen.[769] Art. 19 Abs. 4 GG gewährt tatsäch-

[767] Siehe oben, D. III. 4. c).
[768] BVerfGE 22, 49 (78).
[769] Wolf, ZZP 99 (1986), 361 (366).

lich streng genommen nur eine richterliche Instanz. Die Norm steht für Rechtsschutz durch, nicht gegen Rechtsprechungsakte. Die Rechtsprechung ist nicht Teil der öffentlichen Gewalt gemäß Art. 19 Abs. 4 GG. Auch aus dem Rechtsstaatsprinzip bzw. dem aus dem Rechtsstaatsprinzip und den Grundrechten hergeleiteten „allgemeinen Justizgewährungsanspruch" ergibt sich kein Anspruch auf eine zweite Instanz.[770] Es erscheint aber logisch kaum denkbar, es bei einer Instanz, den gemäß Art. 95 Abs. 1 GG einzurichtenden Bundesgerichten, zu belassen. Diese wären mangels vorheriger juristischer Aufbereitung durch andere Richter angesichts der Vielzahl der Fälle bald überlastet. Faktisch ergibt sich daher aus der Pflicht zur Einrichtung der Bundesgerichte außerdem eine Garantie, dass auch vorherige Instanzen geschaffen werden. Dieser Bereich, der aufgrund der Tradition und des Konsenses sowie der Erwähnung der ordentlichen Gerichtsbarkeit auch die Kernbereiche des Zivil- und Strafrechts umfasst,[771] unterfällt dem Richtermonopol gemäß Art. 92 GG. Auch muss der Gesetzgeber dann die Verfahren entsprechend den verfassungsrechtlichen Anforderungen ausgestalten. Dieser Bereich der Rechtsprechung ist für den Gesetzgeber unantastbar. Dies ist der Beitrag des enumerativen Ansatzes.

Der Gesetzgeber kann den Bereich der Rechtsprechung aber erweitern, indem er eine Materie einem Richter zuweist und mit einem entsprechenden Verfahren ausstattet.[772] Er kann so bestimmte Maßnahmen der Judikative zuordnen. Für diesen Bereich hat das Richtermonopol gemäß Art. 92 GG lediglich deklaratorische Bedeutung,[773] denn um Rechtsprechung handelt es sich ja ohnehin bloß, wenn ein Richter tätig wird. Die Ausnahme besteht nach dem Bundesverfassungsgericht darin, dass der Gesetzgeber eine Tätigkeit gemäß Art. 92 GG unabhängigen Richtern zuzuweisen hat, wenn das Verfahren entsprechend ausgestaltet ist und die Entscheidung mit Letztverbindlichkeit ausgestattet ist, es sich also auch ohne die Bestellung unabhängiger Richter zweifelsohne funktional um Rechtsprechung handeln soll. Dies ist der Beitrag des funktionellen Ansatzes.

---

770 BVerfGE 107, 395 (401 ff.); vgl. ferner: BVerfGE 4, 74 (94 f.); 11, 232 (233); 45, 363 (375); 49, 329 (340 ff.); Sachs-Krüger/Sachs, Art. 19, Rn 120; Rabe von Kühlewein, Richtervorbehalt, S. 357, der freilich zur Abgrenzung den von ihm entwickelten Rechtsprechungsbegriff zugrunde legt; Vosskuhle, Rechtsschutz, S. 146 ff.; Wolter, DÖV 1997, 939 (941); Rieß/Thym, GA 1981, 189 (190); **aA**, also für die Gewährleistung eines Instanzenzuges durch Art. 19 Abs. 4 GG: Lorenz, Rechtsschutz, S. 244; ebenfalls krit. gegenüber der hM: Dreier-Schultze-Fielitz, Art. 19 Abs. 4, Rn 49.

771 Wolf, ZZP 99 (1986), 361 (366), bemängelt an einem solchen Ansatz, dass aus Art. 95 GG keine Einzelzuweisungen abgeleitet werden können. Das ist aber auch gar nicht erforderlich, da es nur um die Beschränkung gesetzgeberischer Macht geht. Diesem Ziel ist mit der verfassungsrechtlichen Zuweisung notfalls auch nur grob umrissener Gebiete an die Rechtsprechung gedient.

772 Siehe zu den Einzelheiten des Verfahrens oben D. III. 4. d) dd) aaa).

773 Seine tatsächliche Bedeutung entfaltet Art. 92 GG daher allein bei der Bestimmung der Voraussetzungen des funktionellen Ansatzes. Dort folgt aus dem Richtermonopol, dass es ohne die Person des Richters keine Rechtsprechung geben kann.

Diese im Grundsatz auch von *Herzog*[774] und *Lorenz*[775] vorgenommene Bestimmung des Gebietes der Rechtsprechung durch eine Kombination verfassungsrechtlicher Gewährleistung und gesetzlicher Zuweisung bietet Gewähr gegen eine Erodierung des Gebietes der Rechtsprechung durch den Gesetzgeber. Sie bietet der Legislative aber auch die Flexibilität, bei neuen Herausforderungen einen Beitrag zum Verhältnis von Exekutive und Judikative zu leisten. Einzig die Verwaltung könnte so an Bedeutung verlieren, indem der Gesetzgeber den Bereich der Rechtsprechung über Gebühr erweitert. Doch es gibt gemäß den Vorgaben der Verfassung auch einen unantastbaren Kernbereich der Exekutive.[776] Der Gesetzgeber kann folglich nicht jede Tätigkeit der Verwaltung auf die Dritte Gewalt übertragen. Da die Exekutive außerdem die effektivste Staatsgewalt zur Verfolgung anderer Staatsinteressen als der bloßen Rechtserkenntnis ist, wird ein rational agierender Gesetzgeber, der durch unantastbare Kernbereiche vor allem der Judikative gebunden ist, immer um eine gesunde Mischung zwischen Verwaltung und Rechtsprechung bemüht sein und sicherlich nicht alle Tätigkeiten der weniger effektiven Rechtsprechung zuweisen, die dann ja auch überlastet wäre. Auch im Interesse der „checks und balances" wird der Gesetzgeber die Macht der Einzelfallentscheidung gleichmäßig verteilen und nur Gebiete der Rechtsprechung zuordnen, in denen ein herausgehobenes Bedürfnis nach einer besonderen Richtigkeitsgewähr der Entscheidung, die durch die Person des Richters und ein entsprechendes Verfahren erreichbar ist, besteht.

Folglich ist einem gemischt[777] enumerativ-funktionellen Ansatz zu folgen.[778] Danach ist Rechtsprechung erstens eine Entscheidung auf einem durch das Grundgesetz fest bestimmten, für den Gesetzgeber unantastbaren Gebiet. Zweitens handelt es sich dabei darüber hinaus um eine vom Gesetzgeber dem Richter

---

[774] Maunz/Dürig-Herzog, Art. 92, Rn 33: „Art. 92 verbietet es dem Gesetzgeber nicht, der Rechtsprechung zusätzliche, nicht verfassungsverbürgte Aufgaben zu übertragen." Ebenso in Rn 51. AA: BK-Achterberg, Art. 92, Rn 92. Seiner Ansicht nach ist das Gesetzesrecht zwar nicht völlig ohne Einfluss, doch kann es nichts verändern, sondern nur dem besseren Verständnis dienen.

[775] Lorenz Rechtsschutz, S. 193 ff., 196, Fn 28: Auch Lorenz sieht trotz der verfassungsrechtlichen Zuordnung der Kernbereiche von Strafrecht und Zivilrecht eine „Gestaltungsfreiheit" des Gesetzgebers. Sein Ansatz unterscheidet sich von dem hier dargestellten jedoch dadurch, dass er davon ausgeht, dass richterliche Entscheidungen ohne ein entsprechendes Verfahren nicht denkbar sind (S. 198: „Die Kompetenz des Richters prägt die Art der Aufgabenwahrnehmung.") und daher auf die Prüfung der Verfahrensrechte als Voraussetzung funktioneller Rechtsprechung verzichtet. Nach Lorenz genügt es bereits, wenn der Gesetzgeber die Tätigkeit dem Richter zuweist.

[776] BVerfGE 34, 52 (59); 67, 100 (139); vgl. auch BVerfGE 104, 151 (207) zum Spielraum der Regierung auf dem Gebiet der Außenpolitik.

[777] Einen gemischten Ansatz vertrat bereits BK-Achterberg, Art. 92, Rn 106: „Der Rechtsprechungsbegriff ist als formell-materiell zu charakterisieren."; Achterberg-Achterberg, Rechtsprechungslehre, S. 3 (8); krit. dazu: Berlit, NdsVBl 1995, 197 (200).

[778] Ähnlich, wenn auch nicht ausdrücklich so bezeichnet und zudem den enumerativen Beitrag zu gering bemessend: der Ansatz Rabe von Kühleweins, Richtervorbehalt, S. 246 f.

zugewiesene und mit sämtlichen Verfahrensgarantien ausgestattete Tätigkeit. Drittens ist Rechtsprechung die letztverbindliche Klärung der Rechtslage in einem besonders geregelten Verfahren – auch wenn die Entscheidung durch den Prozessordnungsgesetzgeber nicht unabhängigen Richtern zugewiesen ist.[779]

g) Einordnung der Entscheidungen bei Richtervorbehalten

Das Bundesverfassungsgericht hat festgestellt, es handele sich bei Richtervorbehalten um Maßnahmen, die aus dem Gebiet der spezifisch richterlichen Aufgaben herausfallen. Zugleich ist es aber der Ansicht des Bundesministeriums der Justiz entgegen getreten, es handele sich um „Exekutionsakte" und damit nicht um Rechtsprechung.[780] Ein klarer Hinweis auf die generelle Einordnung der richterlichen Tätigkeit bei der Genehmigung strafprozessualer Grundrechtseingriffe ergibt sich aus diesen Entscheidungen jedoch nicht.

Im Schrifttum wird betont, jedenfalls Richtervorbehalte ohne Anhörung könnten keine Rechtsprechung sein.[781] Dem wird unter Bezugnahme auf die Rechtsprechung des Bundesverfassungsgerichtes entgegen gehalten, die Anordnung oder Bestätigung grundrechtsbeeinträchtigender Zwangsmaßnahmen sei eine „ureigen rechtsprechende Tätigkeit".[782] Die dort zitierten Urteilsangaben können diese Behauptung allerdings nicht stützen. Auch die Feststellung, die Richtervorbehalte des Grundgesetzes „prägten" den Rechtsprechungsbegriff, weshalb die richterliche Anordnung der Judikative zuzuordnen sei,[783] bleibt ohne argumentative Untermauerung zunächst eine bloße Behauptung. Plausibler erscheint daher zunächst die Ansicht, die Richter blieben zwar institutionell Angehörige der Justiz, würden jedoch funktional als Exekutivorgane tätig.[784]

Eine Zuordnung der Richtervorbehalte zur Judikative könnte zunächst über den enumerativen Beitrag zur oben entwickelten Rechtsprechungsdefinition erfol-

---

779 Sie muss dann allerdings gemäß Art. 92 GG dem Richter zugewiesen werden, BVerfGE 103, 111 (137 f.).

780 BVerfGE 9, 89 (97); Jedoch sei jedenfalls die Entscheidung beim Richtervorbehalt gemäß Art. 13 Abs. 2 GG formell und materiell Rechtsprechung: BVerfGE 49, 329 (341).

781 Lisken/Mokros, NVwZ 1991, 609 (610); Lisken, NWVBl 1990, 325 (331); ders., ZRP 1980, 145.

782 Geppert, DRiZ 1992, 405 (409).

783 Berlit, NdsVBl 1995, 197 (199).

784 Paeffgen, Überlegungen zu einer Reform des Rechts der Überwachung der Telekommunikation, in: FS Roxin, S. 1299 (1308 ff.) kommt zu diesem Schluss aufgrund der Abhängigkeit des Ermittlungsrichters von den Informationen der Exekutive, die aus dem Fehlen eigener Ermittlungsbefugnisse resultiert; ders., JZ 1997, 178 (186); Neuhaus, Die strafprozessuale Überwachung der Telekommunikation (§§ 100a, 100b, 101 StPO), in: FS Rieß, S. 375 (394); Asbrock, ZRP 1998, 17 (18); ders., KritV 80 (1997), 255 (257); auch Welp, Zwangsbefugnisse, S. 12 vertritt die Ansicht, die Genehmigungstätigkeit des Ermittlungsrichters sei keine Rechtsprechung gemäß Art. 92 GG.

gen. Wenn die Verfassung außer den in den Einzelnormen Art. 13 Abs. 2, 3, 4 und Art. 104 Abs. 2, 3 GG vorgesehenen richterlichen Genehmigungs-Erfordernissen auch einfachgesetzliche Richtervorbehalte als Rechtsprechungs-Tätigkeit einordnet, liegt bei ihrer Umgehung ein Verstoß gegen die Gewaltenteilung vor. Muss die Frage der enumerativen Zugehörigkeit in diesem Zusammenhang aber tatsächlich beantwortet werden? Dies ist nicht der Fall, wenn diese Richtervorbehalte über den funktionellen Definitionsbeitrag jedenfalls vom Gesetzgeber der Rechtsprechung zugeordnet wurden. Dafür ist nach den oben[785] aufgestellten Bedingungen erforderlich, dass einerseits ein Richter zuständig ist. Dies ist natürlich bei allen Richtervorbehalten gegeben. Zweitens muss dieser in einem Verfahren mit sämtlichen Garantien agieren. Wo der Richter mangels eines entsprechend ausgestatteten Verfahrens planend andere Zwecke als nur die Richtigkeit der Entscheidung verfolgt, ist seine Tätigkeit der Exekutive zuzuordnen.[786]

Zunächst könnte den bei Richtervorbehalten zu treffenden Entscheidungen die Gewährung rechtlichen Gehörs fehlen. Dies jedenfalls behauptet *Gusy* pauschal für alle Richtervorbehalte. Mangels Gehör sei die Neutralität beeinträchtigt und handele es sich bei ihnen nicht um Rechtsprechung.[787] In der für die Frage, ob der Richtervorbehalt als Schranke der Einwilligungsfreiheit fungieren kann, interessierenden Konstellation weiß der Einzelne jedoch stets von der Maßnahme – wie könnte er sonst einwilligen? Demzufolge wird er vor der richterlichen Entscheidung regelmäßig gehört.[788] Gerade bei den Richtervorbehalten, die potenziell die Einwilligungsfreiheit beschränken, wird mithin rechtliches Gehör gewährt.

Die richterlichen Genehmigungen sind auch von einem Antrag der Staatsanwaltschaft abhängig. Die Ausnahmemöglichkeiten, mit denen *Rabe von Kühlewein* die fehlende Gewährleistung dieser Verfahrensgarantie zu begründen versucht,[789] greifen in den vorliegenden Fällen nicht. §§ 155 Abs. 1 Alt. 2 und 128 Abs. 2 S. 2 Alt 2 StPO regeln lediglich den Fall der Freiheitsentziehung. Und § 165 StPO, der in Eilfällen auch ein richterliches Handeln entgegen dem Regel-

---

785 Siehe oben, D. III. 4. d) dd) aaa) und f).

786 Smid, Rechtsprechung, S. 85 ff.; 245.

787 Gusy, GA 2003, 672 (677 f.); ders., JZ 1998, 167 (170).

788 SK-Rogall, § 81g, Rn 47; Pfeiffer, § 81g, Rn 6; Vath, Fingerabdruck, S. 93 f.; Krause, DNA-Identitätsfeststellung gemäß § 81g StPO, § 2 DNA-IFG, in: FS Rieß, S. 261 (285 f.) Wollweber, NJW 2002, 1771; Fluck, NJW 01, 2292 (2294); Graalmann-Scheerer, Kriminalistik 2000, 328 (331); auch Messer/Siebenbürger, in: Vordermayer/von Heintschel-Heinegg, Handbuch für den Staatsanwalt, Kapitel 1, Rn 139, sind der Ansicht, die Gewährung rechtlichen Gehörs könne „nicht schaden". Gleichzeitig weisen sie jedoch darauf hin, dass lediglich etwa die Hälfte der Richter rechtliches Gehör gewährt. **Gegen** die Erforderlichkeit einer Anhörung: Meyer-Goßner, § 81g, Rn 15; KK-Senge, § 81f Rn 2; ders., NJW 1997, 2409 (2411).

789 Rabe von Kühlewein, Richtervorbehalt, S. 264.

fall § 162 StPO ohne Antrag gestattet, kann denklogisch nur in Fällen zur Anwendung kommen, in denen ein solcher Eilfall zumindest denkbar ist. § 81f Abs. 1 StPO sieht aber keine abweichende Regelung für Eilfälle vor. Folglich geht schon der Gesetzgeber nicht von einem Eilfall aus. Es ist in der Tat schwer vorstellbar, wieso die Speicherung in der Datenbank[790] aufgrund eines besonderen Eilbedürfnisses ohne Antrag der Staatsanwaltschaft erforderlich sein sollte. Selbst wenn, wie postuliert wird,[791] bereits die strukturelle Möglichkeit eines richterlichen Eingreifens ohne Antrag für die Zuordnung der Tätigkeit zur Exekutive genügt, so muss festgestellt werden, dass eine reale strukturelle Möglichkeit in der vorliegenden Konstellation nicht besteht. § 165 StPO steht mithin der Antragsabhängigkeit solcher Verfahren nicht entgegen. Schließlich können diese richterlichen Anordnungen auch nicht durch eine nicht der Judikative zugehörige Instanz abgeändert werden. Der Gesetzgeber hat folglich gerade die hier relevanten Richtervorbehalte mit sämtlichen erforderlichen Verfahrensgarantien ausgestattet.[792]

Diese Richtervorbehalte sind daher unabhängig von ihrer möglichen enumerativen Einordnung durch den Verfassungsgeber der Judikative zuzurechnen. Auch der Einwand, bei einer Zugehörigkeit der Richter zur Judikative seien die Regelungen zu „Gefahr im Verzug“ verfassungswidrig,[793] steht der Einschätzung der hier relevanten Richtervorbehalte nicht entgegen. Denn wie dargestellt, sieht der hier besonders interessierende Richtervorbehalt gemäß § 81f Abs. 1 StPO keine abweichende Regelung für Eilfälle vor. Wie die Frage der Zuordnung zu einer Staatsgewalt für die anderen einfach-gesetzlichen Richtervorbehalte zu beantworten ist, spielt für die im Rahmen dieser Arbeit zu untersuchende Frage des Zusammentreffens von Einwilligung und Richtervorbehalt keine Rolle. Es erscheint aber naheliegend, dass zumindest einfach-gesetzliche Richtervorbehalte ohne rechtliches Gehör, sofern verfassungsrechtlich nicht geboten, nicht der Rechtsprechung zuzuordnen sind, so dass je nach Richtervorbehalt zu differenzieren ist, zu welcher Staatsgewalt er gehört.[794] Dies wäre dann das notwendige Ergebnis der Heterogenität der Richtervorbehalte[795] und der wichtigen Rolle der Verfahrensrechte im einzelnen Fall. Dieser differenzierten Lösung mag es an Übersichtlichkeit und Ästhetik mangeln – sie ist aber sachgerecht.

---

790 Wohlgemerkt geht es hier nicht um die *Entnahme* von Zellmaterial, bei der man sich sehr wohl einen Eilfall vorstellen kann, wenn beispielsweise eine Fluchtgefahr der zu identifizierenden Person besteht.

791 Rabe von Kühlewein, Richtervorbehalt, S. 264.

792 Rabe von Kühlewein, Richtervorbehalt, S. 265, nennt weitere Richtervorbehalte, bei denen diese Voraussetzungen vorliegen; ders., GA 2002, 637 (643).

793 Aschmann, Richtervorbehalt, S. 59.

794 Ebenso: Rabe von Kühlewein, Richtervorbehalt, S. 261.

795 Rabe von Kühlewein, GA 2002, 637 (643).

Eine Orientierung an den Verfahrensrechten gewährleistet, dass genau solche Verfahren der Judikative zugeordnet werden, bei denen sämtliche Garantien erfüllt sind. Nur wenn dies der Fall ist, liegen die sinnvollen Voraussetzungen für die beiden aus dieser Zuordnung möglichen Schlüsse vor. Einerseits gewährt Art. 19 Abs. 4 GG gegenüber Akten der Rechtsprechung nicht automatisch Rechtsschutz.[796] Folglich sollte eine Maßnahme zur Vermeidung von Rechtsschutzdefiziten nur dann der Rechtsprechung zugeordnet werden, wenn bereits das Verfahren vor der Entscheidung gewissen Ansprüchen genügt. Wenn das nicht der Fall ist, die Maßnahme aber dennoch der Rechtsprechung zugeordnet wird, droht eine Verkürzung des Rechtsschutzes. Umgekehrt ist beispielweise bei den Entscheidungen zu §§ 81g StPO und 2 DNA-IFG nicht klar, welche zusätzlichen Erkenntnisse sich bei einer gemäß Art. 19 Abs. 4 GG erforderlichen gerichtlichen Überprüfung der richterlichen Entscheidung ergeben sollten. Diese Überprüfung stellt vielmehr eine klassische zweite Instanz dar – denn auch die erste Entscheidung erfüllt sämtliche Rechtsprechungsfunktionen. Andererseits ist es nur dann legitim, bei einem Unterlaufen eines Richtervorbehaltes einen Verstoß gegen die Gewaltenteilung – und nicht nur gegen die einzelne Kompetenzanordnung des Gesetzgebers – zu beklagen, wenn eben dieser Richtervorbehalt auch tatsächlich ein der Rechtsprechung würdiges Verfahren vorsieht.

h) Ergebnis zu der Funktion Gewaltenteilung

Da Staatsanwaltschaft und Polizeibehörden nach diesem Rechtsprechungsbegriff der Exekutive zuzuordnen sind,[797] ergibt sich aus dem Vorliegen sämtlicher Voraussetzungen in den hier relevanten Fällen die Feststellung, dass bei einer die richterliche Genehmigung ersetzenden Einwilligung ein Verstoß gegen die Gewaltenteilung vorläge.[798] Dazu wird allerdings angemerkt, dass das Fehlen eines Richtervorbehaltes bei zahlreichen Maßnahmen nicht zu erklären sei, wenn man die Gewaltenteilung als einzige Funktion des Richtervorbehaltes ansähe.[799] Es gibt bei der Bandbreite an Maßnahmen aber unterschiedlich gewichtige Zwecke, die hinter ihnen stehen. Es besteht auch bei strukturell ähnlichen

---

[796] Eingehend zur Frage Richtervorbehalt und Rechtsschutz: Rabe von Kühlewein, Richtervorbehalt, S. 271 ff.; Lin, Richtervorbehalt, S. 46 ff.

[797] Über die Einordnung der Staatsanwaltschaft herrscht Streit, vgl.: Koller, Staatsanwaltschaft, der auf S. 384 zu dem Ergebnis kommt, sie sei der Exekutive zuzuordnen. Nach dem hier erarbeiteten Rechtsprechungsbegriff fällt die Zuordnung zur Exekutive allerdings leicht.

[798] Rabe von Kühlewein, Richtervorbehalt, S. 416: „Die Gewaltenteilungsfunktion vermag einen bedeutenden Teil des Telos der Richtervorbehalte zu erklären.“, siehe auch S. 421; ebenso wird die Gewaltenteilung als Funktion des Richtervorbehaltes angesehen von: BGHSt 42, 103 ff.; Nelles, Kompetenzen, S. 48; Welp, Zwangsbefugnisse, S. 7; Wollweber, StV 1997, 507 (510); Eisenberg, NJW 1993, 1033 (1035, Fn 43); Schnarr, NStZ 1991, 209 (210).

[799] Nelles, Kompetenzen, S. 49 ff., sieht daher weitere Funktionen in der Gewährleistung richtiger Ermessensentscheidungen und der Kompensation rechtlichen Gehörs.

Aufgaben angesichts der Einschätzungsprärogative des Gesetzgebers nicht immer ein gleich großes Bedürfnis nach der Zuweisung an die Judikative.

i) Öffentliches Interesse an der Gewaltenteilung

Der Verstoß gegen die Gewaltenteilung hindert die Freiheit des Einzelnen, in eine Maßnahme einzuwilligen, natürlich lediglich dann, wenn die Gewaltenteilung ihrerseits eine Schranke der Einwilligungsfreiheit darstellt. Das setzt voraus, dass die effektive Teilung der Staatsgewalten nicht nur im Interesse des Einzelnen erfolgt, der gerade von einer Maßnahme des Staates betroffen ist.[800] Genau dieser Schutz des Individuums gehört jedenfalls zweifellos zu den Funktionen der Gewaltenteilung.[801]

Lisken führt an, dass der Richtervorbehalt nicht primär dem Rechtsschutz des Einzelnen, sondern in erster Linie der Selbstmediatisierung der Staatsgewalt dient.[802] Aus dieser Differenzierung wird ersichtlich, dass er davon ausgeht, die Selbstmediatisierung der Staatsgewalt diene wiederum noch anderen Zwecken als nur dem Schutze des Individuums. Auch *Malacrida* bezeichnet die Gewaltenteilung als unverzichtbare, unverrückbare Säule der Staatsorganisation.[803]

Aber für diese Behauptung bedarf es doch der Begründung. Dazu lohnt sich eine vertiefte Befassung mit dem Begriff und mit den Zwecken der Gewaltenteilung. *Arndt* betont, die Gewaltenteilung soll Machtvorgänge im Staat bewusst werden lassen und unter Aufsicht halten.[804] Nach *Stern* handelt es sich um „ein rechtlich geregeltes System der Unterscheidung staatlicher Grundfunktionen (...) zum Zwecke der Machtbegrenzung und Freiheitssicherung."[805] Auch hier steht der Zweck Machtbegrenzung neben dem Ziel der Freiheitssicherung. Die Begrenzung der staatlichen Macht durch ihre Verschränkung zwischen verschiedenen, sich gegenseitig kontrollierenden Staatsgewalten dient auch nach *Stern* offensichtlich noch anderen Zwecken als dem Individualschutz.

Welche Zwecke sind das? *Lüdemann* macht drei „Wirkrichtungen" der Gewaltenteilung aus. Erstens soll keine Staatsgewalt eine unbeabsichtigt mächtige Stellung erhalten.[806] Durch gegenseitige Kontrolle der Staatsgewalten wird si-

---

[800] Amelung, Einwilligung, S. 62.
[801] BVerfGE 9, 268 (279); Lin, Richtervorbehalt, S. 233 f.; Vosskuhle, Rechtsschutz, S. 38, 45; Aschmann, Richtervorbehalt, S. 158; Hesse, Grundzüge, Rn 476.
[802] Lisken, ZRP 1990, 15 (18); ders. KritV 3 (1988), 314 (325); ders., NJW 1982, 1268 f.; ders., ZRP 1980, 145 (147).
[803] Malacrida, Grundrechtsverzicht, S. 130.
[804] Arndt, Rechtsprechende Gewalt und Strafkompetenz, in: FG C. Schmid, S. 5 (8).
[805] Stern, Staatsrecht II, § 36, S. 530.
[806] BVerfGE 9, 268 (279); 34, 52 (59); Kissel/Mayer, GVG, Einleitung, Rn 141; Lüdemann, DÖV 1996, 870 (871).

chergestellt, dass Handeln sachgebunden und nicht willkürlich ist. Die Vermeidung von Willkür schützt zunächst wiederum den von staatlichem Handeln betroffenen Einzelnen. Zudem gibt sie Gewähr dafür, dass persönliche Motive der für den Staat handelnden Person die staatlichen Entscheidungen so wenig wie möglich beeinflussen. So schützt die Gewaltenteilung nicht nur vor Korruption und ähnlichen Beeinflussungen staatlicher Organe auf privater Ebene. Außerdem wird ein verantwortungsvoller Umgang mit staatlichen Ressourcen sichergestellt, indem irrationale Entscheidungen, die dem gesetzgeberischen Willen zuwider laufen, so gut wie möglich ausgeschlossen werden.

Zweitens soll jeder Gewalt die Substanz verbleiben, ihren ureigentlichen Funktionen nachzukommen.[807] Diese zweite Wirkrichtung kann man mit der dritten Wirkrichtung, die *Lüdemann* vorfindet, zusammenführen. Danach garantiert die Gewaltenteilung drittens die sachgerechte Aufgabenverteilung im Staat.[808] Es geht bei der Teilung der Gewalten folglich um die Konstituierung einer effektiven, funktionsadäquaten Zuständigkeitsordnung, nach der jede der Gewalten die Aufgaben erledigen soll, für die sie ihrem Aufbau nach am besten geeignet ist.[809] Ein Verstoß gegen die Gewaltenteilung verhindert somit auch eine optimale Erledigung der sich dem Staat stellenden Aufgaben.

Darüber hinaus geht es bei einer funktionierenden Gewaltenteilung im Rechtsstaat des Grundgesetzes um nichts weniger als um die Stützung der demokratischen Staatsform. Wenn eine Gewalt mangels Kontrolle durch die anderen Staatsgewalten zu mächtig wird, schadet dies der gesamten Demokratie. Zwar ist eine Diktatur, in der die Gewalten geteilt sind, vorstellbar und umgekehrt kann eine demokratische Staatsform auch ohne die Teilung der Gewalten gedacht werden. Doch wäre diese demokratische Staatsform ohne Gewaltenteilung weniger stabil. Eine ungehemmte Staatsgewalt verfügt über viel mehr Macht, sich über die Forderungen der Bevölkerung hinwegzusetzen. In einem System mit Gewaltenteilung kann dagegen immer noch ein Ordnungsruf durch die anderen Gewalten erfolgen. Somit kann das Fehlen der Gewaltenteilung eine Gefahr für die demokratische Staatsform darstellen. An die Stelle sachlich richtiger Umsetzung des Volkswillens könnte dann nicht nur die versehentlich fehlerhafte Umsetzung des Willens der Bevölkerung treten. Auch die bewusste Verfälschung des Volkswillens ist dann nicht auszuschließen. So dient die Gewaltenteilung der Kontrolle der Macht und der Mäßigung der Staatsgewalt insgesamt.[810]

[807] Lüdemann, DÖV 1996, 870 (871).
[808] Lüdemann, DÖV 1996, 870 (871).
[809] BVerfGE 68, 1 (86); Isensee/Kirchhof-Di Fabio, § 27, Rn 10; Aschmann, Richtervorbehalt, S. 158; Vosskuhle, Rechtsschutz, S. 47; Hesse, Grundzüge, Rn 482; Stern, Staatsrecht II, § 36, S. 536 ff.
[810] BVerfGE 7, 183 (188); 9, 268 (279); 34, 52 (59); 67, 100 (130); 68, 1 (86).

Die Gewaltenteilung besteht mithin im überindividuellen Interesse. Gegen ihre Ausgestaltung wird bei der Einwilligung in Maßnahmen, die wie die Speicherung der DNA gemäß § 81g Abs. 3 i.V.m. § 81f Abs. 1 StPO bzw. § 2 Abs. 2 DNA-IFG i.V.m. § 81f Abs. 1 StPO einem Richtervorbehalt unterliegen, regelmäßig verstoßen. Ob dieser Verstoß die Einwilligung im Einzelfall tatsächlich wirkungslos macht, ist in einer Abwägung zwischen der Einwilligungsfreiheit und den durch die Einwilligung beeinträchtigten Interessen zu ermitteln.

5. Ergebnis zu den Funktionen der Richtervorbehalte

Die Richtervorbehalte, bei denen in Frage steht, ob sie durch Einwilligungen ersetzt werden können, haben im wesentlichen drei Funktionen. Zunächst schützen sie die Grundrechte der von der jeweiligen Maßnahme Betroffenen sowie in gewissen Fällen die Grundrechte Dritter. Daraus ergibt sich kein öffentliches Interesse, welches über das am Grundrecht selbst bestehende Interesse hinausgeht. Ferner sichern sie den im öffentlichen Interesse bestehenden Grundsatz der Verhältnismäßigkeit. Schließlich dienen diese Richtervorbehalte der Gewaltenteilung, die wiederum auch im öffentlichen Interesse besteht. Folglich bestehen Richtervorbehalte bezüglich zwei der drei Funktionen durchaus im überindividuellen Interesse. Ob diese Interessen geeignet sind, die Einwilligungsfreiheit in ihren Wirkungen zu beschränken, ist durch eine Abwägung mit dieser Freiheit zu ermitteln.

IV. Abwägung zwischen Einwilligung und Richtervorbehalt

Die Einwilligungsfreiheit spricht für die möglichst weitreichende Wirkung der Einwilligung, die richterliche Entscheidung zu ersetzen; die überindividuellen Interessen am Richtervorbehalt sprechen dagegen. Um eine Abwägung der entgegenstehenden Aspekte vornehmen zu können, ist zunächst eine Gewichtung dieser Belange vorzunehmen.

1. Gewicht der Einwilligungsfreiheit

Wie dargestellt,[811] zählt die Einwilligung in die Speicherung der DNA zur Kategorie der rein verfahrensverkürzenden Einwilligungen, da mangels plausibler Einwilligungsmotive von einer Folgenabwägung des Einzelnen nicht auszugehen ist. Diesen Einwilligungen kommt folglich ein vergleichsweise geringes Gewicht zu.

---

[811] Siehe oben, B. III. 2. f) bb) und h) ii) aaa).

2. Gewicht der überindividuellen Interessen am Richtervorbehalt

a) Die Sicherung der Verhältnismäßigkeit

Die Vermeidung unverhältnismäßiger Eingriffe dient der Wahrung des Rechtsstaates und ist hoch einzuschätzen.[812]

b) Die Gewaltenteilung

Das Gewicht eines bestimmten Verstoßes gegen die gemäß Art. 20 Abs. 2, 3 GG gewährleistete Gewaltenteilung für eine Abwägung müsste erst gar nicht bestimmt werden, wenn die Ewigkeitsgarantie gemäß Art. 79 Abs. 3 GG einen solchen Verstoß bereits ausschließt. Denn diese Garantie ist abwägungsfest.[813] Wie weit reicht Art. 79 Abs. 3 GG? Man wird diese Verfassungsnorm eng auslegen müssen, um nicht zu einer unflexiblen Ordnung zu gelangen, die ja selbst den Verfassungsgeber an Veränderungen hindert. Art. 79 Abs. 3 schützt die Gewaltenteilung nicht gegen jeden einzelnen Verstoß, nicht gegen jede Einwilligung. Die Ewigkeitsgarantie greift nur dann, wenn die Gewaltenteilung durch die faktische Abschaffung einer oder mehrerer Staatsgewalten praktisch aufgehoben wird, wenn also einer Staatsgewalt kein nennenswerter eigener Bereich zur Aufgabenerledigung mehr verbleibt. Das ist bei den vorliegenden Richtervorbehalten noch nicht der Fall. Eine Abwägung ist mithin zulässig.

Die effektive Teilung der Gewalten schützt vor Machtmissbrauch, Korruption und vor auf andere Weise zustande gekommenen irrationalen, dem Willen des Gesetzgebers zuwider laufenden Entscheidungen. Es soll die fehlerhafte Umsetzung oder bewusste Verfälschung des Volkswillens vermieden werden. Jede Staatsgewalt soll die Aufgaben erledigen, für die sie ihrem Aufbau nach am besten geeignet ist. Das Gewicht dieser Zwecke wird unter anderem vom Ausmaß ihrer Gefährdung bestimmt.

Ganz allgemein lässt sich sagen, dass mit jeder Kontrolle einer Staatsgewalt durch eine andere die Gewähr für die Richtigkeit der getroffenen Entscheidungen steigt. Mit dem Ermittlungsrichter soll eine neutrale Stelle die Entscheidung über einen Grundrechtseingriff treffen. Einfach formuliert geht es um ein Organ, das auch einmal „nein“ zu einem Antrag der Staatsanwaltschaft sagt. Eine weniger neutrale Person als der Richter kann diese Aufgabe nicht erfüllen. Die Staatsanwaltschaft selbst oder die Polizei ist naturgemäß ungeeignet, ihre eigenen Anträge gegebenenfalls abschlägig zu bescheiden. Solange hinter dem Bemühen um Neutralität aber nur der Individualschutz steht, kann dies nicht in die

[812] Siehe oben, B. III. 2. g).

[813] Wenngleich sie vom Gesichtspunkt des Prinzips der Volkssouveränität her fragwürdig ist; vgl. nur: AK-GG-Vismann, Art. 79, Rn 5; Dreier-Dreier, Art. 79 III, Rn 14.

Gewichtung eingehen. Denn über seine eigenen Grundrechte darf der Einzelne im Rahmen der bereits festgestellten Schranken verfügen.[814] Erst wenn er über öffentliche Belange verfügt, stellt sich die Frage nach der Bedeutung. Dies ist für die konkrete Maßnahme festzustellen.

Im Falle der Speicherung der DNA bedeutet das Interesse an der Gewaltenteilung zunächst, dass die gesetzlichen Voraussetzungen eingehalten werden. Die durch den genehmigenden Richter umgesetzte Gewaltenteilung sichert folglich den Vorrang der Vorgaben des Gesetzgebers. Wie dargestellt,[815] sollen diese Vorgaben ein zielorientiertes Vorgehen bezwecken. Der Richter ist seiner Stellung nach eindeutig geeigneter, sie auch einzuhalten, als nicht neutrale Strafverfolgungsbehörden, die sich im Zweifel für die molekulargenetische Untersuchung und die Speicherung entscheiden. Folglich wird die Umsetzung des gesetzgeberischen Willens durch das Unterlaufen des Richtervorbehaltes im Falle der Speicherung der DNA tatsächlich gefährdet. Gleichwohl hat der Verstoß gegen die Gewaltenteilung kein besonders bedeutendes Gewicht, da es hier nur um Effektivitäts-, Kapazitäts- und Kostenüberlegungen, nicht aber um Rechtsverletzungen geht.

Wenn hinter der Gewaltenteilung nicht noch andere Interessen stehen, sind diese Belange der Einwilligungsfreiheit in der Abwägung unterlegen. Dies wurde bereits bei der Prüfung der Schrankenfunktion des Vorrangs des Gesetzes dargestellt.[816] So müsste etwa eine Machtstellung der Exekutive drohen, welche es dieser Staatsgewalt ermöglicht, die direkte demokratische Legitimation der gesetzgeberischen Entscheidungen regelmäßig zu ignorieren. Dies ist aber nicht abzusehen. Ohne die Einwilligung des Betroffenen kann die Exekutive nicht ohne eine andere Staatsgewalt tätig werden. Daher bedeutet ein Ausbleiben der Einwilligung zugleich die Rückkehr zur unabhängigen richterlichen Prüfung der gesetzlichen Voraussetzungen. Das Gleichgewicht der Kräfte in der Demokratie ist mithin nicht bedroht.

c) Keine erhebliche Relativierung des Gewichtes aufgrund praktischer Mängel der Institution Richtervorbehalt

Soeben wurden dem Richtervorbehalt mit der Sicherung der Verhältnismäßigkeit und der Durchsetzung der Gewaltenteilung überindividuelle Funktionen zugeschrieben, die teilweise über großes Gewicht in der Abwägung verfügen. Es wird aber teilweise angenommen, die Institution des eingriffsgenehmigenden Richters sei in der Realität mit zu vielen Mängeln behaftet, um diese Aufgaben auch tatsächlich erfüllen zu können.

---

[814] Siehe oben, B. III. 2. h).
[815] Siehe oben, B. III. 2. f) bb).
[816] Siehe oben, B. III. 2. f) bb).

Die Kritik am Richtervorbehalt ist heftig: es handele sich um kein effektives Schutzinstrument, weil die Richter nicht zu eigenen unabhängigen Entscheidungen kommen und stattdessen die Beschlussanträge der Staatsanwaltschaft meist wortgleich übernehmen.[817] Schon früh wurde der Richtervorbehalt als Beispiel für symbolische Gesetzgebung angesehen.[818] Auch in neuerer Zeit ist von einem „Feigenblatt"[819], einer „Scheinlegitimation"[820], einem „Vehikel zur Zerstreuung rechtsstaatlicher Bedenken"[821], einem „Wachhund, der weder bellt noch beißt"[822], einem „Palliativum"[823] oder davon die Rede, dass ein „formaler Akt zelebriert" werde[824]. Angesichts solcher verbaler Vehemenz lohnt es sich, auf die einzelnen Kritikpunkte einzugehen.

Zunächst wird vorgetragen, die Richter wären überlastet und hätten zu wenig Zeit zur Prüfung der Anträge.[825] Weiter wird den genehmigenden Richtern ausreichende Fachkenntnis abgesprochen. Problematisch sei neben der institutionellen Stellung, die eine Einarbeitung in die Materie, wie sie etwa durch die Staatsanwaltschaft erfolgt, verhindert, insbesondere die Auswahl der Ermittlungsrichter. Häufig sind es Berufsanfänger oder Personen, die vor dem Ruhestand noch einmal auf diese Position versetzt werden.[826] Ferner wird die strukturell schwache Stellung des Ermittlungsrichters beklagt, der von der Staatsanwaltschaft nur die Informationen erhalte, die von jener als passend zur Vorlage angesehen wer-

817 Backes/Gusy, Telefonüberwachung, S. 123 ff.

818 Amelung, ZStW 92 (1980), 19 (54).

819 Rachor, Datenschutz und Richtervorbehalt, in: FS Bäumler, S. 171 (177); Lilie, ZStW 111 (1999), 807 (814).

820 Asbrock, ZRP 1998, 17 (19).

821 Weßlau, StV 1996, 579 (580).

822 Müller, AnwBl 1992, 349 (351).

823 Helmken, StV 2003, 193.

824 Lorenzen, SchlHA 1999, 29 (30).

825 Albrecht/Dorsch/Krüpe, Rechtswirklichkeit, S. 258, 461; Rachor, Datenschutz und Richtervorbehalt, in: FS Bäumler, S. 171 (176); Nack, Die Telekommunikationsüberwachung in der strafverfahrensrechtlichen Praxis, Umdruck, S. 15; Gusy, ZRP 2003, 275 (277), spricht von einem „Stoßgeschäft".; Asbrock, ZRP 1998, 17 (19); ders., KritV 80 (1997), 255 (258); Geppert, DRiZ 1992, 405 (410); Müller, AnwBl 1992, 349 (351); Weber, DRiZ 1991, 116 (117); vgl. auch „Die Beschlüsse des 65. Deutsche Juristentages", Bonn, 2004, in: NJW 2004, 3241 (3245): ein Beschluss forderte bezeichnender Weise die für eine effektive Kontrolle erforderliche personelle und sachliche Ausstattung der Position des Ermittlungsrichters – eigentlich eine Selbstverständlichkeit.

826 Aschmann, Richtervorbehalt, S. 171m.w.N. für das Polizeirecht; Rachor, Datenschutz und Richtervorbehalt, in: FS Bäumler, S. 171 (176 f.); Gusy, ZRP 2003, 275 (276); Helmken, StV 2003, 193 (196); Asbrock, ZRP 1998, 17 (19); ders., KritV 80 (1997), 255 (258); Geppert, DRiZ 1992, 405 (410); Müller, AnwBl 1992, 349 (351). Die Problematik wird auch deutlich am Beschluss des 65. Deutschen Juristentages (Bonn, 2004), Richter auf Probe müssten immerhin ein Jahr Dienstzeit vorweisen, um als Ermittlungsrichter eingesetzt werden zu können: NJW 2004, 3241 (3245).

den[827] und folglich auf deren „prozessuale Fairness" angewiesen sei.[828] Auch fehlten psychologische Anreize für eine gründliche Prüfung. Der Ermittlungsrichter stehe unter Druck und sei der Gefahr des Mobbings ausgesetzt.[829] Aus diesen Gründen segne der zu vertrauensselige[830] sowie zur „Marionette" verkommene machtlose und unwissende Richter die Anträge der Staatsanwaltschaft einfach nur ab.[831] Entsprechende Statistiken und rechtstatsächliche Untersuchungen[832] seien „Indizien für ein Versagen des Richtervorbehaltes".[833]

Dieser Schlussfolgerung wird allerdings entgegen gehalten, der Richtervorbehalt sei trotz dieser Defizite sehr wohl in der Lage, seine Aufgaben zu erfüllen. Die Repräsentativität und Realitätsnähe entsprechender empirischer Untersuchungen sei zweifelhaft.[834] Anträge ohne Erfolgsaussicht werden häufig fernmündlich zurückgenommen und tauchen daher nicht in der Statistik auf.[835] Neben der Rücknahme ist auch die Nachbesserung von Anträgen gängige Praxis. Der Ermittlungsrichter gibt dem Staatsanwalt dann zu verstehen, dass der Antrag an einer bestimmten Stelle nicht den Anforderungen genüge, woraufhin jener ihn noch einmal in einer ausreichenden Fassung neu stellt. Zudem sei die geringe Ablehnung von Anträgen der Staatsanwaltschaft kein Zeichen für die Lenkbarkeit der Richter, sondern zeuge im Gegenteil von einem hohen Verantwortungsbewusstsein der Staatsanwaltschaft und von einer daraus folgenden hohen Qualität ihrer Anträge.[836] Zu diesem hohen Verantwortungsbewusstsein trägt vermutlich auch eine psychologische Selbstkontrolle bei, die aus dem Bewusstsein resultiert, mit einem fehlerhaften Antrag beim genehmigenden Richter zu schei-

---

827 Aschmann, Richtervorbehalt, S. 170 f. m.w.N. für das Polizeirecht; Rachor, Datenschutz und Richtervorbehalt, in: FS Bäumler, S. 171 (176); Amelung, Der strafprozessuale Eingriff in ein Grundrechtsgut als Staatsakt, in: FS Badura, S. 1 (15); Gusy, ZRP 2003, 275 (276); Seibel/Gross, StraFo 1999, 117 (119); Kamann, StV 1999, 10; Asbrock, ZRP 1998, 17 (19); ders., KritV 80 (1997), 255 (258); Geppert, DRiZ 1992, 405 (410); Müller, AnwBl 1992, 349 (351).

828 Krüger, DRiZ 2004, 247 (249).

829 Helmken, StV 2003, 193 (194 ff.).

830 Rachor, Datenschutz und Richtervorbehalt, in: FS Bäumler, S. 171 (175).

831 Sommermeyer, NStZ 1991, 257 (263).

832 Backes/Gusy, Telefonüberwachung; vgl. die Untersuchung zu Gefahr im Verzug bei Nelles, Kompetenzen, S. 246 f.; Gusy, ZRP 2003, 275 (m.w.N. in Fn 6).

833 Asbrock, KritV 80 (1997), 255 (258); ähnlich: Rachor, Datenschutz und Richtervorbehalt, in: FS Bäumler, S. 171 (176); Meyer-Goßner, ZRP 2000, 345 (348).

834 Gutachten der Großen Strafrechtskommission des Deutschen Richterbundes zum Thema „Die Tätigkeit des Ermittlungsrichters im Ermittlungsverfahren" von 2003, S. 69, 102.

835 Albrecht/Dorsch/Krüpe, Rechtswirklichkeit, S. 255; Gutachten der Großen Strafrechtskommission des Deutschen Richterbundes zum Thema „Die Tätigkeit des Ermittlungsrichters im Ermittlungsverfahren" von 2003, S. 100.

836 Gutachten der Großen Strafrechtskommission des Deutschen Richterbundes zum Thema „Die Tätigkeit des Ermittlungsrichters im Ermittlungsverfahren" von 2003, S. 71; Nack, Die Telekommunikationsüberwachung in der strafverfahrensrechtlichen Praxis, Umdruck, S. 15.

tern.[837] Für eine gute Kontrolle durch die Richter spreche auch die geringe Rechtsmittelquote, wenngleich dieser Schluss nicht zwingend ist, da auch bei bestehenden Erfolgsaussichten nicht immer Rechtsmittel eingelegt werden.[838]

Im Falle der Speicherung der DNA kommt noch hinzu, dass hier längst nicht jeder Antrag der Polizei zur richterlichen Genehmigung der Maßnahme führt.[839] Zudem ergibt sich jedenfalls aus den veröffentlichten Urteilen zu den genannten Normen ein anderes Bild als die von der Kritik gezeichnete Karikatur der richterlichen Marionette. In zahlreichen solcher Entscheidungen wird das Vorliegen der normierten Anforderungen – insbesondere der Speicherungsvoraussetzung Negativprognose – aus den verschiedensten Gründen verneint.[840] Als Folge der jüngsten Rechtsprechung des Bundesverfassungsgerichtes,[841] die den Richtervorbehalt praktisch stärkt, wird zudem bereits von einem Umdenken bezüglich der Vorwürfe mangelnder Effizienz gesprochen.[842]

Es kann zwar kaum bestritten werden, dass der Richtervorbehalt seine Aufgaben nicht immer voll erfüllen kann. Der Nachweis aber, dass die Institution ihren Funktionen in wesentlichem Umfang nicht gerecht wird, ist noch nicht geführt.[843] Speziell bei anstehenden Genehmigungen, bei denen zu der hohen Arbeitsbelastung des Richters nicht noch ein sachlicher Zeitdruck aufgrund besonderer Eilbedürftigkeit der Maßnahme hinzukommt (ein solcher Zeitdruck ist beispielsweise bei der Untersuchung und Speicherung der DNA nicht gegeben[844]),

---

837 Rabe von Kühlewein, Richtervorbehalt, S. 431; Steven, Blätter für deutsche und internationale Politik 2005, 270 (271) sieht zumindest einen Zwang zu ausführlicher Argumentation.

838 Gutachten der Großen Strafrechtskommission des Deutschen Richterbundes zum Thema „Die Tätigkeit des Ermittlungsrichters im Ermittlungsverfahren“ von 2003, S. 103, 133 f.; Kintzi, DRiZ 2004, 83 (86).

839 Krehl/Kolz, StV 2004, 447 (454, siehe Fn 66).

840 OLG Köln, StV 2004, 640; LG Dortmund, StraFo 2004, 321; LG Hamburg, StraFo 2004, 321; LG Rottweil, StraFo 2004, 322; LG Zweibrücken, StV 2003, 155; LG Bamberg, StV 2003, 155; LG Magdeburg, StraFo 2002, 60; AG Düsseldorf, StraFo 2002, 61; OLG Karlsruhe, StV 2002, 60; LG Berlin, StV 2001, 392; LG Heidelberg, StV 2001, 392; LG Münster, StV 2001, 392; LG Darmstadt, StV 2001, 107; LG Oldenburg, StV 2001, 7; LG Freiburg, StV 2001, 8; LG Heilbronn, StV 2001, 8; LG Bückeburg, StV 2001, 8; AG Hamburg, StV 2001, 11; LG Hannover, StV 2000, 302; LG Berlin, StV 2000, 303; LG Frankenthal, StV 2000, 303; LG Bremen, StV 2000, 303; LG Zweibrücken, StV 2000, 304; AG Stade, StV 2000, 304; BGHSt NStZ 2000, 212; AG Kaiserslautern, StV 2000, 72; LG Gera, StV 1999, 589; LG Hannover, StV 1999, 590; LG Berlin, StV 1999, 590; LG Freiburg, StV 1999, 531; LG Lüneburg, StV 1999, 421; LG Waldshut-Tiengen, StV 1999, 365; LG Zweibrücken, StV 1999, 303; AG Rotenburg, StV 1999, 250; LG Koblenz, StV 1999, 141.

841 BVerfGE 103, 142 (151).

842 Rabe von Kühlewein, GA 2002, 637 (658).

843 Ebenso vor wenigen Jahren: Rabe von Kühlewein, Richtervorbehalt, S. 449.

844 Die Entnahme des Zellmaterials kann gemäß §§ 81g Abs. 3, 81a Abs. 2 StPO in Eilsituationen auch durch den Staatsanwalt und die Polizei erfolgen.

führt der Richtervorbehalt anscheinend zu sachgerechten Ergebnissen. Bezüglich der Speicherung der DNA ergibt sich jedenfalls aus den veröffentlichten Urteilen das Gesamtbild, dass der Richtervorbehalt seinen überindividuellen Funktionen weitgehend gerecht wird. Auch wenn dies nicht so wäre, müsste der Staat im übrigen etwaige Mängel beseitigen. Es ist daher festzustellen, dass das Gewicht der überindividuellen Interessen nicht relativiert wird.

3. Abwägung der gewichteten Belange

Das teilweise bedeutende Gewicht eines Verstoßes gegen die Gewaltenteilung und der Sicherung des Grundsatzes der Verhältnismäßigkeit wird durch praktische Mängel des Richtervorbehaltes nicht relativiert. Dem Unterlaufen des Richtervorbehaltes in Folge einer Einwilligung stehen folglich gewichtige Belange entgegen. Dabei sind diese Belange je nach Art des zu genehmigenden Eingriffes, nach den Umständen der erteilten Einwilligung und nach dem überindividuellen Interesse an einer unabhängigen Entscheidung von unterschiedlicher Bedeutung.

Auf der Gegenseite ist die Gewichtung der Einwilligungsfreiheit davon abhängig, ob die Einwilligung als Folgenabwägung den Weg zum geringeren Übel bereiten soll oder nur aus möglicher Resignation und dem Interesse an der Verkürzung des Verfahrens gegeben wird. Jedenfalls wenn die Verfahrensverkürzung das einzige erkennbare Motiv des Einwilligenden ist, kommt der Einwilligung nur ein geringes Gewicht in der Abwägung zu.

So verhält es sich bei der Einwilligung in die molekulargenetische Untersuchung und die Speicherung.[845] Aufgrund der Unmöglichkeit, ex ante zu bestimmen, ob ein verhältnismäßiger Eingriff vorliegt, ist die richterliche Genehmigung regelmäßig auch beim Vorliegen einer Einwilligung in einen letztlich doch verhältnismäßigen Eingriff erforderlich. Die ohnehin nur gering zu gewichtende Einwilligungsfreiheit kann die Gefahr unverhältnismäßiger Eingriffe nicht aufwiegen.

Außer dem Grundsatz der Verhältnismäßigkeit könnte auch die Gewaltenteilungsfunktion des Richtervorbehaltes die Wirkungen der Einwilligungsfreiheit beschränken. Diesbezüglich streitet jedoch allein das Interesse an einer effektiven Teilung der Staatsgewalten gegen den Wunsch des Einzelnen, das Verfahren zu verkürzen. Da in diesem Fall die Teilung der Gewalten lediglich der Durchsetzung des Vorranges des Gesetzes dient, kann die Abwägung nicht anders ausfallen als beim Vorrang selbst:[846] Die Einwilligungsfreiheit ist der gewichtigere Belang.

---

[845] Siehe oben, B. III. 2. f) bb).
[846] Siehe oben, B. III. 2. f) bb).

Mithin ist das Interesse am Fortbestand des gesetzlich vorgesehenen Richtervorbehaltes jedenfalls bei der Untersuchung und Speicherung der DNA regelmäßig höher einzustufen als die Einwilligungsfreiheit des Einzelnen. Der Richtervorbehalt steht einer wirksamen Einwilligung in den Eingriff der molekulargenetischen Untersuchung und Speicherung folglich im Wege und darf nicht umgangen werden.

4. Konsequenzen

Die Einwilligung ersetzt den Richtervorbehalt nicht. Mithin muss auch beim Vorliegen einer Einwilligung noch die Genehmigung des Richters eingeholt werden. An dieser Stelle wird nicht verkannt, dass eine Erklärung für die in der Praxis derzeit geradezu massenhaft veranlassten Einwilligungen eben gerade die Tatsache ist, dass man mit der Einwilligung das richterliche Genehmigungserfordernis umgehen zu können glaubt. Die Vorstellung, die Ermittlungsbehörden würden noch auf eine nennenswerte Anzahl von Einwilligungen hinarbeiten, wenn sich die hier vertretene Ansicht durchsetzen sollte, wäre sicher realitätsfremd. Vielmehr bedeutet die hier vertretene Ansicht in letzter Konsequenz faktisch das Ende der Einwilligungen in die molekulargenetische Untersuchung und Speicherung.

Gleichwohl sollte nicht übersehen werden, dass der Einwilligung in den genannten Grundrechtseingriff in Einzelfällen trotz des Richtervorbehaltes durchaus eine gewisse Wirkung zukommen kann. Durch die Einwilligung könnte nämlich in zwei Fallkonstellationen die „Prüfungsmasse“ des Ermittlungsrichters reduziert werden.

Zum einen könnte die Einwilligung den Richter in einer bestimmten Konstellation bei seiner Entscheidung dazu bestimmen, den Eingriff auch dann zu genehmigen, wenn die gesetzlichen Voraussetzungen nicht vorliegen. Trotz der Beschränkung durch den Verhältnismäßigkeitsgrundsatz ist eine Gruppe von Einwilligungen noch möglich und wirksam: wenn nämlich die gesetzlichen Voraussetzungen fehlen, ohne dass dies zur Unverhältnismäßigkeit der Maßnahme führt. So ist ein Fall denkbar, in dem eine hinreichend gewichtige Anlasstat fehlt, aber dennoch eine Negativprognose erstellt werden kann, weil eine solche Tat aufgrund einer entsprechenden kriminellen Karriere in der Zukunft zu erwarten ist. Dann fehlt der Maßnahme weder die Geeignetheit noch der legitime Zweck. Sie wäre daher verhältnismäßig, obwohl die gesetzlichen Voraussetzungen nicht vorliegen. Der Richter hätte die Einwilligung zu berücksichtigen und den Eingriff zu genehmigen.

Zum anderen kann eine Einwilligung auch als Indiz für die Erforderlichkeit und die Angemessenheit der Maßnahme Wirkung entfalten. Der Richter hat bei der Entscheidung über die Genehmigung der Maßnahme allerdings zu berücksichtigen, dass die Einwilligungen häufig mit der zwangsläufig enttäuschten Hoffnung auf eine Verkürzung des Verfahrens verbunden sind und zumeist wohl keine Aussagen über die Angemessenheit der Maßnahme machen wollen. Man kann sich jedoch einen Fall vorstellen, in dem der Richter eine molekulargenetische Untersuchung und Speicherung normalerweise als nicht erforderlich oder unangemessen ablehnen würde: etwa wenn ein Straftäter plant, aus Deutschland auszuwandern,[847] wäre die Überprüfung, ob die Auswanderung auch tatsächlich erfolgt, ein milderes Mittel. Jedenfalls erschiene eine Aufnahme in die Gendatenbank in einem solchen Falle unangemessen. Durch seine Einwilligung gäbe der Auswandernde aber gerade zu verstehen, dass er den Eingriff nicht als unangemessen empfindet – womöglich hat er ohnehin keine Befürchtungen, jemals wieder deutschen Boden zu betreten und sein Genmaterial zu hinterlassen und möchte seine noch ausstehenden Angelegenheiten durch die Einwilligung einfach nur möglichst schnell und eindeutig klären. Dann könnte die Einwilligung bewirken, dass der Eingriff noch verhältnismäßig und damit zulässig wäre.

Wohlgemerkt können solche Einwilligungen aufgrund der Bedeutung des Grundrechtes auf informationelle Selbstbestimmung dennoch nicht erfolgen, wenn von ihr eine Präzedenzwirkung und damit mittelbarer Zwang für Dritte ausgeht.[848] Die Einwilligungen von Haftinsassen in die Speicherung ihrer DNA sind daher unwirksam, wenn sie den gesetzlichen Voraussetzungen nicht entsprechen. In jedem Fall hat dies zur Sicherung der Verhältnismäßigkeit der Ermittlungsrichter zu prüfen. Aus diesem Grund ist die Einwilligung inhaftierter Personen als verfahrensverkürzende Maßnahme praktisch ohne Relevanz – selbst wenn die gesetzlichen Voraussetzungen vorliegen sollten.

Praktische Wirkung kommt den Einwilligungen somit angesichts der hier vertretenen Lösung lediglich für zwei (seltene) Fälle zu: entweder der nicht inhaftierte Einzelne willigt in eine Maßnahme ein, für die zwar die gesetzlichen Voraussetzungen nicht vorliegen, die aber dennoch nicht unverhältnismäßig ist. Oder die Einwilligung indiziert, dass die Maßnahme entgegen der Einordnung, die typischerweise sonst erfolgen würde, noch erforderlich und angemessen ist. Allerdings wirken die Einwilligungen nicht verfahrensverkürzend, da der Richter in jedem Fall die Verhältnismäßigkeit der Maßnahme zu überprüfen hat.

In den dargestellten seltenen Fällen von Einwilligungen mit praktischer Wirkung sollte die „Prüfungsmasse" des Ermittlungsrichters aber auch gleichzeitig erweitert werden: der unabhängige und neutrale Richter sollte das Vorliegen der oben[849] dargestellten Voraussetzungen einer wirksamen Einwilligung überprü-

[847] Das Statistische Bundesamt registrierte in den letzten Jahren jeweils über 600.000 Fortzüge aus Deutschland; darunter waren durchschnittlich 120.000 Deutsche. Siehe im Internet: *http://www.destatis.de/download/d/bevoe/bev_wanderueb_91_03.pdf.*

[848] Siehe oben, B. III. 2. h) hh).

[849] Siehe oben, C.

fen. Auf diese Weise träte neben die oben[850] dargestellten Funktionen des richterlichen Genehmigungserfordernisses noch eine bisher so nicht wahrgenommene: diejenige der Autonomiesicherung. Der Ermittlungsrichter könnte einer mangelhaften Aufklärung oder einer irgendwie anders gearteten Übervorteilung des einwilligenden Einzelnen entgegenwirken. Auch aus diesem Grund wäre es wünschenswert, wenn auch beim Vorliegen einer Einwilligung die Genehmigung des Richters erforderlich bliebe.

V. Möglichkeit des Widerrufs

Darüber hinaus stellt sich die Frage, ob eine wirksam erteilte Einwilligung widerrufen werden kann. Teilweise wird die freie Widerruflichkeit von Einwilligungen im Schrifttum jedenfalls für den Fall bejaht, dass sie nicht gesetzlich ausgeschlossen ist. Eine weitergehende, den Widerruf ausschließende Wirkung der Einwilligung käme einer unzulässigen Grundrechtsentäußerung gleich.[851] Die Frage der Widerruflichkeit stellt sich hier in besonderem Maße, weil die Speicherung ein andauernder Eingriff ist. Bis die Daten aus der Datenbank gelöscht werden, besteht die Gefahr der Verdächtigung in einem künftigen Strafverfahren. Sofern festgestellt wird, der Widerruf der Einwilligung sei lediglich bis zur Durchführung des Eingriffes möglich,[852] führt diese Argumentation dazu, dass bei der Speicherung der Gendaten erst die Jahrzehnte später erfolgende Löschung eine solche zeitliche Grenze darstellt. Denn selbst wenn sich die Befugnis zur Speicherung rechtstechnisch selbst nicht aus der Einwilligung, sondern aus § 3 DNA-IFG ergeben sollte,[853] so stellt doch die Speicherung eine direkte Folge der Einwilligung in die Untersuchung dar. Der Eingriff der molekulargenetischen Untersuchung wirkt durch die Speicherung fort. Für den Einzelnen

---

[850] Siehe oben, D. III.

[851] Sachs-Sachs, vor Art. 1, Rn 55; AK-GG-Berkemann, Art. 13, Rn 65; Simitis-Simitis, BDSG, § 4a, Rn 90; Hombert, Massentest, S. 159; Spieß, Grundrechtsverzicht, S. 28; Illian, Verzicht, S. 19; Malacrida, Grundrechtsverzicht, S. 9; Amelung, Einwilligung, S. 15; ders., StV 1985, 257 (258); Pietzcker, Der Staat 1978, 527 (530); Malorny, JA 1974, S. 475 (479); 7. Tätigkeitsbericht des Landesdatenschutzbeauftragten Brandenburg, Punkt 4.1.3.; **differenzierend**: Robbers, JuS 1985, 925 (926); **aA** für § 81g StPO: Meyer-Goßner, § 81g, Rn 17; KMR-Bosch, § 81g, Rn 19; **aA** bezüglich des Grundrechtsverzichtes – dieser (der allerdings gerade in *diesem* Punkt *nicht* mit der Einwilligung gleichzusetzen ist, s.o., B. I.) sei unwiderruflich, aber anfechtbar: Stern, Staatsrecht III/2, § 86, S. 915 f.; Brüggemann, Verzicht, S. 14 f.; Frieß, Verzicht, S. 23; Wilde, Verzicht, S. 69 f.; Quaritsch, Der Verzicht im Verwaltungsrecht und auf Grundrechte, in: FS Martens, S. 407 (416); Baldus, Jura 1988, 573 (576); Bussfeld, DÖV 1976, 765 (768); Faust, RiA 1973, 106 (107).

[852] KMR-Bosch, § 81g, Rn 19; LR-Krause, § 81a, Rn 14; Hombert, Massentest, S. 159; Ohly, Einwilligung, S. 79; Rackow, DNA-Identitätsfeststellungsgesetz, S. 140; Eppelt, Grundrechtsverzicht, S. 59; Stern, Staatsrecht III/2, § 86, S. 916.

[853] Vgl. SK-Rogall, Anhang zu § 81g, Rn 33.

handelt es sich daher um einen Dauereingriff. Der Widerruf zwingt folglich die speichernden Stellen zur Löschung.[854]

Die gänzlich frei widerrufliche Einwilligung wäre allerdings faktisch weitgehend bedeutungslos, weil man sich nicht auf die Verfügbarkeit eines festen Datenbestandes in der Datenbank verlassen könnte. Zudem ist zu berücksichtigen, dass die Einwilligung eine einseitige Willenserklärung ist. Folglich steht auch nur dem Einwilligenden die Möglichkeit zum Widerruf zu. Der Staat kann nur abwarten, ob der Einzelne widerruft, hat aber seinerseits keine entsprechende Reaktionsmöglichkeit.

Vorgeschlagen wird daher, den Widerruf nur dann zuzulassen, wenn er nicht willkürlich erfolgt, der Einzelne sich also nicht rechtsmissbräuchlich in Widerspruch zu seinem vorherigen Verhalten, der Einwilligung, setzt. Folglich müsste der Widerrufende gemäß den Voraussetzungen von Treu und Glauben darlegen, dass sich Gründe oder Voraussetzungen für die Erteilung der Einwilligung verändert haben.[855] Dies soll insbesondere gelten, wenn die verantwortliche Stelle bereits Aufwendungen erbracht hat,[856] wie es bei der kostenintensiven DNA-Analyse regelmäßig der Fall ist.[857] Dieser Ansicht ist sicher zuzugeben, dass eine willkürliche Ausübung des Widerrufsrechtes, etwa allein um die speichernden Stellen zu ärgern und einen erhöhten Arbeitsaufwand zu verursachen, keinen Schutz genießen kann. Andererseits ist Vorsicht bei der Begrenzung des Widerrufsrechtes geboten. Es dürfen keine überhöhten Anforderungen an die Veränderung der Verhältnisse gestellt werden.

So muss es etwa genügen, wenn sich die innere Einstellung des Betroffenen zu den für ihn mit der Speicherung verbundenen Risiken geändert hat, wenn er beispielweise aufgrund eines öffentlich bekannten Falles der Überführung eines

---

[854] Rackow, DNA-Identitätsfeststellungsgesetz, S. 190; Busch, StV 2000, 661 (662); offensichtlich aA: Brodersen/Anslinger/Rolf, DNA-Analyse, Rn 82 (die hierbei zur Stützung der Ansicht vorgebrachten Fundstellen haben allerdings teilweise einen anderen Aussagegehalt: Rackow, DNA-Identitätsfeststellungsgesetz, S. 139 f., äußert sich beispielsweise nicht zu dieser Frage, sondern spricht sich an anderer Stelle (siehe am Anfang dieser Fn) sogar für die entgegengesetzte Auffassung aus). Messer/Siebenbürger, in: Vordermayer/von Heintschel-Heinegg, Handbuch für den Staatsanwalt, Kapitel 1, Rn 143: „Das geringste Problem ist, dass sie (die Einwilligung) noch *vor* der Untersuchung widerrufen werden kann." (Hervorhebung nur hier); gegen die Möglichkeit des Widerrufs auch: Meyer-Goßner, § 81g, Rn 17; KMR-Bosch, § 81g, Rn 19.

[855] Gola/Schomerus, BDSG, § 4a, Rn 18; Roßnagel-Holznagel/Sonntag, Datenschutzrecht, 4.8, Rn 64 ff.; Schaffland/Wiltfang, BDSG, § 4a, Rn 26.

[856] Schaffland/Wiltfang, BDSG, § 4a, Rn 26.

[857] Die pekuniäre Frage alleine sollte freilich keine unüberwindbare Hürde für den Widerruf sein. Gegebenenfalls ließe sich eine Kostenbeteiligung des Widerrufenden vorsehen. Zu beachten ist diesbezüglich allerdings auch, dass eine solche Beteiligung abschreckend wirkt und den Einzelnen in seinem Widerrufsrecht ungerechtfertigt zu beschränken droht.

Täters anhand seiner DNA[858] erst erkennt, wie effektiv diese wissenschaftliche Methode ist. Oder der Einwilligende kommt nach Gesprächen mit seinem Anwalt oder anderen Vertrauenspersonen zu der Überzeugung, eine Wiederholungsgefahr könne doch nicht ernsthaft angenommen werden.

Wurde von dem Einzelnen von den Strafverfolgungsbehörden unzutreffend suggeriert, die gesetzlichen Voraussetzung für eine Speicherung lägen vor,[859] so ist die Einwilligung aufgrund einer Täuschung ohnehin unwirksam; selbst wenn man das anders sehen sollte, so kann sie jedenfalls nach Treu und Glauben widerrufen werden.[860] Auch äußere Veränderungen, wie etwa eine mögliche Verlängerung der Speicherungsfristen in der Errichtungsanordnung für die Datenbank oder die Änderung der Errichtungsanordnung dahingehend, dass Datensätze auch an eine internationale Datenbank bei Interpol übermittelt werden können,[861] reichen aus. Gerade Veränderungen der inneren Einstellung sind freilich kaum überprüfbar – auch wenn sie glaubhaft zu machen sind, verkommt der Schutz vor Willkür daher zu einem Schutz vor lediglich offener Willkür. Aber das angesichts der permanenten Belastung der andauernden Speicherung gebotene Widerrufsrecht der Betroffenen wäre ansonsten zu stark eingeschränkt. In der Folge wären dann Widerrufe lediglich theoretisch möglich.

Teilweise wird angeführt, ein erst nach Entnahme und Untersuchung erfolgender Widerruf stehe der Verwertbarkeit der bis zu diesem Widerruf erlangten Beweisergebnisse nicht entgegen.[862] Dies bezieht sich insbesondere auf die Ergebnisse eines ersten Abgleichs der Gendaten mit dem bereits in der Datenbank vorhandenen Bestand an alten Spuren – aber auch auf Übereinstimmungen mit neuem Material, die sich erst in der Zeit zwischen Einwilligung und Widerruf ergeben. Es sollte jedoch nicht jede Täuschung staatlicher Organe noch mit der Verwertbarkeit der Beweisergebnisse belohnt werden.[863] Klarzustellen ist daher

---

[858] Etwa der Fall Mooshammer: der Münchener Modemacher wurde in seinem Haus mit einem Telefonkabel erwürgt. Die DNA-Spuren am Kabel führten zum mutmaßlichen Täter.

[859] Eine solche Suggerierung erfolgt nach derzeitiger Praxis bereits dadurch, dass die Einwilligungen staatlich veranlasst sind und ein Hinweis darauf fehlt, dass die gesetzlichen Voraussetzungen tatsächlich nicht vorliegen.

[860] Vgl. Messer/Siebenbürger, in: Vordermayer/von Heintschel-Heinegg, Handbuch für den Staatsanwalt, Kapitel 1, Rn 143.

[861] Vgl. zu entsprechenden Planungen den 20. Tätigkeitsbericht des Bundesbeauftragten für den Datenschutz, S. 39, zu finden unter: *http://www.bundesdatenschutzbeauftragter.de.*

[862] LG Saarbrücken, StV 2001, 265 f.; SK-Rogall, § 81g, Rn 49; Rackow, DNA-Identitätsfeststellungsgesetz, S. 139 f., differenziert ausdrücklich danach, ob der Widerruf nach der Entnahme und der Untersuchung oder zwischen diesen beiden Maßnahmen erfolgt ist; ohnehin gegen die Möglichkeit des Widerrufs und daher für die Verwertbarkeit sämtlicher Beweisergebnisse: Meyer-Goßner, § 81g, Rn 17; KMR-Bosch, § 81g, Rn 19; Brodersen/Anslinger/Rolf, DNA-Analyse, Rn 82.

[863] Für ein Verwertungsverbot: Graalmann-Scheerer, Molekulargenetische Untersuchung und Revision, in: FS Rieß, S. 153 (160 f.).

noch einmal folgendes: wo der Betroffene bewusst in seinen Verfahrensrechten beeinträchtigt wird, etwa durch eine Täuschung oder eine unvollständige Belehrung seitens der Strafverfolgungsbehörden, ist ohnehin von der Unwirksamkeit der Einwilligung auszugehen.[864] Daher bedarf es eines Widerrufs in diesen Fällen allenfalls aus Gründen der Rechtssicherheit. Der Widerruf sagt dann nichts anderes aus, als dass der Widerrufende die Einwilligung als von vorneherein unwirksam ansieht. Eine Verwertung von auf der Grundlage einer unwirksamen Einwilligung erlangten Beweisergebnissen kommt nicht in Frage. Klarzustellen ist in diesem Zusammenhang darüber hinaus, dass, wie oben dargestellt, auch ein nach den Maßnahmen erfolgender Widerruf wegen der Dauerwirkung des Eingriffes die Löschung der Daten zur Folge haben muss. Sollte diese unterbleiben, sind mithin jedenfalls die erst im Anschluss an den Widerruf erlangten Beweisergebnisse unverwertbar.

Exkurs: Der anders gelagerte Fall gemäß Nr. 3 Abs. 1 UVollzO

Ein anderer Fall der „Ersetzung" der richterlichen Kontrolle durch die Einwilligung des Einzelnen ist der Antrag des Untersuchungshäftlings an den Haftrichter, die Kontrolle der Briefe dem ermittelnden Staatsanwalt zu überlassen.[865] Diese gemäß §§ 119 Absatz 6 Satz 1, 126 Absatz 1 Satz 1 StPO eigentlich dem Richter zustehende Tätigkeit kann dieser gemäß Nr. 3 Absatz 1 UVollzO dem Staatsanwalt „überlassen". Zweck dieses Vorgehens ist die Prozessökonomie: Maßnahmen, die den Gefangenen nicht beschweren, sollen beschleunigt werden.[866] So kann dessen Post schneller und zudem an dem Ort kontrolliert werden, wo sich die Akten über seine Person befinden und ein aktenkundiger Staatsanwalt beurteilt, welcher Inhalt eines Briefes problematisch sein könnte. Der Haftrichter müsste sich zumeist die Akten übersenden lassen und sich dann einarbeiten, bevor er eine Entscheidung treffen kann.[867] So gewährleistet die Überlassung dem Untersuchungshäftling eine zügige Bearbeitung der von ihm angeregten Vorgänge. Auch würde die Aktenübersendung die Ermittlungen verzögern, da die Staatsanwaltschaft ohne Akten nur schwer weiter ermitteln kann.[868] Letztlich könnte sich dadurch gar die Haftzeit des Gefangenen verlängern.

Es handelt sich daher ebenfalls um eine verfahrensverkürzende Einwilligung. Anders als in Fällen der Speicherung in der Datenbank besteht hier aber ein

---

[864] Siehe oben, B. I.

[865] Über die Erforderlichkeit dieses Antrages für die Überlassung wird gestritten. **Dafür**: LG Hannover, NdsRPfl 1962, 143 (144); Meyer-Goßner, § 119, Rn 22; KK-Pfeiffer, § 119, Rn 95; **dagegen**: Hohendorf, NStZ 1994, 455 (455 f.).

[866] LG Hannover, NdsRPfl 1962, 143 (144); Meyer-Goßner, § 119, Rn 22; KK-Pfeiffer, § 119, Rn 95

[867] LG Aachen, NStZ 1992, 407 (408); Hohendorf, NStZ 1994, 455.

[868] LG Aachen, NStZ 1992, 407 (408).

„echtes“ eigenes Interesse an der Verkürzung der Vorgänge, weil schnelle (postalische) Kommunikation mit der Außenwelt einen anderen Grad von Wichtigkeit hat als das allgemeine Interesse an kurzen Verfahren.[869] Die Einwilligung ist daher vorliegend von höherem Gewicht als in dem zuvor dargestellten Fall.

Ein weiterer wesentlicher Unterschied beider Arten von Einwilligungen besteht darin, dass Entscheidungen über belastende Maßnahmen, etwa das Anhalten eines beanstandeten Briefes, gemäß Nr. 3 Absatz 2, 35 Absatz 1 UVollzO auch im Falle einer Überlassung der Kontrolle an den Staatsanwalt weiterhin vom Richter zu treffen sind.[870] Der Einzelne verliert daher mit seiner Einwilligung nicht die grundrechtliche Schutzwirkung des Richtervorbehaltes. Folglich schadet auch eine Präzedenzwirkung gegenüber Dritten nicht. Im Gegenteil ist jedem Untersuchungshäftling zu raten, zwecks schnellerer Bearbeitung beim Haftrichter einen Antrag auf Überlassung der Briefkontrolle an die Staatsanwaltschaft zu stellen. Man ist aufgrund einer schnelleren Bearbeitung der eigenen Anliegen weniger beschwert,[871] ohne aber grundrechtlichen Schutz einzubüßen.[872]

Während es somit bei Einwilligungen in die Speicherung der DNA nicht erkennbar ist, wieso der Einzelne einwilligen sollte, verhält es sich hier genau umgekehrt: es ist nicht erkennbar, wieso eine Versagung der Einwilligung für den Gefangenen von Interesse sein sollte. Die „Ersetzung“ der richterlichen Kontrolle durch die Einwilligung des Einzelnen ist mithin in dieser Konstellation völlig unproblematisch.[873]

---

[869] Die Bedeutung der zügigen Kommunikation mit der Außenwelt betont auch: LG Aachen, NStZ 1992, 407 (408).

[870] Meyer-Goßner, § 119, Rn 22; KK-Pfeiffer, § 119, Rn 95

[871] LG Aachen, NStZ 1992, 407 (408).

[872] Praktiker weisen freilich darauf hin, dass der die Kontrolle über den Briefverkehr innehabende Staatsanwalt gelegentlich in der Hauptverhandlung mit überlegenem Wissen auftrumpft.

[873] **AA** wegen Zweifeln an der Freiwilligkeit der Einwilligung: LG Wuppertal, NStZ 1993, 408; die oben unter C. II. formulierten hohen Maßstäbe für die Freiwilligkeit der Einwilligung von Haftinsassen passen in der vorliegenden Konstellation jedoch nicht, da dem Einzelnen hier kein Schaden entsteht und auch seine Rechte nicht gefährdet sind. So kann ein Häftling ebenfalls problemlos darin einwilligen, ein Geldgeschenk entgegenzunehmen.

E. Spielraum des Gesetzgebers

Offensichtlich plant die Regierungsmehrheit im Deutschen Bundestag, dass DNA-Spuren künftig ohne richterliche Genehmigung entnommen und gespeichert werden dürfen, wenn der Betroffene dem zustimmt. Darüber hinaus soll künftig auch eine Vielzahl einfacher Straftaten als Anlasstat ausreichen.[874] Dabei erhält sie Zustimmung von Teilen der Opposition, welche in der Beschränkung des Richtervorbehaltes gar noch weiter gehen möchten.[875] Unabhängig davon, ob es zu einer Gesetzesänderung kommt oder nicht, soll der Frage nachgegangen werden, ob und inwieweit die hier erarbeiteten Ergebnisse gesetzesfest sind. Wie dargestellt, stehen sich bei der Frage der Beschränkung der Einwilligungsfreiheit und der Wirkungen der Einwilligung beiderseits verfassungsrechtliche Belange gegenüber. Auf diese Belange kann der Gesetzgeber nur teilweise Einfluss nehmen.

Sicherlich stellt sich die Problematik des Vorbehaltes des Gesetzes nicht mehr, wenn der Gesetzgeber eine Regelung über die Zulässigkeit von Einwilligungen formuliert: es wäre ja dann eine gesetzliche Regelung für die Einwilligung vorhanden. Der Vorrang könnte dagegen wie bisher Einwilligungen in solche Eingriffe entgegen stehen, die vom gesetzgeberischen Normprogramm nicht erfasst sind. Soweit eine Einwilligung in einem Fall erfolgt, in dem die gesetzlichen Voraussetzungen (Anlasstat oder Negativprognose) nicht vorliegen, dürfte, je nach Formulierung der neuen gesetzlichen Regelung, der Vorrang des Gesetzes der Einwilligung entgegenstehen und – wie auch nach der derzeit geltenden Rechtslage – gegen das Gewicht der Einwilligungsfreiheit abzuwägen sein.

Nun stellen nach der hier vertretenen Lösung Vorbehalt und Vorrang des Gesetzes ohnehin keine durchschlagenden Schranken der Einwilligungsfreiheit dar. Die „Wirkungsbeschränkung" Richtervorbehalt hat dagegen einen größeren hemmenden Effekt auf die Erteilung von Einwilligungen. Auch nach einer Gesetzesänderung wären die Speicherungen der Gendaten von Personen, bei denen eine Wiederholungsgefahr nicht besteht, selbst beim Vorliegen einer Einwilligung unverhältnismäßig. Benötigt man aber nicht den Richtervorbehalt in jedem Fall, um die unverhältnismäßigen Einwilligungen zuverlässig auszuschließen? Als Ausprägung des Vorranges des Gesetzes kann der Richtervorbehalt im Falle einer Gesetzesänderung nicht mehr gegen die Einwilligung in Stellung gebracht werden. Im Gegenteil spricht sich ein neues Gesetz in einer solchen Konstellation womöglich gar gegen den Richtervorbehalt aus. Damit das richterliche Genehmigungserfordernis dennoch auch beim Vorliegen einer Einwilligung wei-

---

874 Zypries und Ströbele im Plenarprotokoll der 154. Sitzung des Deutschen Bundestages vom 27.01.2005, zu finden ist das Protokoll im Internet unter folgender Adresse: *http://www.bundestag.de/bic/plenarprotokolle/pp/154/index.html*; vgl. auch taz vom 28.01.2005, S.2.

875 Vgl. BtDrs 15/2159, 15/4732.

terhin besteht, müsste der derzeit geltende Richtervorbehalt gemäß § 81g Abs. 3 i.V.m. § 81f Abs. 1 StPO bzw. § 2 Abs. 2 DNA-IFG i.V.m. § 81f Abs. 1 StPO, der sich, wie dargestellt, auch auf Einwilligungen erstreckt, verfassungsrechtlich geboten sein, müsste seine Abschaffung für Einwilligungsfälle also einen Verfassungsverstoß darstellen.

Es ist mithin zu untersuchen, ob die Verfassung fordert, dass in Konstellationen wie bei der Speicherung der DNA ein Richter den Eingriff zu genehmigen hat. Die Frage, ob die einfach-gesetzlichen Richtervorbehalte verfassungsrechtlich geboten sind oder nicht, wird unterschiedlich beurteilt.[876] Stimmen im Schrifttum halten den Richtervorbehalt bei Eingriffen in das Recht auf informationelle Selbstbestimmung nicht generell für verfassungsrechtlich erforderlich.[877] Tatsächlich nennt das Grundgesetz lediglich bei zwei Grundrechten den Richtervorbehalt als Eingriffsvoraussetzung. Gemäß Art. 13 Abs. 2, 3, 4 GG darf die Durchsuchung einer Wohnung, die akustische Wohnraumüberwachung („großer Lauschangriff") und die Überwachung einer Wohnung durch technische Mittel grundsätzlich nur durch den Richter angeordnet werden. Gemäß Art. 104 Abs. 2, 3 GG entscheidet ein Richter über Zulässigkeit und Fortdauer einer Freiheitsentziehung. Ansonsten schweigt der Verfassungstext. Auch für das Grundrecht auf informationelle Selbstbestimmung ist kein Richtervorbehalt vorgesehen. Ein Umkehrschluss könnte lauten, dass Richtervorbehalte bei anderen Grundrechten nicht verfassungsrechtlich geboten seien.[878] Aber ein solcher Umkehrschluss berücksichtigt nicht, dass das Recht auf informationelle Selbstbestimmung als Ausprägung des Allgemeinen Persönlichkeitsrechtes erst 1983 im Volkszählungsurteil vom Bundesverfassungsgericht erstmals erwähnt wurde.[879] Die Sensibilität von Eingriffen in dieses Grundrecht begründete das Gericht damals unter anderem mit den modernen Möglichkeiten automatisierter Datenverarbeitung: „Diese Befugnis (selbst über die Offenbarung persönlicher Lebenssachverhalte zu entscheiden) bedarf unter den heutigen und künftigen Bedingungen

---

[876] **Gegen verfassungsrechtliche Gebotenheit**: Rabe von Kühlewein, Richtervorbehalt, S. 450 ff.; Krüger, DRiZ 2004, 247; Gutachten der Großen Strafrechtskommission des Deutschen Richterbundes zum Thema „Die Tätigkeit des Ermittlungsrichters im Ermittlungsverfahren" von 2003, S. 181 für §§ 81f, 81g StPO; Rackow, Kriminalistik, 2003, 474 (479); ders., JR 2002, 365 (367); Bettermann, AöR 92 (1967), 496 (500 f.) **Dafür (teils nur in bestimmten Fällen) oder jedenfalls zweifelnd**: Appel, Verfassung, S. 548 ff.; Krehl/Kolz, StV 2004, 447 (452); Amelung, NStZ 2001, 337 (342); Hilger, Über den „Richtervorbehalt" im Ermittlungsverfahren, in: GS Meyer, S. 209 (215).

[877] Vgl. nur Rackow, JR 2002, 365 (367).

[878] Aschmann, Richtervorbehalt, S. 60; Krüger, DRiZ 2004, 247; Bettermann, AöR 92 (1967), 497 (500 f.); im Ergebnis ebenso: Rabe von Kühlewein, Richtervorbehalt, S. 458; **aA**: Lisken/Mokros, NVwZ 1991, 609 (610); vgl. auch: Hilger, Über den „Richtervorbehalt" im Ermittlungsverfahren, in: GS Meyer, S. 209 (215); zu verfassungsrechtlichen Notwendigkeit polizeirechtlicher Richtervorbehalte: Götz, NVwZ 1990, 725 (728).

[879] BVerfGE 65, 1ff.

der automatischen Datenverarbeitung in besonderem Maße des Schutzes."[880] Diese Verarbeitungsmöglichkeiten bestanden zum Zeitpunkt der Schaffung des Grundgesetzes noch nicht. So gesehen ist es nachvollziehbar, dass der Verfassungsgeber das Grundrecht noch nicht herausgehoben hat. Und mangels Heraushebung konnte es logischerweise nicht mit dem Eingriffserfordernis der richterlichen Genehmigung gestärkt werden. Es lassen sich somit historische Gründe dafür anführen, dass die Verfassung zu Richtervorbehalten bei Eingriffen in das Recht auf informationelle Selbstbestimmung keine explizite Aussage macht. Ein Umkehrschluss, der von Art. 13 Abs. 2, 3, 4 und Art. 104 Abs. 2, 3 GG ausgeht, vermag keine endgültige Antwort zu geben.

Umgekehrt ist aber auch keine analoge Ausdehnung des richterlichen Genehmigungserfordernisses möglich.[881] Immerhin zeigt die sparsame verfassungsrechtliche Normierung von Richtervorbehalten, dass der Verfassungsgeber dem Gesetzgeber ein weites Ermessen für die Schaffung und Abschaffung von Richtervorbehalten zubilligen wollte. Nicht bei jedem Grundrecht muss ein Richter den Eingriff genehmigen. Auch bei sensiblen Grundrechten wie Art. 2 Abs. 2 S. 1 oder Art. 5 GG wurde das richterliche Genehmigungserfordernis nicht vorgeschrieben. Um zu untersuchen, ob ein solches Erfordernis für das Recht auf informationelle Selbstbestimmung besteht, ist danach zu fragen, wieso gerade für Art. 13 Abs. 2, 3, 4 und Art. 104 Abs. 2, 3 GG Richtervorbehalte angeordnet wurden.

Zum einen könnte es sich bei Eingriffen in diese Grundrechte regelmäßig um besonders schwerwiegende Eingriffe handeln.[882] Das Bundesverfassungsgericht betont das Gewicht eines Eingriffes in das betroffene Grundrecht als Grund einer verfassungsrechtlichen Verankerung eines Richtervorbehaltes: „Dem Gewicht dieses Eingriffes (...) entspricht es, dass Art. 13 Abs. 2, 1. Halbsatz GG die Anordnung (...) dem Richter vorbehält."[883] Dagegen, dass dies allein der Grund für die Einführung eines Richtervorbehaltes ist, spricht jedoch, dass auch Eingriffe in die körperliche Unversehrtheit, in die Meinungs- oder Versammlungsfreiheit, aber auch in die Religionsfreiheit typischerweise eine recht hohe Intensität aufweisen. Die Eingriffsschwere alleine kann daher die Beschränkung des richterlichen Genehmigungserfordernisses nicht erklären.[884]

---

880 BVerfGE 65, 1 (42).

881 Rabe von Kühlewein, Richtervorbehalt, S. 452.

882 Appel, Verfassung, S. 549; Wolf, Gerichtsverfassungsrecht, S. 30; ders., ZZP 99 (1986), 361 (390); vgl. auch: Lin, Richtervorbehalt, S. 257 f., Lorenz, Rechtsschutz, S. 139 ff. sowie Bachmann, Rechtsschutz, S. 76 sehen die Schwere zumindest als einen Grund für die Schaffung von Richtervorbehalten an.

883 BVerfGE 103, 142 (151); jüngst wortgleich: BVerfGE 109, 279 (357 f.).

884 Rabe von Kühlewein, Richtervorbehalt, S. 452; Aschmann, Richtervorbehalt, S. 130, 133; Nelles, Kompetenzen, S. 46 ff.; Welp, Zwangsbefugnisse, S. 17.

Zum anderen könnte der Verfassungsgeber aus der Erkenntnis heraus gehandelt haben, dass bei Art. 13 Abs. 2, 3, 4 und Art. 104 Abs. 2, 3 GG ohne vorherige richterliche Prüfung typischerweise eine besondere Gefährdungslage für die beeinträchtigten Grundrechte vorliegt. Sowohl bei der Wohnungsdurchsuchung oder -überwachung als auch bei der Freiheitsentziehung kommt nachträglicher Rechtsschutz in der Regel zu spät: die Wohnung wurde dann schon durchsucht oder überwacht, der Betroffene bereits in Untersuchungshaft festgehalten. Der Schaden stellt sich zumeist als irreparabel dar.[885] Bei fast allen anderen genannten Grundrechten besteht eine solche Gefährdungslage regelmäßig nicht: Eingriffe in die Religions- oder die Meinungsfreiheit betreffen meist langwierige Verfahren und dauerhafte Lebensweisen (etwa die Erlaubnis zum Schächten, das Verbot, in bestimmten Situationen ein Kopftuch zu tragen oder das Untersagen des Beharrens auf der Auschwitzlüge). Ein Eingriff in die Versammlungsfreiheit kann etwa beim kurzfristigen Verbot einer Versammlung durchaus schnellen Rechtsschutz erfordern; dieser kann aber auch durch den vorläufigen Rechtsschutz gewährt werden, weil der Betroffene von dem Eingriff (dem Verbot) unterrichtet wird, bevor ihn die Auswirkungen treffen. Die Wohnungsdurchsuchung bleibt dagegen solange geheim, bis sie tatsächlich stattfindet, die Überwachung gar noch länger. Der Betroffene kann sich im vorläufigen Rechtsschutz nicht dagegen wehren – nachträglich kann der Schaden, die Verletzung seiner Privatsphäre, nicht wiedergutgemacht werden. Ähnlich ist es mit der plötzlichen Verhaftung und Freiheitsentziehung. Es lässt sich aus diesen Erkenntnissen durchaus der Schluss ziehen, der Verfassungsgeber habe dem Gesetzgeber einen Richtervorbehalt gemäß Art. 19 Abs. 4 GG immer dann als erforderlich vorschreiben wollen, wenn aufgrund der durch Eilbedürftigkeit oder Heimlichkeit einer Maßnahme fehlenden Einbeziehung des Betroffenen irreparable Schäden drohen.[886]

Allein die Beeinträchtigung der körperlichen Unversehrtheit erfolgt womöglich ebenfalls ohne Ankündigung und kann zu irreparablen Schäden führen,[887] ohne dass für dieses Grundrecht ein Richtervorbehalt vorgesehen wurde. Ob dies dem

---

[885] Dass der Richtervorbehalt insbesondere irreparable Schäden verhindern soll, betonen auch: Lin, Richtervorbehalt, S. 245; Hantel, Freiheitsentziehung, S. 21; Lorenz, Rechtsschutz, S. 142; Gusy, JZ 1998, 167 (169); Hilger, Über verfassungs- und strafverfahrensrechtliche Probleme bei gesetzlichen Regelungen grundrechtsrelevanter strafprozessualer Ermittlungsmaßnahmen, in: FS Salger, S. 319 (327 f.); ders., Über den „Richtervorbehalt" im Ermittlungsverfahren, in: GS Meyer, S. 209 (216 f.).

[886] Dreier-Schultze-Fielitz, Art. 19 Abs. 4, Rn 107, 144; ebenso, allerdings einen kombinierten Ansatz aus Rechtsschutzfunktion und Schwere des Eingriffes verfolgend: Bachmann, Rechtsschutz, S. 76; **aA**: Rabe von Kühlewein, Richtervorbehalt, S. 450, der eine Rechtsschutzfunktion der Richtervorbehalte ablehnt.

[887] Hilger, Über den „Richtervorbehalt" im Ermittlungsverfahren, in: GS Meyer, S. 209 (217).

Verfassungsgeber in ausreichendem Maße bewusst war, ist unklar.[888] Schließlich wurde die Befugnis zu körperlichen Eingriffen erst 1933 mit Beginn des Nationalsozialismus möglich, während Eingriffe in Freiheit[889] und Wohnung[890] und ihre Verknüpfungen mit richterlichen Genehmigungen auf jahrhundertealte Traditionen zurückblicken können. So hat die Aufnahme des Richtervorbehaltes gerade in diese Grundrechte im wesentlichen historische Gründe.[891] Der Gesetzgeber hat zudem die Problemlage schnell erkannt und in § 81a Abs. 2 StPO einen Richtervorbehalt für Eingriffe in die körperliche Unversehrtheit vorgesehen. So bestand sehr bald auch kein Anlass für den Verfassungsgeber mehr, das gegebenenfalls Versäumte nachzuholen.[892] Allein die Tatsache, dass für Eingriffe in die körperliche Unversehrtheit im Grundgesetz kein Richtervorbehalt vorgesehen ist, rechtfertigt daher nicht den Schluss, der Verfassungsgeber habe das verfassungsrechtliche Erfordernis von Richtervorbehalten ultimativ auf Art. 13 Abs. 2, 3, 4 und Art. 104 Abs. 2, 3 GG begrenzen wollen. Vielmehr erscheint nach wie vor die These plausibel, dass es eines Richtervorbehaltes verfassungsrechtlich bedarf, wenn ohne das richterliche Genehmigungserfordernis aufgrund drohender irreparabler Schäden besondere Gefährdungslagen für das Grundrecht bestehen.[893]

Fraglich ist nun, ob eine solche Gefährdungslage bei der molekulargenetischen Untersuchung und Speicherung ohne die Einwilligung besteht. Es handelt sich vorliegend um einen Dauereingriff, der vom Moment der Speicherung an Wirkungen entfaltet. Die Intensität des Eingriffes ergibt sich unter anderem aus der Dauer der Speicherung. Die anfängliche Speicherung der DNA ist auf den ersten Blick vergleichsweise wenig belastend – erst mit der Einstellung in die Datenbank für eine gewisse Dauer steigt das Risiko, einer Straftat beschuldigt zu werden. Der Betroffene könnte sich, insbesondere im Verfahren des einstweiligen Rechtsschutzes, daher auch nachträglich zeitnah gegen den Eingriff wehren –

---

888 Anders: Hilger, Über den „Richtervorbehalt" im Ermittlungsverfahren, in: GS Meyer, S. 209 (217 f.), der betont, der Verfassungsgeber hätte für die körperliche Unversehrtheit eine entsprechende Regelung einführen können, wenn er ein Primat des Richtervorbehaltes gewollt hätte. Hilger schlägt für offene Maßnahmen ein Primat der Staatsanwaltschaft vor, die dem Einzelnen aber Gelegenheit geben muss, den Richter anzurufen. Eilige Maßnahmen ohne Anhörung will er aber ebenso wie heimliche Maßnahmen dem Richter unterstellen: Hilger, JR 1990, 485 (486).

889 Zur Geschichte von Freiheitsentziehung und Richtervorbehalt: Ollinger, Richtervorbehalt.

890 Amelung, NStZ 2001, 337 (342).

891 Lin, Richtervorbehalt, S. 237 (beachte insbesondere Fn 100); Amelung, NStZ 2001, 337 (342).

892 Auch Lorenz, Rechtsschutz, S. 140, hält einen Richtervorbehalt bei Eingriffen in die körperliche Unversehrtheit für verfassungsrechtlich geboten.

893 So für geheime oder eilige Maßnahmen, bei denen der Einzelne mangels Anhörung nicht zuvor einen Richter anrufen kann, ebenfalls: Hilger, Über den „Richtervorbehalt" im Ermittlungsverfahren, in: GS Meyer, S. 209 (218 f.); ders., JR 1990, 485 f.; Wohl auch in diese Richtung tendierend, wenn auch nicht ausdrücklich festgelegt: Amelung, NStZ 2001, 337 (342, Fn 44).

scheinbar, ohne dass ihm zuvor irreparable Schäden entstehen. Wenn effektiver nachträglicher Rechtsschutz gewährleistet ist, besteht bezüglich des Abgleichs mit erst *künftig* aufgefundenem Spurenmaterial folglich keine der Wohnungsdurchsuchung oder Freiheitsentziehung vergleichbare Gefährdungslage. Allerdings erfolgt sofort mit der Einstellung in die Datenbank regelmäßig ein Abgleich mit sämtlichen *alten* Tatortspuren. Dadurch kann bereits nach sehr kurzer Speicherungsdauer eine Übereinstimmung dazu führen, dass der Betreffende beschuldigt wird. Daher drohen bei der Speicherung doch irreparable Schäden. Mithin ist der Richtervorbehalt gemäß § 81g Abs. 3 i.V.m. § 81f Abs. 1 StPO bzw. § 2 Abs. 2 DNA-IFG i.V.m. § 81f Abs. 1 StPO verfassungsrechtlich geboten.[894]

Eine solche Gefährdungslage für das Rechtsgut ist freilich zu verneinen, wenn der Einzelne im Rahmen der oben aufgestellten Voraussetzungen wirksam einwilligt. Denn dann gibt er zu verstehen, sich gegen die Speicherung nicht wehren zu wollen. An dieser Willenserklärung muss er sich auch festhalten lassen – das Verlangen nach einer sofortigen richterlichen Überprüfung wäre widersprüchlich. Vor zu spät erfolgendem Rechtsschutz ist der Einwilligende daher nicht zu schützen. Zwar kann er seine Einwilligung, wie dargestellt,[895] später gegebenenfalls widerrufen – ein zwischenzeitlich erfolgter Abgleich mit alten Spuren ist aber dann hinzunehmen.

Das Verfassungsrecht steht somit der vollständigen Abschaffung des Richtervorbehaltes entgegen. Der Gesetzgeber ist allerdings verfassungsrechtlich nicht gehindert, im Falle einer Einwilligung auf das richterliche Genehmigungserfordernis zu verzichten. Zwar sichert der Richtervorbehalt recht effektiv den objektiven Grundsatz der Verhältnismäßigkeit und es wäre daher dienlich, ihn zu diesem Zwecke so weit wie möglich beizubehalten. Der Gesetzgeber verfügt jedoch über einen gewissen Spielraum, wie er die Verhältnismäßigkeit sichert und kann auf den Richtervorbehalt unter der Voraussetzung, dass eine freiwillig erteilte Einwilligung vorliegt, verzichten. Dieser Erkenntnis steht auch die Rechtsprechung des Bundesverfassungsgerichtes nicht entgegen, die zwar die Bedeutung des Richtervorbehaltes für die Verhältnismäßigkeit der Maßnahmen betont, zur verfassungsrechtlichen Erforderlichkeit ansonsten aber keine expliziten Angaben macht.[896] Grenzen dürften aber dann erreicht sein, wenn die gesetzlichen Voraussetzungen geradezu planmäßig unterlaufen werden, um Einwilligungen in offensichtlich unverhältnismäßige Eingriffe zu erhalten.

---

[894] In der Möglichkeit des sofortigen Abgleichs mit bereits gespeicherten Daten liegt ein wesentlicher Unterschied zum herkömmlichen Fingerabdruck, der gemäß § 81b Alt. 2 StPO ohne richterliche Genehmigung genommen werden kann; **aA** bezüglich der verfassungsrechtlichen Gebotenheit: Rackow, JR 2002, 365 (367).

[895] Siehe oben, D. V.

[896] BVerfGE 103, 21 (34).

Mithin könnte nach einer Gesetzesänderung dahingehend, dass eine Einwilligung das richterliche Genehmigungserfordernis entfallen lässt, der Einzelne wirksam einwilligen, sofern eine Negativprognose erstellt werden kann. Ob dies der Fall ist, kontrolliert dann[897] aber nicht mehr der Richter, sondern die Exekutivbehörden und der Betroffene selbst.

[897] So wird allerdings nach der derzeitigen Praxis bereits verfahren.

F. Schlussbetrachtung

Die vorliegende Untersuchung hat sich der Frage gewidmet, unter welchen Voraussetzungen und mit welchen Konsequenzen eine Einwilligung in Grundrechtseingriffe möglich ist und wie eine wirksame Einwilligung beschaffen sein muss. Die gewonnenen Erkenntnisse wurden auf eine in der Praxis häufig vorkommende, aber dennoch atypische Konstellation übertragen: auf die Einwilligung in die molekularbiologische Untersuchung und Speicherung der eigenen Gendaten in einer Datenbank gemäß §§ 81g StPO, 2 DNA-IFG. Das besondere an der bei diesen Normen vorliegenden Konstellation ist: das Gesetz sieht einen Richtervorbehalt vor, obwohl der Einzelne vor der Maßnahme zumeist um seine Einwilligung gebeten wird, mithin gehört wird. Anders als bei § 81a Abs. 1 S. 2 StPO macht das Gesetz an dieser Stelle zum Verhältnis von Einwilligung und Richtervorbehalt (noch) keine Angaben. Es stellte sich daher nicht nur die Frage, in welchen Grenzen eine Einwilligung hier zulässig ist, sondern auch diejenige, ob eine wirksame Einwilligung das richterliche Genehmigungserfordernis entfallen lässt. Mit dieser letzten Frage verbinden sich praktische Konsequenzen großen Ausmaßes. Sollte die Entscheidung des Richters auch beim Vorliegen einer Einwilligung erforderlich sein, so kommt der Einwilligung lediglich eine geringe Bedeutung zu. An der Praxis der Strafverfolgungsbehörden ist nämlich zu erkennen, dass es offensichtlich der einzige Sinn der Einwilligung ist, den Richtervorbehalt zu umgehen.

Zunächst wurde die generelle Möglichkeit des Einzelnen untersucht, in staatliche Grundrechtseingriffe einzuwilligen. Dabei wurde aufgezeigt, dass die Einwilligungsfreiheit selbst grundrechtlich geschützt ist.[898] Dieser Schutz erfolgt durch Art. 2 Abs. 1 GG, in Ausnahmefällen auch über das Allgemeine Persönlichkeitsrecht. Schranken können sich aus einfachen Gesetzen wie §§ 81d Abs. 2, 136a Abs. 3 StPO ergeben. Außerdem kann die Beschränkung der Einwilligungsfreiheit durch Rechtsgüter von Verfassungsrang auf zwei verschiedenen Ebenen erfolgen. Eine Ebene ist der Schutz vor sich selbst.[899] Hierzu ist festzustellen, dass der Einzelne nur in zwei Konstellationen vor den Folgen seiner Entscheidung bewahrt werden darf. Entweder ist eine unfreiwillige Entscheidung nicht auszuschließen; der Gesetzgeber darf dann unwiderleglich vermuten, dass die Entscheidung nicht freiwillig ergangen ist und die Einwilligung untersagen. Oder der Einzelne beseitigt mit seiner Einwilligung irreversibel die Möglichkeit künftiger freier Entscheidungen, indem er seine Freiheit und seine Subjektqualität preisgibt. Die andere Ebene sind öffentliche Belange.[900] Die Menschenwürde und die Menschenrechte stehen der Einwilligungsfreiheit nur in Ausnahmefällen entgegen, wenn auf andere Menschen in derselben Lage durch

[898] Siehe oben, B. III. 1.
[899] Siehe oben, B. III. 2. a).
[900] Siehe oben, B. III. 2. b) – h).

die Einwilligung Druck zu unwürdigem Verhalten entsteht. Die Wirkung der Wesensgehaltsgarantie ist gering, weil sie für das jeweilige Grundrecht äußerst eng zu bestimmen ist. Die speziellen Gesetzesvorbehalte der Grundrechte sind keine Schranken der Einwilligungsfreiheit, weil jene grundrechtlich verankert ist und daher eine praktische Konkordanz möglich ist. Der allgemeine Gesetzesvorbehalt kann dagegen die Freiheit einzuwilligen beschränken, wenn es sich um eine Frage von solcher Bedeutung handelt, dass ein öffentlicher Diskurs erforderlich ist. Dabei dürfte es sich neben kontroversen Fragen der politischen Führung vor allem um Fälle handeln, in denen der Einzelne auch nach vorbildlicher Aufklärung von der Komplexität der Situation überfordert sein könnte. Der Vorrang des Gesetzes steht der Einwilligung entgegen, wenn der Zweck der umgangenen Norm dies verlangt, wenn die Norm ihrem Sinn nach also nicht disponibel ist, weil hinter ihr öffentliche Interessen stehen, die wichtiger sind als die Einwilligungsfreiheit des Einzelnen. Der Verhältnismäßigkeitsgrundsatz dient zwar auch öffentlichen Interessen (der Rechtsstaat kann kein Interesse an unverhältnismäßigen Eingriffen haben), kann die Freiheit einzuwilligen aber lediglich bezüglich der Voraussetzungen legitimer Zweck und Geeignetheit beschränken. Diesbezüglich hat er aufgrund des großen Beurteilungsspielraumes der handelnden Organe grundsätzlich lediglich geringe praktische Relevanz. Die Grundrechte kommen aufgrund der ihnen von einigen Grundrechtstheorien beigemessenen objektiven Funktionen grundsätzlich als Schranken in Frage. Für jedes Grundrecht ist eine gesonderte Beurteilung erforderlich.

Die Beschränkung der Möglichkeit der Einwilligung in die molekularbiologische Untersuchung und Speicherung erfolgt lediglich durch den Grundsatz der Verhältnismäßigkeit, der an dieser Stelle ausnahmsweise Wirkungen entfaltet. Da es nicht dem Menschenbild des Grundgesetzes entspricht, dass jeder Mensch ein potenzieller Straftäter ist, gibt es für die Speicherung der Gendaten eines Menschen, bei dem keine Wiederholungsgefahr festgestellt werden kann, keinen legitimen Zweck. Darüber hinaus sind Speicherungen ungeeignet zur künftigen Strafverfolgung, wenn lediglich die Gefahr besteht, der Betreffende werde Delikte begehen, bei denen typischerweise keine DNA-Spuren hinterlassen werden, etwa Aussagedelikte. In diesen Fällen ist die Untersuchung und Speicherung trotz einer vorliegenden Einwilligung unzulässig.

Die wirksame Einwilligung muss folgendermaßen beschaffen sein:[901] sie muss freiwillig (also in Abwesenheit von Täuschung, Drohung und Zwang) abgegeben werden, wobei die Freiwilligkeit insbesondere bei den Einwilligungen von Haftinsassen fraglich ist. Der Betroffene ist über sämtliche Zusammenhänge der Einwilligung aufzuklären. So muss er wissen, wie lange seine Daten gespeichert werden, dass eine Gefahr besteht, unschuldig verdächtigt zu werden und dass er womöglich einen Beitrag leistet, sich in künftigen Strafverfahren selbst zu über-

---

[901] Siehe oben, C.

führen. Die Einwilligung muss hinreichend bestimmt sein. Sie hat schriftlich zu erfolgen. Außer durch die Schriftform sollte der Betroffene zudem durch ein Beratungsgespräch oder eine Abkühlphase zusätzlich gewarnt werden. Auch ist er ausdrücklich darauf hinzuweisen, ob die gesetzlichen Voraussetzungen vorliegen. Wird dies fälschlicherweise bejaht, ist die Einwilligung unwirksam bzw. kann zumindest später widerrufen werden.[902] Ein Widerrufsrecht nach Treu und Glauben besteht auch, wenn die Aufklärung anderweitig unzureichend war und der Betroffene erst später die Konsequenzen seiner Einwilligung überblicken kann. Zwar kann ein Widerruf grundsätzlich nur vor dem Eingriff erfolgen; da es sich hier jedoch um einen Dauereingriff handelt, ist eine zeitliche Beschränkung nicht gegeben.

Die zulässige Einwilligung könnte dazu führen, dass das richterliche Genehmigungserfordernis entfällt.[903] Um diese Frage zu klären, wurde untersucht, ob der Richtervorbehalt neben dem Schutze der Grundrechte des Einzelnen und der Autonomiesicherung auch öffentlichen Belangen dient. Es wurden zwei öffentliche Belange festgestellt. Erstens geht es um den Schutz des objektiven Verhältnismäßigkeitsgrundsatzes durch eine unabhängige und neutrale Instanz. Zweitens wurden in dieser Arbeit jedenfalls diejenigen Richtervorbehalte nach einem enumerativ-funktionellen Begriff der Judikative zugeordnet, bei denen dem Einzelnen rechtliches Gehör gewährt wird. Dies ist in Fällen, in denen jemand einwilligt, logischerweise stets der Fall. Das öffentliche Interesse an der Gewaltenteilung ist folglich der zweite öffentliche Belang, der sich hinter dem Richtervorbehalt verbirgt.

Für die molekularbiologische Untersuchung und Speicherung sind diese Belange gegen die Einwilligungsfreiheit abzuwägen, die vorliegend lediglich ein geringes Gewicht aufweist, da außer der Verfahrensverkürzung kein echtes Interesse des Einzelnen an einer Einwilligung erkennbar ist. Folglich überwiegt insbesondere der Belang der Sicherung der Verhältnismäßigkeit das Interesse des Einzelnen, mit seiner Einwilligung das richterliche Genehmigungserfordernis zu umgehen. Die Einwilligung ersetzt daher nicht den Richtervorbehalt. Der Richter hat allerdings die Einwilligung insoweit zu beachten, als in ihr womöglich der Wunsch nach einer Speicherung jenseits der gesetzlichen Voraussetzungen zum Ausdruck kommt, solange diese Speicherung nicht unverhältnismäßig wäre. So kann insbesondere trotz des Nichtvorliegens einer Anlasstat eine wirksame Einwilligung erklärt werden.

Sollte der Gesetzgeber festlegen wollen, den Richtervorbehalt bei einer Einwilligung ausdrücklich entfallen zu lassen, so ist er hieran nicht gehindert.[904] Eine

---

902 Siehe oben, D. V.
903 Siehe oben, D. I. – IV.
904 Siehe oben, F.

typische Gefährdungslage, in der irreversible Schäden für das Grundrecht drohen, ist beim Vorliegen einer Einwilligung nicht gegeben. Ansonsten ist der Richtervorbehalt gemäß § 81g Abs. 3 i.V.m. § 81f Abs. 1 StPO bzw. § 2 Abs. 2 DNA-IFG i.V.m. § 81f Abs. 1 StPO verfassungsrechtlich geboten.

Abschließend sollen angesichts der Aktualität der Problematik und der teilweise heftigen öffentlichen Diskussion noch rechtspolitische Überlegungen angestellt werden. Während bei vielen Richtervorbehalten aufgrund eines Eilbedürfnisses keine sorgfältige Prüfung des Antrages erfolgen kann, zeigen die veröffentlichten Urteile zu §§ 81g StPO, 2 DNA-IFG unabhängig von ihrem Ergebnis stets eine wohlausgewogene Argumentation. Ohne Zeitdruck werden die verfügbaren Fakten ausgewertet und in einen Zusammenhang gestellt. Der immense Bewertungsspielraum des Ermittlungsrichters, ob eine Wiederholungsgefahr vorliegt oder nicht, wird sachverständig und verantwortungsvoll ausgefüllt. Auch wenn bei einer Einwilligung ohne richterliche Prüfung keine typische Gefährdungslage für das Recht auf informationelle Selbstbestimmung vorliegt, zeigen die veröffentlichten Urteile doch, dass die Beurteilung des Vorliegens der gesetzlichen Voraussetzungen beim Richter gut aufgehoben ist. Dies gilt um so mehr, als die massenhaft erteilten Einwilligungen mangels eines erkennbar hinter ihnen stehenden Interesses auf den ersten Blick Rätsel aufgeben. Will sich irgend jemand tatsächlich in künftigen Verfahren selbst belasten, nur um das Verfahren abzukürzen? Nein, die Vermutung liegt nahe, dass die Einwilligungen in einer Vielzahl der Fälle resigniert, wenn nicht gar unfreiwillig erfolgen. Wenn dann noch das Genmaterial von Menschen in den Datenbanken gespeichert ist, bei denen die gesetzlichen Voraussetzungen ersichtlich nicht vorliegen, gilt es, die Freiwilligkeit um so sorgfältiger zu überprüfen. Nur – wer soll eine solche Überprüfung vornehmen, wenn nicht der Ermittlungsrichter? Der Richtervorbehalt ist ein probates Mittel der verfahrensrechtlichen Autonomiesicherung. Durch ihn wird sichergestellt, dass die eingeholten Einwilligungen freiwillig und damit überhaupt rechtswirksam sind. Eine Aufwertung der Einwilligungen durch den Gesetzgeber dahingehend, dass diese den Richtervorbehalt ersetzen, überschätzt offensichtlich den Grad der Freiwilligkeit dieser Einwilligungen. Zugleich wird die Rolle des Richters als unabhängige und neutrale Kontrollinstanz zur Wahrung der Verhältnismäßigkeit unterschätzt.

Sollte sich der Gesetzgeber dennoch für eine solche Lösung entscheiden, so ist wenigstens der Sondersituation von Haftinsassen Rechnung zu tragen, indem die Unfreiwilligkeit ihrer Einwilligungen unwiderleglich vermutet wird. Dem Einzelnen wird durch die Unwirksamkeit seiner in der Haftanstalt erteilten Einwilligung auch kein Vorteil genommen, denn, wie dargestellt, ist nicht erkennbar, wie der Betroffene mit seiner Einwilligung auch nur einen einzigen Vorteil erlangen könnte. Gerade bei Haftinsassen besteht wahrlich kein Zeitdruck für die Speicherung. Die richterliche Entscheidung kann daher in aller Ruhe abgewartet werden. Alternativ können die Strafverfolgungsbehörden auch einfach die Haftentlassung abwarten und dann nach der Entlassung die Einwilligung einholen. Zudem sollte der Gesetzgeber bei einer solchen Lösung die Aufklärungspflicht noch klarer und bezogen auf die vorliegende Situation konkreter hervorheben, als das derzeit im Bundesdatenschutzgesetz der Fall ist. Auch die weitgehende Möglichkeit zum Widerruf sollte deutlich gemacht werden, da es sich hier um die besondere Konstellation eines Dauereingriffes handelt.

Einige Stimmen fordern die Angleichung der Regelungen über den „genetischen Fingerabdruck" an diejenigen für den herkömmlichen Fingerabdruck als Teil der erkennungsdienstlichen Behandlung gemäß § 81b Alt. 2 StPO.[905] Dazu ist zunächst auf die unterschiedliche Intensität beider Eingriffe hinzuweisen.[906] Ganz abgesehen von weitergehenden Erkenntnis- und Missbrauchsmöglichkeiten (Krankheitsbilder) auch im nicht-codierenden Bereich der Gendaten,[907] ist die Ermittlungsmethode der molekularbiologischen Untersuchung und Speicherung wesentlich effektiver als die gewöhnliche erkennungsdienstliche Behandlung. Zum einen kann der Einzelne nicht annähernd so gut wie beim herkömmlichen Fingerabdruck kontrollieren, wo er seine DNA hinterlässt.[908] Zum anderen kann die DNA durch Zwischenträger oder durch falsch gelegte Fährten ungleich einfacher an Orte gelangen, an denen sich der Betroffene nie aufgehalten hat, als das bei einem Fingerabdruck der Fall ist. Sollte sich an einem Tatort doch einmal ein Gegenstand mit einem Fingerabdruck finden, so besteht zumindest die Möglichkeit einer plausiblen Erklärung seitens des Beschuldigten, wie der Gegenstand dort hingelangt sein könnte. Bei der DNA gestaltet sich eine solche Erklärung schwieriger, weil sie weniger leicht nachprüfbar und daher weniger glaubwürdig ist. Auch der Vorgang der Speicherung bringt aufgrund des sofortigen Abgleichs der gespeicherten Gendaten mit alten Spuren eine wesentlich höhere Eingriffsintensität mit sich als die Durchführung der erkennungsdienstlichen Behandlung. Sollte die Maßnahme einmal nicht mehr unter Richtervorbehalt stehen, dürfte es dem Einzelnen, der nicht in die Maßnahme eingewilligt hat, schwer fallen, rechtzeitig Rechtsschutz gegen die drohenden Belastungen zu erlangen. Es spricht daher einiges dafür, dass der Richtervorbehalt bei §§ 81g StPO, 2 DNA-IFG verfassungsrechtlich geboten ist. Unabhängig davon wurde jedenfalls ein sachlicher Unterschied zwischen der molekularbiologischen Untersuchung und Speicherung und der erkennungsdienstlichen Behandlung deutlich gemacht, der es politisch rechtfertigt, beide Maßnahmen unterschiedlichen Voraussetzungen unterfallen zu lassen.

---

[905] Vgl. BtDrs 15/2159, 15/4732.

[906] Steven, Blätter für deutsche und internationale Politik 2005, 270 (271).

[907] Dazu: 20. Tätigkeitsbericht des Bundesbeauftragten für den Datenschutz, S. 96 f., zu finden unter: *http://www.bundesdatenschutzbeauftragter.de*.

[908] 20. Tätigkeitsbericht des Bundesbeauftragten für den Datenschutz, S. 95, zu finden unter: *http://www.bundesdatenschutzbeauftragter.de*.

Ohnehin sollte die Staatsanwaltschaft in der Regel auf die Einwilligung verzichten und stattdessen den Richter anrufen. Als problematisch könnte sich sonst erweisen, dass der durch die Einwilligungsprobe Überführte die Verwertbarkeit der Probe anzweifelt und behauptet, er sei durch Täuschung, Drohung oder Zwang zu einer unfreiwilligen Einwilligung gebracht worden.[909] Auch in Fällen, in denen unklar ist, ob die gesetzlichen Voraussetzungen tatsächlich vorliegen, sollte daher im Interesse der späteren Verwertbarkeit trotz des Vorliegens einer Einwilligung die richterliche Genehmigung eingeholt werden.[910] So ist es auch aus Gründen der Rechtssicherheit ratsam, sich nicht allein auf Einwilligungen zu verlassen.[911]

Die Einwilligung sollte als Aktualisierung der Autonomie des Einzelnen ausschließlich dort eine Rolle spielen, wo sie dem Einwilligenden tatsächlich als Instrument zur Verfolgung seiner Interessen und zur Gestaltung seines Lebens dient. Wo Einwilligungen bloß das gesetzlich vorgesehene Verfahren verkürzen, werden sie häufig nicht im vorrangigen Interesse des Einzelnen erteilt, sondern von den die Einwilligungen einholenden Behörden dazu missbraucht, das Verfahren umzugestalten. Dazu ist aber allein der Prozessordnungsgesetzgeber befugt. Dieser wiederum sollte die Zerbrechlichkeit der Autonomie des dem Staat gegenüber stehenden Einzelnen nicht unterschätzen und die Möglichkeit der Einwilligung auf Fälle begrenzen, in denen sie dem Einzelnen auch tatsächlich von Nutzen sein kann. In diesen Fällen sollte er zudem die Voraussetzungen einer wirksamen Einwilligung präzise beschreiben, um die Autonomie des Einwilligenden zu sichern.

---

[909] Messer/Siebenbürger, in: Vordermayer/von Heintschel-Heinegg, Handbuch für den Staatsanwalt, Kapitel 1, Rn 143.

[910] Messer/Siebenbürger, in: Vordermayer/von Heintschel-Heinegg, Handbuch für den Staatsanwalt, Kapitel 1, Rn 144.

[911] Ebenso: Volk, NStZ 1999, 165 (169).

Aktuelle Ergänzung der Schlussbetrachtung

Nun hat der Prozessordnungsgesetzgeber das Verfahren also zum 01.11.2005 umgestaltet. Dies führt dazu, dass der Richtervorbehalt beim Vorliegen einer Einwilligung entfällt, obwohl er das beste derzeit zur Verfügung stehende Mittel ist, um unverhältnismäßige Einwilligungen von den wirksamen zu trennen. Nicht mehr der unabhängige Richter entscheidet damit im Regelfall über die Speicherung der Gendaten, sondern der Staatsanwalt trifft praktisch die Entscheidung über seinen eigenen Antrag. Flankiert wird er dabei lediglich von einer Einwilligung, deren Freiwilligkeit und damit Wirksamkeit vorsichtig ausgedrückt zweifelhaft ist.

Zu welchen Ergebnissen dieses Handlungsmuster führt, lässt sich wegen der bereits seit Jahren so verfahrenden Praxis gut am aktuellen Bestand der Datenbank erkennen. Dort sind zweifelsohne die Gendaten von Menschen gespeichert, bei denen die gesetzlichen Voraussetzungen nicht einmal ansatzweise vorliegen, weil eine Negativprognose nicht erstellt werden kann. Dieser in der Kommunikation mit Datenschutzbeauftragten leicht zu erfahrende Befund kann dem Gesetzgeber nicht verborgen geblieben sein. Offenbar wird aber auf die Beachtung des Verhältnismäßigkeitsgrundsatzes von dieser Seite kein gesteigerter Wert gelegt.

Der verfassungsrechtliche Spielraum des Gesetzgebers zum Schutze der Verhältnismäßigkeit ist freilich groß. Ob eine derart offensichtliche Schutzlücke vorliegt, dass dieser Spielraum mit der neuen Regelung überschritten wird, lässt sich ohne eine empirische Untersuchung der aufgrund ihrer Einwilligungen Gespeicherten vermutlich kaum klären. Nur wenn die gesetzlichen Voraussetzungen systematisch unterlaufen werden, erhalten verfassungsrechtliche Bedenken tatsächlich Gewicht. Dafür sind jedoch zumindest Anhaltspunkte vorhanden.

Besser wäre es, der Gesetzgeber käme diesen Bedenken durch eine neue Regelung mit umgekehrter Zielrichtung zuvor, wonach der Richter auch beim Vorliegen einer Einwilligung über die Zulässigkeit des Eingriffes zu entscheiden hat. Jedenfalls ist der Gesetzgeber an der gänzlichen Abschaffung des Richtervorbehaltes, an einer Angleichung von § 81g an § 81b StPO verfassungsrechtlich nach wie vor gehindert.

FRANKFURTER KRIMINALWISSENSCHAFTLICHE STUDIEN

Band 1 Peter Böning: Die Lehre vom Unrechtsbewußtsein in der Rechtsphilosophie Hegels 100 S., 1978.

Band 2 Wolfgang Schneider: Kriminelle Straßenverkehrsgefährdung (§ 315c Abs. 1 Ziff. 2, Abs. 3 StGB). Eine kriminologische und strafrechtliche Untersuchung zur Problematik dieser Verkehrsstraftaten unter Berücksichtigung ausländischer Rechte. 342 S., 1978.

Band 3 Lothar Kuhlen: Die Objektivität von Rechtsnormen. Zur Kritik des radikalen labeling approach in der Kriminalsoziologie. 178 S., 1978.

Band 4 Günther Grewe: Straßenverkehrsdelinquenz und Marginalität. Untersuchungen zur institutionellen Regelung von Verhalten. 148 S., 1978.

Band 5 Dieter Haberstroh: Strafverfahren und Resozialisierung. Eine Studie über Verstehen und Nicht-Verstehen, über Verstanden-Werden und Nicht-Verstanden-Werden und deren Bedingungen in der Hauptverhandlung. 202 S., 1979.

Band 6 Thomas Vogt: Die Forderungen der psychoanalytischen Schulrichtungen für die Interpretation der Merkmale der Schuldunfähigkeit und der verminderten Schuldfähigkeit (§§ 51 a.F., 20, 21 StGB). 182 S., 1979.

Band 7 Andreas Michael: Der Grundsatz in dubio pro reo im Strafverfahrensrecht. Zugleich ein Beitrag über das Verhältnis von materiellem Recht und Prozeßrecht. 214 S., 1981.

Band 8 Ilias G. Anagnostopoulos: Haftgründe der Tatschwere und der Wiederholungsgefahr (§§ 112 Abs. 3, 112 a StPO). Kriminalpolitische und rechtssystematische Aspekte der Ausweitung des Haftrechts. 1984.

Band 9 Helga Müller: Der Begriff der Generalprävention im 19. Jahrhundert. Von P.J.A. Feuerbach bis Franz v. Liszt. 1984.

Band 10 Frowin Jörg Kurth: Das Mitverschulden des Opfers beim Betrug. 1984.

Band 11 Martin J. Worms: Die Bekenntnisbeschimpfung im Sinne des § 166 Abs. 1 StGB und die Lehre vom Rechtsgut. 1984.

Band 12 Jong-Dae Bae: Der Grundsatz der Verhältnismäßigkeit im Maßregelrecht des StGB. 1985.

Band 13 Helmut Fünfsinn: Der Aufbau des fahrlässigen Verletzungsdelikts durch Unterlassen im Strafrecht. 1985.

Band 14 Christoph Krehl: Die Ermittlung der Tatsachengrundlage zur Bemessung der Tagessatzhöhe bei der Geldstrafe. 1985.

Band 15 Walter-Hermann Kiehl: Strafrechtliche Toleranz wechselseitiger Ehrverletzungen - Zur ratio legis der §§ 199, 233 Strafgesetzbuch -. 1986.

Band 16 Matthias Krahl: Die Rechtsprechung des Bundesverfassungsgerichts und des Bundesgerichtshof zum Bestimmtheitsgrundsatz im Strafrecht (Art. 103 Abs. 2 GG). 1986.

Band 17 Patrick Carroll Campbell: § 220a StGB. Der richtige Weg zur Verhütung und Bestrafung von Genozid? 1986.

Band 18 Winfried Hassemer (Hrsg.): Strafrechtspolitik. Bedingungen der Strafrechtsreform. 1987.

Band 19 Felix Herzog: Prävention des Unrechts oder Manifestation des Rechts. Bausteine zur Überwindung des heteronom-präventiven Denkens in der Strafrechtstheorie der Moderne. 1987.

Band 20 Astrid Michalke-Detmering: Die Mindestanforderungen an die rechtliche Begründung des erstinstanzlichen Strafurteils. Zur Auslegung des § 267 StPO. 1987.

Band 21 Lothar Kuhlen: Die Unterscheidung von vorsatzausschließendem und nichtvorsatzausschließendem Irrtum. 1987.

Band 22 Michael Buttel: Kritik der Figur des Aufklärungsgehilfen im Betäubungsmittelstrafrecht (§ 31 BtMG). 1988.

Band 23 Matthias Kögler: Die zeitliche Unbestimmtheit freiheitsentziehender Sanktionen des Strafrechts. Eine vergleichende Untersuchung zur Rechtslage und Strafvollstreckungspraxis in der Bundesrepublik Deutschland und den USA. 1988.

Band 24 Klaus Lüderssen/Cornelius Nestler-Tremel/Ewa Weigend(Hrsg.): Modernes Strafrecht und ultima-ratio-Prinzip. 1990.

Band 25 Jürgen Taschke: Die behördliche Zurückhaltung von Beweismitteln im Strafprozeß. 1989.

Band 26 Daniela Westphalen: Karl Binding (1841-1920). Materialien zur Biographie eines Strafrechtsgelehrten. 1989.

Band 27 Sigrid Jans: Die Aushöhlung des Klageerzwingungsverfahrens. 1990.

Band 28 Dimitris Spirakos: Folter als Problem des Strafrechts. Kriminologische, kriminalsoziologische und (straf-)rechtsdogmatische Aspekte unter besonderer Berücksichtigung der Folterschutzkonvention und der Pönalisierung der Folter in Griechenland. 1990.

Band 29 Stephan Moll: Strafrechtliche Aspekte der Behandlung Opiatabhängiger mit Methadon und Codein. 1990.

Band 30 Stefan Werner: Wirtschaftsordnung und Wirtschaftsstrafrecht im Nationalsozialismus. 1991.

Band 31 Xanthi Bassakou: Beiträge zur Analyse und Reform des Absehens von Strafe nach § 60 StGB. 1991.

Band 32 Rainer Runte: Die Veränderung von Rechtfertigungsgründen durch Rechtsprechung und Lehre. Moderne Strafrechtsdogmatik zwischen Rechtsstaatsprinzip und Kriminalpolitik. 1991.

Band 33 Olaf Hohmann: Das Rechtsgut der Umweltdelikte. Grenzen des strafrechtlichen Umweltschutzes. 1991.

Band 34 Klaus Jochen Müller: Das Strafbefehlsverfahren (§§ 407 ff. StPO). Eine dogmatisch-kriminalpolitische Studie zu dieser Form des schriftlichen Verfahrens unter besonderer Berücksichtigung der geschichtlichen Entwicklung – zugleich ein Beitrag zum StVÄG 1987. 1993

Band 35 Sang-Don Yi: Wortlautgrenze, Intersubjektivität und Kontexteinbettung. Das strafrechtliche Analogieverbot. 1991.

Band 36 Birgit Malsack: Die Stellung der Verteidigung im reformierten Strafprozeß. Eine rechtshistorische Studie anhand der Schriften von C. J. A. Mittermaier. 1992.

Band 37 Rüdiger Schäfer: Die Privilegierung des "freiwillig-positiven" Verhaltens des Delinquenten nach formell vollendeter Straftat. Zugleich ein Beitrag zum Grundgedanken des Rücktritts vom Versuch und zu den Straftheorien. 1992.

Band 38 Cornelius Nestler-Tremel: AIDS und Strafzumessung. 1992.

Band 39 Christine Gutmann: Freiwilligkeit und (Sozio-)Therapie – notwendige Verknüpfung oder Widerspruch? 1993.

Band 40 Walter Kargl: Der strafrechtliche Vorsatz auf der Basis der kognitiven Handlungstheorie. 1993.

Band 41 Jürgen Rath: Zur strafrechtlichen Behandlung der aberratio ictus und des error in objecto des Täters. 1993.

Band 42 Martin Fischer: Wille und Wirksamkeit. Eine Untersuchung zum Problem des *dolus alternativus*. 1993.

Band 43 Regina Harzer: Der Naturzustand als Denkfigur moderner praktischer Vernunft. Zugleich ein Beitrag zur Staats- und Rechtsphilosophie von Hobbes und Kant. 1994.

Band 44 Helmut Pollähne: Lockerungen im Maßregelvollzug. Eine Untersuchung am Beispiel der Anwendung des nordrhein-westfälischen Maßregelvollzugsgesetzes im Westfälischen Zentrum für Forensische Psychiatrie (Lippstadt). 1994.

Band 45 Hans-Joachim Leonhardt: Rechtsmittelermessen der Staatsanwaltschaft. Eine Gegenüberstellung von § 296 StPO mit Nummern 147 und 148 Richtlinien für das Strafverfahren und das Bußgeldverfahren (RiStBV). 1994.

Band 46 Rolf Grünebaum: Zur Strafbarkeit des Therapeuten im Maßregelvollzug bei fehlgeschlagenen Lockerungen. 1996.

Band 47 Barbara Bialas: Promille-Grenzen, Vorsatz und Fahrlässigkeit. 1996.

Band 48 Christine Pott: Die Außerkraftsetzung der Legalität durch das Opportunitätsdenken in den Vorschriften der §§ 154, 154a StPO. Zugleich ein Beitrag zu einer kritischen Strafverfahrensrechtstheorie. 1996.

Band 49 Wolfgang Köberer: *Iudex non calculat.* Über die Unmöglichkeit, Strafzumessung sozialwissenschaftlich-mathematisch zu rationalisieren. 1996.

Band 50 Institut für Kriminalwissenschaften Frankfurt a.M. (Hrsg.): Vom unmöglichen Zustand des Strafrechts. 1995.

Band 51 Petra Kamberger: Treu und Glauben (§ 242 BGB) als Garantenstellung im Strafrecht? 1996.

Band 52 Anastassios Triantafyllou: Das Delikt der gefährlichen Körperverletzung (§ 223a StGB) als Gefährdungsdelikt. (Zugleich ein Beitrag zur Dogmatik der Gefährdungsdelikte). 1996.

Band 53 Norbert Kissel: Aufrufe zum Ungehorsam und § 111 StGB. Grundrechtlicher Einfluß bei der Feststellung strafbaren Unrechts. 1996.

Band 54 Susanne Ehret: Franz von Liszt und das Gesetzlichkeitsprinzip. Zugleich ein Beitrag wider die Gleichsetzung von Magna-charta-Formel und Nullum-crimen-Grundsatz. 1996.

Band 55 Stefan Braum: Geschichte der Revision im Strafverfahren von 1877 bis zur Gegenwart. Zugleich eine Kritik der Kontinuität politischer Macht im Recht. 1996.

Band 56 Katja Diel: Das Regreßverbot als allgemeine Tatbestandsgrenze im Strafrecht. 1997.

Band 57 Christoph Koller: Die Staatsanwaltschaft – Organ der Judikative oder Exekutivbehörde? Die Stellung der Anklagebehörde und die Gewaltenteilung des Grundgesetzes. 1997.

Band 58 Frank Schößler: Anerkennung und Beleidigung. Rechtsgut und Strafzweck des § 185 StGB. 1997.

Band 59 Regina Engelstädter: Der Begriff des Unfallbeteiligten in § 142 Abs. 4 StGB. Zugleich eine Kritik an aktuellen Zurechnungslehren. 1997.

Band 60 Jörg Reinhardt: Der Ausschluß und die Ablehnung des befangen erscheinenden Staatsanwaltes. 1997.

Band 61 Jens Christian Müller-Tuckfeld: Integrationsprävention. Studien zu einer Theorie der gesellschaftlichen Funktion des Strafrechts. 1998.

Band 62 Peter Maria Rohe: Verdeckte Informationsgewinnung mit technischen Hilfsmitteln zur Bekämpfung der Organisierten Kriminalität. Zugleich eine rechtsvergleichende Analyse der polizeilichen Abhörbefugnisse in den U.S.A. 1998.

Band 63 Dirk Fabricius: Was ein Lehrbuch lehrt ... Eine exemplarische Untersuchung von Jakobs *Strafrecht – Allgemeiner Teil*. 1998.

Band 64 Stefan Sinner: Der Vertragsgedanke im Strafprozeßrecht. 1999.

Band 65 Sebastian Schattenfroh: Die Staatsphilosophie Giovanni Gentiles und die Versuche ihrer Verwirklichung im faschistischen Italien. 1999.

Band 66 Athanassia Dionyssopoulou: Der Tatbestand der Geldwäsche. Eine Analyse der dogmatischen Grundlagen des § 261 StGB. 1999.

Band 67 Klaus von Lampe: *Organized Crime*. Begriff und Theorie organisierter Kriminalität in den USA. 1999.

Band 68 Christian Hanssen: "Trennung der Märkte". Rechtsdogmatische und rechtspolitische Probleme einer Liberalisierung des Drogenstrafrechts. 1999.

Band 69 Institut für Kriminalwissenschaften und Rechtsphilosophie Frankfurt a.M. (Hrsg.): Irrwege der Strafgesetzgebung. 1999.

Band 70 Konstantinos Chatzikostas: Die Disponibilität des Rechtsgutes Leben in ihrer Bedeutung für die Probleme von Suizid und Euthanasie. 2000.

Band 71 Bettina Wirmer-Donos: Die Strafrechtstheorie Karl Christian Friedrich Krauses als theoretische Grundlage des spanischen Korrektionalismus. 2001.

Band 72 Christine Löw: Die Erkundigungspflicht beim Verbotsirrtum nach § 17 StGB. 2001.

Band 73 Florian Ufer: Der Verwertungswiderspruch in Theorie und Praxis. Prozessuale Obliegenheiten des Verteidigers und ihre Bedeutung für die Rechtsposition des Beschuldigten. 2002.

Band 74 Katja Melzer: Psychisch kranke Straftäterinnen. Frauen im Maßregelvollzug. 2001.

Band 75 Gregor Kuntze-Kaufhold: Lebenswelt und Unparteilichkeit. Kriterien für eine Rechtsanwendungslehre am Beispiel der Analyse von fünf Hauptverhandlungen in Strafverfahren. 2002.

Band 76 Iris Kristina Passek: Die erstinstanzliche Zuständigkeit der Oberlandesgerichte in Staatsschutzstrafsachen. Historische Entwicklung und aktuelle Probleme. 2002.

Band 77 Michael Krebs: Die Weisungsgebundenheit des Staatsanwalts unter besonderer Berücksichtigung des rechtstatsächlichen Aspekts. 2002.

Band 78 Kerstin Degenhardt: Europol und Strafprozeß. Die Europäisierung des Ermittlungsverfahrens. 2003.

Band 79 Domenico Siciliano: Das Leben des fliehenden Diebes: Ein strafrechtliches Politikum. 2003.

Band 80 Marc Colussi: Produzentenkriminalität und strafrechtliche Verantwortung. 2003.

Band 81 Thilo Lars Hild: Grenzen einer strafrechtlichen Regulierung des Kapitalmarktes. Eine kriminalrechtliche Untersuchung von Börsengängen und Aktienhandel in Deutschland und den USA. 2004.

Band 82 Philipp Rau: Schweigen als Indiz der Schuld. Ein Vergleich des deutschen und englischen Rechts zur Würdigung des Schweigens des Beschuldigten. 2004.

Band 83 Alexandra Pfeiffer: Die Regelung der Lebendorganspende im Transplantationsgesetz. 2004.

Band 84 Elena Fischer: Recht auf Sterben?! Ein Beitrag zur Reformdiskussion der Sterbehilfe in Deutschland unter besonderer Berücksichtigung der Frage nach der Übertragbarkeit des Holländischen Modells der Sterbehilfe in das deutsche Recht. 2004.

Band 85 Jörg Ziethen: Grundlagen probabilistischer Zurechnung im Strafrecht. 2004.

Band 86 Stefanie Schork: Ausgesprochen schuldig. Dogmatische und metadogmatische Untersuchungen zum Schuldspruch. 2005.

Band 87 Claudia Schubert: Verbotene Worte? Versuch einer Neubestimmung im Umgang mit rassistischen Äußerungen jenseits des Strafrechts. 2005.

Band 88 Ulfrid Neumann / Cornelius Prittwitz (Hrsg.): Kritik und Rechtfertigung des Strafrechts. 2005.

Band 89 Denis Basak: Die Zuständigkeitsregeln internationaler Strafgerichte und Art. 101 GG. Zum Verhältnis der deutschen Strafgerichtsbarkeit zu den Internationalen Tribunalen für Jugoslawien und Ruanda sowie zum Ständigen Internationalen Strafgerichtshof. 2005.

Band 90 Hsiao-Wen Wang: Der universale Strafanspruch des nationalen Staates. Eine Untersuchung über das Weltrechtsprinzip im Internationalen Strafrecht. 2005.

Band 91 Leonie Frenz: Faktizität des Rechts in der forensischen Psychiatrie. Eine Untersuchung im LKH Moringen. 2005.

Band 92 Eva-Maria Unger: Schutzlos ausgeliefert? Der Europäische Haftbefehl. Ein Beispiel für die Missachtung europäischer Bürgerrechte. 2005.

Band 93 Marcus Bastelberger: Die Legitimität des Strafrechts und der moralische Staat. Utilitaristische und retributivistische Strafrechtsbegründung und die rechtliche Verfassung der Freiheit. 2006.

Band 94 Marc Reiß: Rechtliche Aspekte der Präimplantationsdiagnostik. Unter besonderer Berücksichtigung der Rechte der von einem Verbot betroffenen Paare. 2006.

Band 95 Alexander Kolz: Einwilligung und Richtervorbehalt. 2006.

www.peterlang.de

FSC
www.fsc.org
MIX
Papier | Fördert
gute Waldnutzung
FSC® C083411

Kolibri 360 GmbH
Ferdinand-Jühlke-Straße 7
99095 Erfurt, Deutschland
produktsicherheit@kolibri360.de

Druck:
CPI Druckdienstleistungen GmbH
im Auftrag der
Kolibri 360 GmbH
Ferdinand-Jühlke-Str. 7
99095 Erfurt